高等院校小学教育专业系列教材

小学课本剧创编与排演

XIAOXUE KEBENJU CHUANGBIAN YU PAIYAN

主　编　夏　希
副主编　彭红霞　欧阳柏霖

南京大学出版社

图书在版编目(CIP)数据

小学课本剧创编与排演 / 夏希主编. —— 南京：南京大学出版社，2021.11
ISBN 978-7-305-23763-8

Ⅰ. ①小… Ⅱ. ①夏… Ⅲ. ①戏剧教育－小学－教材 Ⅳ. ①G624.711

中国版本图书馆 CIP 数据核字(2021)第 239482 号

出版发行	南京大学出版社
社　　址	南京市汉口路 22 号　　邮　编　210093
出 版 人	金鑫荣

书　　名	小学课本剧创编与排演
主　　编	夏希
责任编辑	曹　森　　　　　　　编辑热线　025-83592123

照　　排	南京南琳图文制作有限公司
印　　刷	南京京新印刷有限公司
开　　本	787×1092　1/16　印张 13　字数 283 千
版　　次	2021 年 11 月第 1 版　2021 年 11 月第 1 次印刷
ISBN	978-7-305-23763-8
定　　价	42.00 元

网址：http://www.njupco.com
官方微博：http://weibo.com/njupco
官方微信号：njupress
销售咨询热线：(025) 83594756

* 版权所有，侵权必究
* 凡购买南大版图书，如有印装质量问题，请与所购
　图书销售部门联系调换

前 言

　　小学课本剧,是指以小学课本为蓝本而改编、创作、排练和演出,并主要服务于教学的一种戏剧样式。它以小学语文学科为主,兼及小学其他学科。课本剧天然具有"戏剧"和"教学"的双重特性。它的戏剧性,能帮助学生发现自我和健全人格,提升团队意识和合作精神,提高他们的人文素质和艺术修养。而它的教学特性,使它和小学教育产生了直接关联,是用来攻克教学难点、活跃课堂气氛、打造班级文化的利器。

　　2020年10月,中共中央国务院办公厅印发《关于全面加强和改进新时代学校美育工作的意见》,指出义务教育阶段要逐步开设舞蹈、戏剧、影视等艺术课程,帮助学生掌握1~2项艺术特长。故而,我们着眼于基础教育课程改革,以师范类专业认证为指南,面向小学教育、汉语言文学等专业,开设了《小学课本剧创编与排演》这门课程。它既是小学创新教育的尝试性探索,又是对师范类专业传统课程体系的有益补充。

　　但目前,尽管学界对课本剧已经有了一定的理论研究和实践经验,但面向师范专业学生所开发的课本剧课程资源依然鲜见,更没有与当前小学教学直接配套的课本剧编演教材。鉴于此,我们组织力量编写了本册教材,深切希望借助它能更好地丰富小学的课堂教学和课外生活,促进师范生发展的多样化和特色化。

　　本教材共分为十章,较为清晰地介绍了课本剧相关的基础知识,小学课本剧编演的基本方法,并为读者提供了较多的研究、实践类课题和训练资料。具体而言,本教材呈现出以下特色——

1. 理论与实践相结合

　　"小学课本剧创编与排演"为偏实践型的课程,同时也需要扎实的理论基础。本教材既有上级概念"戏剧"相关知识,又有交叉概念"儿童戏剧"的相关知识,并在此基础上对课本剧本身的理论做出了梳理和深化,形成了自己较为成熟的原则与规范。教材中除了有较多课本剧剧本的讨论,还从课本剧的导演表演、舞台呈现、实施实训等多个层面,进行了较为系统的技能指导,能真正帮助学生厘清课本剧运用的重点和难点,掌握在小学开展课本剧活动的具体方法。

2. 文学与舞台相结合

课本剧是戏剧的一支,它既可以作为文学文本供读者欣赏,又能展开舞台演出拥有自己的观众。本教材从文学剧本和舞台呈现两个角度对课本剧进行了剖析,具体到创编素材的选择、创编的要领和步骤、剧本的良莠分辨、导演的任务和方法、表演的原则和技巧、舞台美术的设计和落实等,非常适合师范类专业学生和小学教师的思维习惯,即使是非戏剧专业人士也能从中吸取经验并在实践中加以应用。

3. 前沿性与创新性相结合

本教材结构完整,讲练结合,在大部分章节设置了"探究·讨论·实践"的环节,要求教师与学生一起研究最前沿的课本剧知识,掌握儿童戏剧、小学教学改革的新动向,并关注舞台声象、音乐灯光、多媒体应用乃至社会文化发展等多方面的信息,使我们的课本剧应用更符合现代社会与当代教育的需求。同时,我们将线上线下教学相结合,运用二维码、公众号、在线平台等多种方式,做到资源共享、及时反馈、互助交流。

总之,本教材语言简明,图文并茂,通俗易懂,既是面向师范生的一套教材,又能服务于小学教育工作者和教育培训机构。

在教材的组织编写过程中,夏希担任主编,全面负责教材的策划、构思、撰写等工作。教材编写具体分工如下:夏希,第二章、第六至九章;彭红霞,第一、三、十章;欧阳柏霖,第四、五章。

出于种种原因,本书难免有疏漏、错讹之处,恳请各位读者、同行、专家批评指正。此外,本教材得到了长沙师范学院校本教材立项的资助,在此予以感谢。

夏希
2021 年 11 月

目 录

第一章　课本剧先导知识 …………………………………………………… 1
　　第一节　戏剧及其基本理论 ………………………………………… 1
　　第二节　戏剧剧本的构成与格式规范 ……………………………… 8
　　第三节　儿童戏剧及其基本特征 …………………………………… 13
　　第四节　儿童戏剧的舞台呈现 ……………………………………… 17

第二章　课本剧的发展、价值及应用 …………………………………… 22
　　第一节　课本剧的发展与现状 ……………………………………… 22
　　第二节　课本剧的界定与价值 ……………………………………… 25
　　第三节　课本剧的应用场景与理念 ………………………………… 29
　　第四节　课本剧与小学生心理发展 ………………………………… 32

第三章　课本剧剧本的改编与创作 ……………………………………… 35
　　第一节　课本剧创编素材选择的标准 ……………………………… 35
　　第二节　课本剧创编的要领与步骤 ………………………………… 42
　　第三节　课本剧创编在小学的实施策略 …………………………… 47
　　第四节　剧作家孙毅先生课本剧举隅 ……………………………… 50

第四章　小学课本剧剧本剖辨（一） …………………………………… 56
　　第一节　历史剧 ……………………………………………………… 56
　　第二节　生活剧 ……………………………………………………… 67

第五章　小学课本剧剧本剖辨（二） …………………………………… 80
　　第一节　童话剧 ……………………………………………………… 80
　　第二节　科学剧 ……………………………………………………… 94

第六章　课本剧的导演理论及实践 ……………………………………… 103
　　第一节　导演的基本职能与核心任务 ……………………………… 103

第二节　课本剧的导演准备与导演方法 ………………………………… 109
第三节　课本剧导演案例分析与实践 …………………………………… 114

第七章　课本剧的表演要领与方法 ……………………………………… 120
第一节　戏剧表演的素养与原则 ………………………………………… 120
第二节　课本剧台词呈现的要点与技巧 ………………………………… 125
第三节　表演的形体表达及其入门训练 ………………………………… 132

第八章　小学课本剧的演出达成 ………………………………………… 138
第一节　小学课本剧的表演 ……………………………………………… 138
第二节　课本剧的舞台美术 ……………………………………………… 143
第三节　课本剧的道具与造型 …………………………………………… 147
第四节　课本剧的组织、实施与评价 …………………………………… 151

第九章　小学课本剧编演实训 …………………………………………… 157
第一节　台词基本功训练 ………………………………………………… 157
第二节　表演基本素养训练 ……………………………………………… 166
第三节　小学课本剧创编案例实操 ……………………………………… 175

第十章　优秀儿童戏剧及舞台剧鉴赏 …………………………………… 182
第一节　剧本《回声》 …………………………………………………… 182
第二节　剧本《"妙乎"回春》 …………………………………………… 185
第三节　舞台剧《小王子》 ……………………………………………… 191
第四节　舞台剧《皮皮·长袜子》 ……………………………………… 196

参考文献 ……………………………………………………………………… 201

第一章　课本剧先导知识

课本剧,是产生于教室和课堂、衍生于校园与舞台的一种戏剧形式。作为戏剧的一支,它需要符合戏剧创作的基本规范,符合戏剧演出的基本模式。所以,我们学习课本剧之前,应该掌握戏剧的基本知识和基本思想,对其有一个系统清晰的基本认知。只有做扎实了课本剧先导知识这一步,课本剧活动才不至于画虎不成,最后变成个四不像。同时,由于本书主要讨论的是小学阶段的课本剧,其编演对象主要为6~12岁的儿童,它在创编和演出上还要符合儿童戏剧的基本特点。因此,了解儿童戏剧的基本特点,从儿童的心理特点出发来开展课本剧活动,才能更好地赢得小学生的接受和喜爱。

第一节　戏剧及其基本理论

在对戏剧进行较为深入的学习之前,我们应该首先将"戏剧"与"戏剧文学"这两个概念区分清楚。戏剧,是指以文学剧本为脚本,融合音乐、舞蹈、美术、表演等多种元素从而达到叙事目的的综合艺术。一般而言,戏剧按照艺术形式划分,可分为话剧、歌舞剧、木偶剧、皮影戏、戏曲等;按照表现题材划分,可分为历史剧、社会剧、幻想剧、诗剧等。而戏剧文学,是戏剧演出的脚本,我们通常称之为剧本。作为文学文本,剧本具有可以脱离戏剧演出而独立存在的审美价值。然而,剧本毕竟是供戏剧演出所用的"脚本",必然要受到戏剧艺术本身的制约。戏剧艺术的特点,体现为演员在舞台空间的直观表演性和由此而来的时空限制性。也就是说,在戏剧文学创作中,剧作家必然要考虑演员的表演、舞台的限制,以及观众的需求。优秀的戏剧剧本需要合乎舞台演出的需求,而出色的戏剧演出必然根植于有较高审美特质的剧本。以上这些因素,使得我们对戏剧的考量有了文本和舞台两个层面,但二者有时又会杂糅在一起难以截然分开,因此很多时候,需要学习者或者研究者自己心中有较为明确的判断与归类。

关于戏剧的基本理论,我们主要从戏剧冲突、戏剧结构、戏剧的舞台呈现三个方面进行介绍。

一、戏剧冲突

戏剧冲突是戏剧的核心概念。所谓戏剧冲突,是表现人与人之间矛盾关系、人的内心矛盾、人与环境矛盾的特殊艺术形式。戏剧冲突是构成戏剧情境的基础,是展现人物性格,反映生活本质,揭示作品主题的重要手段。戏剧冲突的波澜起伏、扣人心弦,使读者或观众一直处于紧张和期待之中,构成了戏剧的独有魅力。戏剧冲突可以既是外显性的,又是内隐性的,而且在一出戏剧中,许多冲突是纷繁交织的。戏剧冲突的表面张力便营造出了紧张场面。

比如在戏剧《雷雨》中,以周朴园为中心辐射开去,他与侍萍有着三十年的情感恩怨;与鲁大海有着不同阶层间的利益纠葛;与繁漪、周萍、周冲有夫权和父权观念下压制与反压制的羁绊——这是每一幕都在上演的激烈的外显冲突。

就角色本身而言,以周萍为例,他先后经历了与父亲暗中对抗并最终背叛的激烈挣扎;与后母畸恋、徘徊、想脱离而不得的痛苦煎熬;欲冲破身份、家庭束缚与四凤私奔却得知二人为同母异父兄妹的强烈打击,到最后走向了举枪自尽的悲剧结局。这其中的内心冲突,通过周萍与剧中其他角色的对白、种种压力情境下的独白,包括一些人物的舞台提示,非常清晰地呈现在观众面前。

人与社会环境的冲突,在《雷雨》这出剧中较为典型的是繁漪和周冲。这对母子,一个想要冲破旧式的藩篱,一个憧憬不可能实现的美好,却都被那个特定时代给湮灭了。这一层面的戏剧冲突,往往需要读者或者观众做更深层的思考和解读方能把握,是与戏剧主题直接相关的重点内容。

按照戏剧冲突的性质及效果,戏剧可分为悲剧、喜剧和正剧三大类。

1. 悲剧

广义的悲剧泛指一切表现不幸、痛苦、死亡等悲伤情节和情绪的作品。狭义的悲剧大都展示重大的或有深刻社会意义的矛盾冲突,在善恶两种势力的激烈斗争中,邪恶势力取得对善的势力的暂时胜利,从而激起人们悲痛、怜悯或者崇敬的感情。悲剧所反映的大多是不能解决的或不能缓和的矛盾,在斗争中常因力量悬殊而以正面主人公的失败或毁灭告终,鲁迅谓之曰"将人生的有价值的东西毁灭给人看"(鲁迅《再论雷峰塔的倒掉》)。如古希腊悲剧《被束缚的普罗米修斯》、莎士比亚经典悲剧《哈姆雷特》等。

2. 喜剧

一般来说,喜剧以讽刺或嘲笑丑恶、落后的现象,肯定美好、进步的现实或理想为主要内容。它通过巧妙的结构和诙谐的台词,运用夸张的手法和滑稽的形式,产生引人发笑的艺术效果,从而将主人公行为上的错误、品质上的恶劣、性格上的丑陋,以及庸俗、落后的社会现象描绘和揭露出来。如阿里斯托芬的《鸟》、莫里哀的《悭吝人》等。

3. 正剧

又名悲喜剧,介于悲剧和喜剧之间,混合着悲喜成分,是一种更接近于日常生活的戏剧形式。欣赏者往往亦悲亦喜，先悲后喜，在悲喜交织中受到感动。正剧一般过程曲折艰难，以代表正义的一方取得胜利为结局。由于它能够多方面地反映社会生活，从而扩大和增强了戏剧的广泛性与深刻性。如王实甫的《西厢记》、高乃依的《熙德》等。

二、戏剧结构

戏剧结构指戏剧题材的处理、组织和设置安排。一般包括对事件的处理，如分幕分场；戏剧冲突的组织设置，如戏的开端、发展、高潮、结局；最后是人物关系及人物行动发展的合理安排等。

戏剧的结构单位为幕和场。剧情发展的一个段落，舞台口的大幕启闭一次为一幕。一幕之内又可分为若干场。一般一幕标志着剧情发展的一个大段落，而一场则表示大段落中时间的间隔或场景的变换。在多幕（或场）剧中，幕间歇往往表示着或长或短的时间跨度或场景的变换转移，而分幕分场则成为戏剧处理时间和空间的特殊方式。不过，在现代戏剧中，幕与场的界限已不是很明显，在多场景、无场次的剧目中，时间的变化和场景的转换显得更为自由。

按照戏剧的不同叙事安排，戏剧结构类型分为回顾式、开放式、人像展览式等，他们以各自不同的方式，呈现出不同的冲突效果和剧场氛围。戏剧结构的选择对于戏剧的成败至关重要。

1. 回顾式结构

又称"锁闭式"结构。它的主要特点为出场人物较少，剧情展开的时间、地点高度集中，基本符合"三一律"（时间、地点、情节的一致）的原则，剧情从临近高潮的地方开始，以前的事用回叙的手法融入剧情发展之中。如易卜生的《玩偶之家》，作者把剧情安排在圣诞节前后三天之内，借以渲染节日的欢乐气氛和家庭悲剧之间的对比。全戏以柯洛克斯泰利用借据来要挟娜拉为他保住职位这件事为主线，引出各种矛盾的交错展开，同时让女主人公在这短短三天之中，面对丈夫的真实嘴脸，经历一场激烈而复杂的内心斗争——从平静到混乱，从幻想到破灭，最后完成娜拉的自我觉醒。这种结构的长处是集中统一又环环紧扣，容易取得极为强烈的戏剧效果。《雷雨》也是一个极佳的例证。

2. 开放式结构

该结构按照故事发展的时间顺序展开剧情，人物较多，剧情展开的时间较长，场景富于变化，情节更为丰富、曲折，大多没有回叙成分。像莎士比亚的《罗密欧与朱丽叶》、老舍的《茶馆》、曹禺的《原野》等。如《茶馆》巧妙地通过北京城里裕泰茶馆的兴衰来反映社会的变化，"一个大茶馆就是一个小社会"，出色地表现了要"葬送三个时代"（老舍《答复有关〈茶馆〉的几个问题》）的主题，被人誉为"图卷戏"。《原野》中描写仇虎从狱中逃出，来到焦家报仇，杀死了焦阎王之子焦大星，带着他原先的未婚妻金子逃走，当被围

困走投无路时,自杀身亡,完全是按时间先后顺序在推进剧情的发展。这种结构的长处也很明显,即有头有尾地把戏剧情节原原本本表现在舞台上,能容纳较多、较广的生活材料。

3. 人像展览式结构

该结构以片段方式展示众多的人物形象和社会风貌为主要目的,如曹禺《日出》。曹禺在写《日出》时,"决心舍弃《雷雨》中所用的结构,不再集中于几个人身上"(曹禺《日出〈跋〉》)。《日出》以交际花陈白露和方达生为串线人物,通过他们,一方面联系着那腐朽没落的上流社会中的金八、潘月亭、富孀顾八奶奶之流的"有余者";另一方面又联系着处于社会最底层的小东西、黄省三、翠喜这些"不足者"。这样便把"有余"与"不足"两个世界的景象都展现在观众面前,让人们看到了一幅半殖民地都市社会画卷的里外两面:上层社会的花天酒地、纸醉金迷;下层社会的食不果腹、卖身卖命。《日出》中人物虽有主次,但并无中心人物,互为宾主,交相映衬,冲突也非单线,而是多线索交错,目的在于通过较多人物的塑造,共同完成一个主题:批判那"损不足以奉有余"的不合理的黑暗社会。

三、戏剧的舞台呈现

戏剧作为一种综合艺术,融合了多种艺术表现手段。

(1) 文学:主要指剧本。

(2) 造型艺术:主要指布景、灯光、道具、服装、化妆。

(3) 音乐:主要指戏剧演出中的音响、插曲、配乐等,在戏曲、歌剧中还包括曲调、演唱等。

(4) 舞蹈:主要指舞剧、戏曲艺术中包含的舞蹈成分,在话剧中转化为演员的表演艺术。

在戏剧综合体中,剧本是戏剧演出的基础,直接决定了戏剧的艺术性和思想性。演员的表演艺术居于中心、主导地位,它是戏剧艺术的本体。表演艺术的手段——形体动作和台词,是戏剧艺术的基本手段。其他艺术因素,都被本体所融化。

由于课本剧的演出场地主要是学校,演出成员多为在校学生,创编初始的目的也区别于专业的戏剧演出,故而此处仅简要介绍戏剧舞美与配乐的大的原则,对于戏剧表演这一项内容也仅做基本阐述。

1. 舞台美术

舞台美术是戏剧和其他舞台演出的一个重要组成部分,包括布景、灯光、道具、服装、化妆等,它们的综合设计称为舞台设计。其任务是根据剧本的内容和演出要求,在统一的艺术构思中运用多种造型艺术手段,创造出剧中环境和角色的外部形象,渲染舞台气氛。一般而言，舞台设计的依据为剧种的特点，如历史剧、童话剧等，剧本的特性，如悲剧、喜剧、荒诞剧等，以及演出的风格，比如含蓄、优雅、直白、激烈等，同时与戏剧的主题表达直接相关。而舞台上的点、线、面、体、空间，以及舞台的光、色彩和肌理等，便是构成舞台空间的基本要素。

首先，舞台美术是对现实世界的再创造，即根据剧情需求，布景多以写实为主，以对戏剧表演产生助力效果，最大限度地烘托表演的氛围，营造真实之感。比如《茶馆》的美术设计。大幕拉开，我们首先看到的是晚清时期的"裕泰"大茶馆。它房屋高，门窗样式旧，桌凳多，炉灶大，有"雅座"。柱上有黑底金字楹联："裕如大雅畅饮甘露，泰然我心神游六合。"雕刻纹饰的望板上，附着神龛。初次出现在我们眼前的这个大茶馆，一派兴旺的景象。这既符合第一幕剧情的需要，也是设计者为体现茶馆今后变化所做的视觉形象的"铺垫"。随着老板王利发的"改良"经营，之后每次出现的茶馆，虽然都有一些花样翻新，但是掩盖不了"越改越凉"的趋势。空间由大到小，桌凳由多到少，而且越来越不配套。这些细节形象的更替，真实地展现了"裕泰"大茶馆的衰败。靠景物形象本身的内在力量，将茶馆环境的"变"、人物命运的"变"与时代脉搏的"变"三者有机地结合起来，表现了设计者的艺术匠心。

其次，舞台美术能够通过环境与场景的设置、呼应和提示，来展现、烘托主题，更好地传达戏剧思想。比如在戏剧《春秋魂》中出现的青铜编钟，它的设计实际上就是对屈原爱国精神陨落的一种象征。在戏剧《商鞅》中，舞台美术最为突出的体现是一面破碎的面具，它想要表现的是面对国家利益与个人理想的破碎，主人公依旧能够不屈不挠地抗争。而《骆驼祥子》则是以一座倾斜的城楼作为舞台美术形式，来展现那个时代的萧条和破败。这些戏剧的舞台美术表现都有一个共同的特点，那就是对主题的揭示，并与戏剧本身相互联系和融合，为观众展现了一场更加完整并富有内涵的戏剧表演。

当然，大部分的戏剧舞美表现，其最终的目的是最大限度地体现戏剧的美，从而让观众感受到一定的情调气氛，创立起舞台与观众的交流。比如《司马相如》这部戏剧，其布景由一幅幅泼墨的写意画组成，竹子、荷花及梅花的相互映衬，使得舞台背景极具中国古典艺术之美。同时，这种舞台表现形式与戏剧主要人物的个性、气质相互契合，最终为观众呈现出一种浑然天成之感。在黄梅戏《徽州女人》中，天幕运用了一幅巨大的雕花门楼画卷，画卷上高高的台阶以及倾斜的石板桥，为观众营造了一种幽静、古老的氛围，主人公穿梭在这样的氛围中，极大地增强了现实与艺术之间的联系，同时也十分到位地体现了戏剧风格化的审美性。

如今，多媒体以及各种科技手段不断发展，戏剧舞台美术视觉效果的呈现也更加出彩，这些都为戏剧的表现形式提供了更加宽阔的平台。现代观众很多都是在影视作品的熏陶下长大的，他们对一些场景的设计在脑海中已经形成了某种思维定式，这也就要求舞台设计师必须为他们设计出一种真实的、流动的东西，并让演员在这种假定性环境中进行表演。从未来戏剧发展的趋势上看，多媒体将成为舞台设计师运用的最为有效的设计手段,而且将有一些最新科技成果,比如激光艺术、数字虚拟技术、3D 技术等进入舞台设计之中。这都将极大地拓展舞台空间,拓宽观众的视野,为舞台的假定性提供更能吸引人的真实性元素,使戏剧舞台更加璀璨夺目。

2. 舞台配乐

广义的戏剧配乐,指专为戏剧剧目演出而设计的音乐及音响作品,它以声音为设计对象和唯一载体,包括乐曲、歌曲、音效、声响,以及这些声音元素与人物对白相配合的特别处理等,属于戏剧学的范畴。其中,为了配合舞台演出所设计、录制的电声效果,分为虚、实两类。写实的,即现实性声音效果,如雷声、枪声等,多为展现剧中环境;写意的,即非现实性声音效果,如在剧中运用的背景音乐,主要为了渲染剧中气氛,让观众产生共鸣。

选定戏剧配乐的原则为服务戏剧本身,突出戏剧形象。由于戏剧表达是多种元素在特定空间和时间内的整合,戏剧的呈现是整体性的,因而戏剧配乐要注重各配乐片段之间的内在联系和逻辑关系,避免出现跳跃、随意和离散的情况。

如美国当代女剧作家贝丝·亨利的成名作《心之罪》,剧中的三姐妹在困境中消除龃龉,互相支持,最终度过了心理危机。剧中所有的音乐都来自三姐妹家中的一台收音机。这台收音机经常开着,不同的人收听不同的音乐频道,不同的剧情段落呈现不同的情调。收音机里播放的音乐兼具自然音响和配乐两种性质,具备了渲染情调、表现人物、确定风格的功能。具体而言,该剧音乐设计的构思是两种风格的回环和混合。[①] 音乐素材的选择考虑体现剧情的年代和地域:以 20 世纪 70 年代前后美国流行的乡村音乐和摇滚音乐为主。乡村音乐的曲调简单,节奏平稳,充满着忧郁的叙事性,具有较浓的乡村淳朴气息,可以代表剧中人物压抑、忧伤的一面;摇滚乐的曲调高亢奔放,包含了大量的切分音和低音,节奏感强烈,可以表现剧中人物内心躁动和积极奋进的一面。剧中让两种风格的音乐视剧情需要交替出现,发挥了音乐的感染力和表现力,既呈现了客观道具的自然真实听觉空间,又凸显了剧情情调、剧作风格和人物内心情感,在推进剧情发展,扩大画面的表现空间等方面起到了积极且特殊的作用。

综上,戏剧是视听综合艺术,音乐是其重要的组成部分。只有透彻地理解、分析剧本,恰当合理地诠释音乐的内涵,才能展现出观众所期待的艺术效果,使戏剧作品的价值得到显著的提升。

3. 舞台表演

表演创作是人类深层情感的表达方式,它不是日常生活中人们所能切实体验到的

[①] 张岳:《两种风格的回环与混合——谈音乐在话剧〈心之罪〉中的运用》,《四川戏剧》2017 年第 3 期,第 130—133 页。

明确的喜、怒、哀、乐,而是一种深层次的情感体验过程,是人类从一种特殊的角度观看世界的方式。

戏剧表演艺术存在于一个假定的舞台空间。从观赏角度来说,接受者(观众)走进剧场,就在意识中引入了一种假定性,在这样一个特定的空间里,自然而然地对一切假定的内容产生联想式的真实感,从而达到情感上的共鸣。所以,戏剧表演要求演员一旦登上舞台,不管有多少台词、有多少动作,都要把一场戏演完,这就要求演员具有较强的持久的自我控制能力。

在一般的训练过程中,我们会运用各种类型的即兴表演、动物模拟、人物模拟、小品表演练习等方式,对演员进行各种技巧方面的训练。而想要成为一名优秀的戏剧演员,需要关注以下各个要点。

(1) 有声语言

戏剧舞台表演主要是通过对话或演唱来表现的,其对白与日常生活中的交谈完全不同。由于表演是在规定的时间、地点完成,观众只能听一遍,无法重复,如果演员的音量太小,语音不清晰,就会整个影响观众的情绪,同时也失去了戏剧舞台表演的意义。有时碰到即兴表演,又没有扩音设备,或者因剧情需要走下舞台,又不方便携带扩音设备,大音量就显得尤为重要。演员只有做到语音清晰、洪亮,才能让观众听得明白,才能收到较好的演出效果。因此,演员必须经过严格的语言技巧训练,才能不断提高表演水平。

(2) 肢体语言

肢体语言也称为态势语、身姿语、体语,是通过目光、表情、手势、姿势等方式传递信息的一种有效的无声语言形式,是人类运用姿态和姿势等辅助言辞表达情感的能力与技巧。我们必须把优美的肢体动作和丰富的面部表情很好地结合在一起,才能获得良好的表演效果。肢体语言是在无声中表达极为丰富的、微妙的感情世界,是一种非词语性的人类社会交际工具,肢体语言的表现应当简练鲜明、自然适度。面部表情是肢体语言表现的核心,是心灵的屏幕,我们要通过富于变化的眼神、脸部表情和肢体动作的协调统一,加之精彩的口语表达,从视觉和听觉上给观众留下深刻的印象。

(3) 想象

想象是演员重要的创作能力之一。演员在艺术工作和舞台生活中的每一瞬间都离不开丰富而特殊的艺术想象,无论是研究角色,还是再现角色。例如,想象舞台是一间房子,内心就会产生在一定范围内的空间感,没了这个想象,眼神会变得空洞、虚假。例如,想象自己心里最喜欢的人,口中说出来的赞美词才会变得逼真。想象来源于演员的心理体验和情绪记忆,它与演员日常对生活细节的细心观察,以及不断提高的个人文化修养和综合素质息息相关。

(4) 交流

在规定情境中交流,是许多业余演员很容易疏忽的环节。眼神的交流和心的交流,是表演中不可缺少的关键。真正会表演的人,懂得用眼用心,望和不望,都可以有其特别的效果。交流有很多种:与对手的直接交流;与观众的间接交流;与一个不存在的对象交流;与自己交流。交流的对象可以是物,可以是人,也可以是自言自语。进行了有效交流的表演和相对沉浸于个人世界的表演,是完全不同的表演层次。没有经过这方面训练的演员,一看到对手的眼神就会觉得不自然,表演就会变形,也就很难真正传达出人物的情感。有没有用心交流,也是考核演员对作品人物的理解能力和综合素质水平的标准之一。

总之,戏剧的舞台呈现是多方面配合的结果,优秀的戏剧作品一定在各个方面都表现出各具特色的亮点。

第二节　戏剧剧本的构成与格式规范

高尔基说:"剧本是最难运用的一种文学形式。其所以难,是因为剧本要求每个剧中人物用自己的语言和行动表现自己的特征,而不用作者提示。""剧本登场人物的产生,特别依靠而且只有依靠他们的语言。"(高尔基:《论剧本》)这些说法,说明了戏剧文学区别于小说、散文、诗歌的独特面貌。出色的剧本,是一出戏剧获得成功的基础。只有掌握了戏剧剧本的写作范式和技巧,才能往下去谈戏剧的改编、创作乃至排演。

一、戏剧剧本的构成

一般而言,戏剧剧本由两大块构成:台词和舞台说明。

1. 台词

戏剧的台词即戏剧角色的语言,一般包括对白、独白和旁白。对白是指角色之间的对话,是台词的主体;独白是指角色的自我陈述,用来揭示人物隐秘的内心世界;旁白是指戏剧中人物在一旁评价对手言行或直接说给观众听的台词,借以传达特定的情感或更丰富的信息。有的剧本里还会出现"画外音",是由非舞台上的人物做出的补充性阐释和说明,使用上非常讲究技巧。

戏剧台词是戏剧的核心部分,支撑着剧情的开展和人物的塑造。它与其他体裁中的对话描写有着较大的不同,主要呈现出以下几个基本特点。

(1) 个性化

是指台词必须根据人物的出身、年龄、职业、教养、经历、社会地位以及所处时代等等条件,让不同的角色呈现出不同的语言腔调,力戒千部一腔、千人一面。比如《雷雨》中,大家长周朴园的台词大多是简洁干脆的、命令性强的、显现高人一等的;而与他年龄相当、身份经历截然不同的鲁贵,台词风格大多是含混的、油滑的、充满算计的。台词的个性化,要求写出当时情境中人物唯一可能说出的话,从而充分展示人物性格、过往以及情势导引下所做出的选择。所以,台词的个性化是剧本塑造人物形象的主要,甚至可以说是唯一的手段。

(2) 动作性

戏剧台词的动作性,首先是指人物的台词要与人物的姿态、手势、表情、形体动作结合起来,使演员便于做出相应的行为动作;其次在于它能对他人产生影响力和冲击力,从而把人物关系、戏剧情节不断推向前进,揭示人物丰富复杂的内心活动。戏剧语言不同于叙述语言,必须是展示性的,而不能成为一种"讲述"。剧作家不可能像小说家那样借助叙述者的讲述,来解释人物行为、事件,或者暗示读者如何去理解。仅仅絮絮叨叨,而不能推进情节或展示人物的台词,是缺乏戏剧表现力的。同时,在剧本中,台词一般有两种表现方式,一种是直抒胸臆,一种是"潜台词"。直抒胸臆的台词有时通过独白来进行,潜台词则包含有复杂隐秘的未尽之言与言外之意,是我们塑造或者揣摩人物形象时的突破口。

(3) 诗化和口语化的平衡

作为文学语言,戏剧台词必须感情充沛,富于感染力;形象鲜明,富有表现力;精炼、含蓄,力求用最简洁、最浓缩的词句来表达丰富的内容与深远的意境。同时,作为舞台语言,为了要使观众清楚明了地看懂剧情,理解人物,台词还必须明白浅显、通俗易懂,具有口语化的特点,亲切自然,富于生活气息,达成诗化与口语化的平衡。

总之,台词对戏剧而言就是一切。诸如人物关系、事件原委的交代介绍,人物性格的刻画,心理的揭示,故事情节的展开,以及人物活动的环境,都依靠剧中人物的台词来实现。

2. 舞台说明

舞台说明,又称舞台提示,是剧作者根据演出需要,提供给导演和演员的说明性的文字。舞台说明包括剧中人物表,剧情发生的时间、地点、服装、道具、布景,以及人物的表情、动作、上下场说明等。这部分语言要求写得简练、扼要、明确。

(1) 人物说明

指戏剧文学剧本的"人物表"。它主要是介绍登场人物的年龄、职务和人物之间的关系,简明扼要地介绍剧中人的情况,一般出现在整部剧的开头或者一幕的开头。例如易卜生的《玩偶之家》开场——

人物表

托伐·海尔茂

娜拉——他的妻子

阮克医生

林丹太太

尼尔·柯洛克斯泰

海尔茂夫妇的三个孩子

安娜——孩子们的保姆

爱伦——女用人

脚夫

又如在《雷雨》第一幕介绍鲁贵时写道：

鲁贵——约莫四十多岁的样子，神气萎缩，肿眼皮，嘴角松弛地垂下来。他的身体较胖。和许多大公馆的仆人一样，他很懂礼节。他有点驼背，似乎永远欠着身子向主人答应着"是"。他常常贪婪地窥视着。

（2）舞台场面说明

包括剧情发生的时间、地点、环境设计；灯光效果、道具运用；人物的上场、下场以及幕的启闭等动作。如《大风歌》的第一场：

【是年四月丁未日下午，在长乐宫永寿殿西厢。

【永寿殿西厢连带殿外石阶。殿上寂无一人，只有《大风歌》齐唱声自前殿方向随风飘来，时断时续。

【殿下、宦官多人搬运大冰块急趋而过，另一列卫士持戈执戟与宦官交叉前进，均紧张沉默，静寂无声。

【审食其从殿后转出，神色紧张，挥手示意，宦官与卫士便加速步伐前进。

【大谒者张释从西阶慌张奔上。

这些说明交代了故事发生的时间和地点，也从审食其、张释的紧张和惶恐的出场中预示出一场斗争的来临，从而暗示出刘邦死后，吕雉、审食其之流封锁消息，秘不发丧，蓄意篡权窃国的罪恶勾当；在局势和氛围的布置上做了铺陈、渲染，既有利于推动剧情发展，又有助于刻画人物性格。

(3) 人物语言说明

这是通过对人物在道白、演唱过程中的动作和情态的说明,来刻画人物性格、推进剧情发展的一种主要的表现手段;同时,为演员提供了动作表演的依据。这种说明一般用圆括号来标明,如"(脸色一沉)""(以手叩额,往返急走)""(大怒)"等等。

二、格式规范

了解了戏剧的剧本构成,在具体写作戏剧文本时,我们还需要注意以下格式规范问题。

1. 人物表的撰写可繁可简,没有固定样式,将人物的主要关系和主要身份做出展示即可。如《日出》:

人物

陈白露——在××旅馆住着的一个女人,二十三岁。

方达生——陈白露从前的"朋友",二十五岁。

张乔治——留学生,三十一岁。

王福升——旅馆的茶房。

潘月亭——××银行经理,五十四岁。

顾八奶奶——一个有钱的孀妇,四十四岁。

李石清——××银行的秘书,四十二岁。

李太太——其妻,三十四岁。

黄吉三——××银行的小书记。

黑三(即男甲)——一个地痞。

胡四——一个游手好闲的"面首",二十七岁。

小东西——一个刚到城里不久的女孩子,十五六岁。

(第三幕登场人物另见该幕人物表内)

2. 戏剧的时空介绍大都较为简略,但舞台布景的说明,剧作者根据其创作意图可做较为详尽的描摹。同样以《日出》为例:

时间 早春

第一幕在××旅馆的一间华丽的休息室内。

——某日早五点。

第二幕景同第一幕。

——当日晚五点。

第三幕在三等妓院内。

——一星期后晚十一时半。

第四幕景同第一幕。

——时间紧接第三幕,翌日晨四时许。

第一幕

是××大旅馆一间华丽的休息室,正中门通雨道,右——左右以台上演员为准,与观众左右相反——通寝室,左通客厅,靠后偏右角划开一片长方形的圆线状窗户。为着窗外紧紧地压贴着一所所的大楼,所以虽在白昼,有着宽阔的窗,屋里也嫌过于阴暗。除了在早上斜射过来的朝日使这间屋有些光明之外,整天是见不着一线自然的光亮的。屋内一切陈设俱是畸形的,现代式的,生硬而肤浅,刺激人的好奇心,但并不给人舒适之感。正中放着烟儿,围着它横地竖地摆着方的、圆的、立体的、圆锥形的个凳和沙发。上面凌乱地放些颜色杂乱的坐垫。沿着那不见棱角的窗户是一条水浪纹的沙发。在左边有立柜,食物柜,和一张小几,上面放着些女人临时用的化妆品。墙上挂着几张很荒唐的裸体画片,月份牌,和旅馆章程。地下零零散散的是报纸,画报,酒瓶和烟蒂头。在沙发上,立柜上搁着许多女人的衣帽,围巾,手套等物。间或也许有一两件男人的衣服在里面。食柜上杂乱地陈列着许多酒瓶,玻璃杯,暖壶,茶碗。右角立一架阅读灯,灯旁有一张圆形小几,嵌着一层一层的玻璃,放些烟具和女人爱的零碎东西,如西洋人形,米老鼠之类。

3. 台词部分的版式一般为人物名起头,空格后跟人物台词,人物名部分尽量竖列对齐,人物台词的伴随动作表情用小括号括起来。如曹禺《原野》的片段:

焦　母　　（冷峻地）哼!

焦花氏　　（吓了一跳）妈!（不自主地推开大星,立起）

焦大星　　（方才的情绪立刻消失。颤颤地）哦,妈!

焦　母　　（阴沉地）哼,狐狸精!我就知道你们在这儿!你们在说什么?

焦花氏　　（惶惑地）没……没说什么,妈。

焦　母　　大星,你说!

焦大星　　（低得听不见）是……是没说什么。

焦　母　　（回头,从牙缝里喷出来的话）活妖精,你丈夫叫你在家里还迷不够,还要你跑到外面来迷。大星在哪儿?你为什么不作声?

焦大星　　（惶恐地）妈,在这儿。

焦　母　　（用杖指着他）死人!还不滚,还不滚到站上去干事去,（狠恶地）你难道还想死在那骚娘儿们的手里!死人!你是一辈子没见过女人是什么样是怎么!你为什么不叫你媳妇把你当元宵吞到肚里呢?我活这么大年纪,我就没见过你这样的男人,你还配那死了的爸爸养活的?

4. 人物上下场、相对较复杂的人物动作或动作组合、灯光道具等的舞台说明,常常用【来做标志和导引,以使得表演安排合理顺畅,并区分不同的场景和气氛。比如老舍《茶馆》第一幕片段:

松二爷　(打量了二德子一番)我说这位爷,您是营里当差的吧? 来,坐下喝一碗,我们也都是外场人。

二德子　你管我当差不当差呢!

常四爷　要抖威风,跟洋人干去,洋人厉害! 英法联军烧了圆明园,尊家吃着官饷,可没见您去冲锋打仗!

二德子　甭说打洋人不打,我先管教管教你! (要动手)

【别的茶客依旧进行他们自己的事。王利发急忙跑过来。

王利发　哥儿们,都是街面上的朋友,有话好说。德爷,您后边坐!

【二德子不听王利发的话,一下子把一个盖碗搂下桌去,摔碎。翻手要抓常四爷的脖领。

常四爷　(闪过)你要怎么着?

二德子　怎么着? 我碰不了洋人,还碰不了你吗?

戏剧剧本的编写规范是为了使读者更明晰地把握戏剧,让戏剧这一体裁的形式特点更加鲜明。我们依据创作的需要,可以适当地加以调整,但不能随心肆意变动。

第三节　儿童戏剧及其基本特征

依照接受对象的年龄、心理特点进行划分,戏剧中那些为3～16岁儿童创作并为他们所喜闻乐见的戏剧,我们称之为儿童戏剧。陈信茂认为:"所谓儿童戏剧,是指儿童的思想、儿童的想象、儿童的语言、儿童的情感、儿童的经验,透过戏剧的手法,表现宇宙间动植物的生活、人和事物的关系、社会的现象、人生的意义,用以增进儿童的知识、陶冶儿童的美感、坚定儿童的意志、充实儿童的生活、引导儿童向上的艺术活动。"(陈信茂:《儿童戏剧概念》)因此,凡是能适合儿童身心发展需要而创作的戏剧,不管内容是古代还是现代,事件发生在国内还是国外,表现方式是舞台、电影或卡通,甚至是皮影戏、木偶戏,扮演人不论是成人还是小孩,都可称为儿童戏剧。

儿童戏剧的受众的特殊性,即儿童的天真稚拙、热爱幻想、追求新奇等特点,使得儿童戏剧呈现出和成人戏剧大不一样的基本特征。

一、主题积极,童趣盎然

少年儿童的身心正处在一个迅速成长的阶段,知识、智力和识别是非的能力都还比较低弱,思想、情感、个性、道德观等都还很不稳定。他们就像一张光洁的白纸,"染于苍则苍,染于黄则黄"(《墨子·所染》)。戏剧艺术的形象是最具立体化的,儿童可以从有声有色、富于变化的舞台上直观地感受一切,因此儿童戏剧的主题要积极明朗、健康向上,便于儿童理解,利于儿童成长。

以反映儿童现实生活为题材的儿童戏剧,通过对儿童生活的表现,或歌颂真善美的形象,或对少年儿童身上的缺点提出善意的委婉的劝导——这些主题一直是儿童戏剧表现的重点。2008年上演的儿童剧《宝贝儿》讲述了一只小狗、一个盲老人和几个孩子之间发生的故事。被父母视为掌上明珠的丁放和他的小伙伴从一位老奶奶那里得到了一条叫"宝贝儿"的小狗。丁放和小伙伴们遛狗时,跑到了失明的老人梁爷爷那里,撞倒了葡萄架,放飞了和梁爷爷做伴的小鸟,弄丢了笼子里的玉石小罐。此后,丁放了解到梁爷爷的孤独、寂寞和苦闷,他们大受触动,把自己心爱的小狗"宝贝儿"训练成了导盲犬,帮助和陪伴梁爷爷。正如主题歌中唱的那样:"送给别人一个微笑,微笑在人们心中闪烁;送给别人一丝快乐,世界处处充满快乐!"孩子们在闯祸、驯狗、送狗的过程中,终于明白了想要成为真正的小太阳,就要放光发热,就要更多地为他人付出。

童话剧由童话作品改编而成,现代童话剧在其主题上往往有所创新,以适应当今儿童的审美标准,体现时代精神,凸显时代特色。如《白雪公主》是许多儿童耳熟能详的故事,但搬上戏剧舞台时,编剧仇英俊依然对剧本进行了既有时代特点又符合现代儿童欣赏习惯的全新演绎。如剧本中增加了憨厚可爱、愿意为别人牺牲的小野猪,善良的小鹿和小松鼠等形象,使得戏剧更富趣味性。同时,为使戏剧的矛盾更为集中,原作中白雪公主的三次被骗改为两次,并通过剧中的小动物提醒观众,白雪公主两次被王后欺骗,除了她自己的单纯和善良之外,还因为她本身防范意识薄弱,容易被花言巧语蒙蔽。这就告诉小观众要警惕现实生活中的糖衣炮弹和伪装的善人,具有一定的现实意义。

此外,作家写儿童戏剧很可能是为了教育孩子,而孩子看戏多半是为了娱乐。在他们这个年龄阶段,特别需要欢笑,需要感动,需要新鲜感。走进剧场,只有在获得愉快感受的同时才能接受感染、熏陶和教育,所以儿童剧只有充满儿童情趣才能达到此目的。当然,这趣味性并非游离于作品之外的附属物,也不是加诸作品之中的调料,它应当以其与儿童接受心态共通的内涵,深入戏剧作品的精髓里。

在儿童戏剧中,趣味性首先体现在题材是新是旧、情节是曲是直、人物是活生生的还是概念化的、语言是干巴巴的还是充满个性的等方面。如张天翼的儿童戏剧《大灰狼》,写狼想吃羊:

谁都对我不怀好意,连我的肚子也不跟我好了,只要我躺下,我的肚子就"咕咕咕"

地叫,把我吵醒,我对它还是挺和气的。我问它:"肚子,肚子,你闹什么?"我的肚子说:"哼,还问呢,你不摸摸,看我瘪成什么样儿!我要吃羊,没羊;我要吃牛,没牛。跟你当肚子可真倒了霉,还不如去跟小耗子当肚子哩。"

这段独白把狼儿童化了,既表现了狼吃人的本性,又符合孩子的心理,借与肚子的对话生动地展现了狼身上的儿童情趣。

此外,儿童戏剧还可利用形式技巧的创新及道具、场景的设计,创造浓厚童趣。比如独幕童话剧《"妙乎"回春》中,开幕时的场景是芭蕉叶盖的房子、灯笼辣椒形的椅子、豆荚形的长凳、苹果和香蕉拼成的电话,迅速把小观众带到趣味盎然的童话世界。优秀童话剧《马兰花》有表现爱情的主题,但作者把这种感情体现得纯真而美好:圆月当空,银光满地,随着歌声笑声,飘来了马郎迎亲的彩船,在幽静的小河边,小兰和马郎以及动物们一起愉快地跳舞,形成了欢乐的高潮。这里婚姻爱情对孩子来说是奇异费解的问题,只给他们一种热烈欢快的感觉,这显然符合孩子们的认知水平。

二、结构单纯紧凑,冲突集中可信

儿童戏剧的结构一般分为开端、发展、高潮、结局(有的前有序幕,后有尾声)几个阶段,大多遵循事件发展的时空顺序。因为儿童的自控能力差,注意力容易转移,所以剧情不可铺垫过多,要快速展开,情节线索要简洁,不能过于复杂多变,要以紧凑的情节结构和明晰的线索牢牢抓住小观众的心。儿童剧不能像成人剧那样有主线、副线,明线、暗线,但线索单纯并不是说可以单调、单薄。相反,情节要求曲折起伏、疏密相间、引人入胜。

容曜编剧的独幕儿童剧《妈妈在你身边》,全剧只有一条线索、一个头绪、一个悬念。即一个擦皮鞋男孩被抓,一个女孩营救,从始至终,一贯到底,层次清楚,一目了然。但是从幕启到剧终,小观众始终都在戏剧特定的情景中,和剧中人物一同悲喜。剧中情节安排了三起三伏:男孩跳墙而入——一起,被女孩藏在被单后——一伏;警察发现皮鞋油盒——二起,女孩支吾应付——二伏;警察掀被单——三起,被单后无人,警察走——三伏。三起三伏之后,结尾又一起,男孩被抓走形成高潮,点明主题。从几起几伏中,可以看出情节不是平行的,而是逐步上升的、发展的。起,一次比一次紧张;伏,一次比一次松弛。有密有疏,安排得非常恰当、巧妙。正是由于该剧结构的单纯、巧妙,这出小戏获得了成功。

戏剧冲突是戏剧艺术的生命,"没有冲突就没有戏剧"这一创作规律同样适用于儿童剧。只是儿童剧对于戏剧冲突的选择,对于戏剧情境的设置,同样要考虑不同年龄儿童的特点,也就是戏剧冲突要在他们的生活经验范畴和审美期待视野之中去展开。因此,儿童戏剧的冲突强调主题思想的鲜明和内容的单纯集中。一般来说,儿童戏剧的内容只反映一个核心事件,在剧情结构上往往于开端展示最为激烈的矛盾冲突;在中段揭示冲突形成的原因,寻找解决问题的途径和方法;在结尾解开开端设置的悬念,解决和平息冲突,很少出现错综复杂的人物关系和情节。这种冲突的集中和凸显,可以最大限度地吸引小读者和小观众们的眼球,引起他们的兴趣。

童话剧《"妙乎"回春》在戏剧冲突的安排上,通过写小猫"妙乎"先后几次误诊,引发出一个个戏剧高潮,有小猫"妙乎"和其他来就诊的小动物之间的矛盾冲突,更有小猫"妙乎"不肯老老实实学本领,又自以为聪明的自身性格心理冲突,凸显出"妙乎"不懂装懂的个性特点。这些戏剧冲突的设计从幼儿的日常行为和内在心理特点出发,符合幼儿的审美心理特点,让人信服,效果极好。

三、语言浅近韵语化,动作性鲜明

儿童戏剧是通过剧中人物的语言来表现矛盾冲突、塑造艺术形象、揭示思想和主题的。老舍在《儿童剧的语言》中指出:"儿童剧的语言不容易写好:既要简明易懂,又要用字不多,还要生动活泼,很不好办。"由于儿童观众的特殊性,儿童戏剧的语言必须具备儿童的特点,必须与儿童的接受能力相适宜。因此,儿童戏剧中,没有大段的抒情性或叙事性的内心独白,也没有大段的景物描写或纯理性对白,而是使用浅显易懂、短小活泼、富于情趣、符合儿童口语习惯的语言。如柯岩的儿童剧《小熊拔牙》中的台词:

妈妈　我是狗熊妈妈。
小熊　我是狗熊娃娃。
妈妈　我长得又胖又大。
小熊　我就像我妈妈。

短短的四句话,不但清楚地交代了人物的彼此关系和外形特征,而且小熊模仿妈妈的滑稽可爱的样貌也跃然纸上。母子俩边说边演,情趣盎然。语言音韵和谐,生动活泼,浅近有趣,富有生活气息,充分体现了儿童的特点。

鲜明的动作性也是儿童戏剧语言的一大特点。亚里士多德在《诗学》中指出,戏剧必须借人物的动作来表达。戏剧艺术的直观性要求剧本必须考虑设计适当的舞台动作,来更好地表现人物、展开剧情,这也是真实反映生活的需要。儿童天性好动、好模仿,喜欢富有动感的场景,因此儿童戏剧的动作性要求比一般戏剧更为突出。如《小熊拔牙》中小兔给小熊拔牙一节,看看小兔的一段台词:

你先别哎哟,别直着嗓子叫。嘴巴张开来,让我瞧一瞧。哎,你的牙齿真不好。唔,这一颗要补一补,唔,这一颗嘛,要拔掉。你坐好,哎,我够不着,你怎么长得那么高?搬个板凳当梯子,爬上去给你打麻药。哎,你坐好,别害怕,钳子夹牢才能拔。……拔呀,拔,拔不动它,你这颗牙齿怎么这么大?

小兔为小熊拔牙时所说的一段话带出了人物的一系列动作。通过阅读，小读者就能想象出小兔的职业、身份、性格特点等，乃至看到小兔紧张地为小熊拔牙的全过程。语言的动作化特点在这里表现得十分突出，儿童戏剧的节奏变得更明快、效果更强烈。

第四节 儿童戏剧的舞台呈现

在儿童戏剧的舞台呈现过程中，离不开美术师、灯光师、化妆师对舞台布景乃至人物造型的设计，离不开音乐家对音乐、唱腔的创作，更离不开演员的表演。因此，儿童戏剧一旦实现了舞台的呈现，它就成了糅合文学、美术、音乐、舞蹈等艺术类型的综合艺术。以儿童为主要观众的儿童戏剧，其舞台呈现有它自身的特点。

一、舞台背景的设计与观众的接受心理相吻合

戏剧表演的直观性对舞台内容的展示有具体的要求，即除了通过演员的表演来塑造人物、表现主题外，还需借助相应的舞台背景来表现戏剧主题。这是因为舞台背景可以提供剧情发生的时间和地点，显示人物活动的社会背景和自然背景，有助于戏剧人物形象的塑造和戏剧气氛的渲染。儿童戏剧以表现儿童的生活、儿童的想象世界为主要内容，因此，儿童戏剧舞台背景的设计除了与戏剧的表现内容相吻合外，还应体现出与儿童的视觉欣赏习惯和欣赏心理相适应的特点。换言之，儿童戏剧的舞台呈现无论是美术设计还是音乐处理，都是充分儿童化的，为儿童所熟悉、喜爱和感兴趣的。

《马兰花》的舞台设计就具有这样的特点。在马郎居住的深山里，野花满谷，山下小溪潺潺，山上古木参天，和煦而温暖的阳光普照大地。憨态可掬的鹿娃子、淘气的小猴、嬉戏中的兔姐妹，和平而友好地生活在一起……这样的舞台背景，充溢着宁静与和谐，静态美与动态美交织在一起，森林动物们安宁美好的生活借助于直观的背景得以充分表现。在这里，舞台背景所营造的童话氛围既是戏剧内容表现的需要，也对应了小观众的欣赏心理，因而它既有鲜明的针对性，又是充分儿童化的。

二、人物形象的呈现符合儿童的年龄特征

儿童戏剧演出时，人物形象的塑造依赖于演员的造型和表演。因此，儿童戏剧的演员一般都要对儿童共有的特征进行研究，同时把握剧中人物独有的个性特点，在演出时力避一般性的模仿，或从概念出发，造作夸张地表现儿童纯洁、天真、稚气、可爱等特点，而要追求舞台造型的独特性、鲜活性和真实性。一般来说，儿童戏剧的舞台造型不能过分夸张，也不能过分拘谨。立足于符合剧中人物个性特征又符合现实生活中儿童的个性心理，是儿童戏剧人物形象舞台呈现的基本定位。

儿童剧《马兰花》中大兰懒惰的性格特点已通过剧本充分表现出来，然而剧本对表

现其懒惰性格的具体行为未做任何文字的规定。因此,她的这一特点能否达到最佳的舞台呈现,就有赖于演员在舞台表演中对人物特点的准确把握。大兰以在窗下睡大觉的方式出场,而与此形成对照的是大家都在辛勤地劳动。在随后的剧情发展中,人物行动的若干细节又强化了大兰的懒惰,比如:大兰答应去挖野菜,却又怕被太阳晒;看到妹妹洗的衣服只剩一件,又要和妹妹换。而她洗衣服的动作表现为:懒洋洋地把衣服从水里捞上来,拧也不拧就搭在绳子上。最终大兰的形象就变得非常立体可感了。

图1-1 中国儿童艺术剧院大型儿童剧《马兰花》剧照

三、剧情的舞台呈现便于儿童观众感受和参与

从个体心理发展看,儿童有强烈的模仿意识,希望体验和经历自己向往的生活。从文学的接受来看,儿童在对一切文学艺术的接受中存在着心理距离缩短乃至消失的现象。这些特点决定了儿童在观赏戏剧艺术时大有可能产生积极的参与意识,不自觉地投入剧情的发展之中。而意识取向正确的模仿对于儿童的健康成长无疑具有不可估量的意义。

近些年来,儿童戏剧的编创者已经注意到了儿童在戏剧艺术观赏中的这些特点,正在有意识地改变和创新着儿童戏剧的舞台呈现形式。例如,许多儿童戏剧的舞台突破了传统戏剧的封闭式,而代之以人物在舞台上通过发问的方式与观众沟通,或让剧中人物的表演延伸到其中,这样更多的小观众能够参与到演出之中,亲身体验剧情,和自己喜欢的戏剧人物一起表演,从而获得最大的愉悦。较之以往单纯观看的欣赏方式,儿童观众参与剧情的表演能够最大限度地调动他们的兴趣,使他们在快乐的体验中感悟戏剧的主题。

2006年,孟京辉导演的大型童话剧《魔山》,便是一次观众参与演出的成功尝试。作品讲述了一群熊为了保护家园与坏博士斗争的故事,巧妙的剧情设计使这部作品在演出时实现了观众与演员最近距离的互动。随着剧情的发展,舞台上同时出现的熊演员达到100个。而当这些熊最后要回到各自家园的时候,各个观众区成为地球上不同的地区。观众有组织地举起拼板拼出地球的热带、温带、寒带等区域,可爱的熊欢呼着走向观众席,回到自己的家乡,与观众一起狂欢。此时,舞台的空间得到了最大限度的拓展,延伸到了整个剧场。编导期望让孩子在观看中和小熊一起成长的初衷有了实现的可能。

中国福利会儿童艺术剧院编演的儿童剧《孙子兵法》(新版),别出心裁地将西方寓言《龟兔赛跑》中的两位主人公龟与兔请来,把大家耳熟能详的故事情节与卡通形象放入《孙子兵法》中,以形体叙事贯通中西。该剧在舞美、服装与化妆设计上进行了有益探索。它将舞台布景的主体定为四道可伸缩巨幅书卷,三幅排悬于上场门舞台中部,一幅悬于下场门近台口位置,书卷中部为多媒体投射区域。根据情节需要可将四幅书卷分别灵活调整到所需高度,时而是窗外天色,时而是兵法典故,时而又变幻出山峦树木等,高效实现了多变的舞台调度。服装色彩主基调大胆选择了以往儿童剧所不常见的黑色,强化了主角龟与兔身上高饱和度草绿色与玫红色的视觉冲击力,突显出两位主人公的竞争关系,四位小书童色彩上的弱化则在其中起到了调节作用。服装面料仅有氨纶与麻两种材质,氨纶具有更自由的肢体伸展度和穿着舒适度,麻料肌理感丰富,装饰感强,也契合古风质朴的整体氛围。服装样式上仿照我国古代交叠襟与绑腿裤形,局部装饰有意象化的绲边与绣片,兔子衣着前片形似肚兜表明其性别与年龄,几何线条的龟背形似补丁拼接,暗喻其身份卑微。妆容上受国粹戏曲启发,兔为花旦,龟为武丑,书童为小生,加以童趣与时尚化改良,更好地呼应了肢体表演与配乐中的大量戏曲元素,富有民族特色及历史意味。

图 1-2 北京儿童艺术剧院《灰姑娘》剧照

图 1-3　中国儿童艺术剧院《小蝌蚪找妈妈》剧照

探索·讨论·实践

1. 中国现代戏剧在不同时期的代表作家和作品都有哪些？各自呈现出什么样的艺术风格？

2. 请以巴金的《家》和老舍的《家》为例讨论：就人物形象塑造的方式、方法而言，戏剧与小说有何不同？

3. 除了话剧和歌舞剧，儿童戏剧还有哪些特殊的表现形式？如今发展形势如何？

4. 请查找一段有代表性的儿童戏剧视频，分析其舞台呈现的特点，并选取其中一个场次，转写成格式规范的剧本。

5. 面向小学生，编制一套主题为儿童戏剧的调查问卷，自选角度，要求逻辑清晰，表达精练，具备一定的信效度。

第二章 课本剧的发展、价值及应用

课本剧，顾名思义，是融课本与戏剧为一体，将课本素材改编成戏剧的形式，以戏剧语言和舞台来表达原素材重点、主题的一种文学与表演样式。它以文本内容和知识要点为中心，在尊重原有框架和内容的前提下，将书本中的文字、知识与真人表演相结合，通过戏剧故事为日常教学注入一股新鲜的力量，也为师生的课余生活增添不少亮色。课本剧在教学中的运用，可以打破以教师为主的传统授课模式，激发教师的创造性，同时能充分发挥学生的主观能动性，帮助学生更好地认识自我、发展自我，让教育与学习突破课堂的界限，是值得大加推广和深入探索的一门教学艺术。然而，由于对课本剧的价值和意义认识不足，对课本剧的创编和排演缺少引导与规范，目前课本剧在各个学科和学段应用范围较窄，整体实施质量参差不齐，有太多流于表面和形式，而且在教育发达地区和落后地区呈现出明显的发展不平衡，亟须通过理论探讨与现实实践，正本清源、科学推进。

第一节 课本剧的发展与现状

19世纪末，学生演剧拉开了中国文明新戏和现代戏剧的序幕。在接下来的整整半个世纪的艰难岁月中，学生编演的时装剧、街头剧、活报剧，经久不息地闪耀在苦难的中国大地上，烛照着近代中国晦暗的长空。在改革开放的新时期，学生演剧的这一传统得到了承继和发展，不仅在各大高校的戏剧社团闪耀光芒，也在不同学段课本剧的创编和排演上得到了落实。

课本剧的开端应追溯到中国古代教育时期，在早期的教育内容"六艺"中，"乐"即是以音乐和表演形式来展开教学内容。但现代意义上的课本剧出现和发展的时间较晚。"五四"时期，一部分中学教师在教学方式上进行了大胆的开拓，将中学语文课本搬上舞台以供思想文化宣传，但这基本只是零星现象。在"五四"以后较长时间里，学校对于课本剧教学只展开到分角色朗读这个层级，未加入表演元素，也未形成戏剧结构，还不能算作真正意义上的课本剧教学。

20世纪80年代中期，天津师专三位中文系教师为了配合中学语文教学改革，培养学生的语文学习兴趣，在初高中率先带头将课文改编为戏剧开始演出，并且将之命名为课本剧。由此,课本剧较为广泛地传播开来。1988年,天津市开展了较大规模的课本剧公演,有上百所中小学演出了课本剧,学生从戏剧中感受到了语文前所未有的魅力,而课本剧也作为一个新兴的产物正式登上历史舞台。

与此同时,在南方,福建省话剧院从1987年开始,在两三年期间,在全省49个地市县展开了课本剧的巡回演出。主要演出的剧目为课本中的戏剧《雷雨》《威尼斯商人》等的片段、小说改编而成的戏剧《项链》《范进中举》,还有化妆朗读的《赤壁怀古》《小橘灯》等。当时,由于课本剧剧组轻装简载、队伍精悍,演出时间又可根据各个学校的课程安排适当增减长度,一时形成了较大影响。1989年5月初,应国家文化部要求,福建省话剧院进京进行课本剧演出汇报,受到了政府和文化部门的大力表彰。此后,课本剧在全国戏剧界、教育界都产生了广泛震动,浙江省话剧团、安徽省话剧团、浙江省越剧院、天津儿童艺术剧团、武汉儿童艺术剧院等话剧和戏曲团体都先后进行了课本剧的改编及演出,为课本剧的普及和发展起到了先锋带头作用。于是,1989年被称为"课本剧年";文艺界公认,在中国戏剧舞台上出现了三大现象:喜剧小品、小剧场话剧、课本剧。

在课本剧演出过程中,戏剧研究者慢慢地发现,福建省话剧院与天津师专对课本剧创作有着不同的见解——天津师专的课本剧是对语文课本的文本内容进行翻版,仅仅是将原著进行角色化后搬上舞台;而福建省话剧院则按戏剧规律改编教材,比较具有戏剧性和舞台性。二者之间的风格差异也引发了业内的不同声音。不过,虽然南北地区在课本剧的创作理念上存在分歧,但这丝毫不影响课本剧在全国的风靡情况。1988年,北京人民艺术剧院集结了大批著名表演艺术家如周正、苏民,以及国家一级演员顾威、任宝贤等,历经了长达五个月的时间,在有限的条件补给及严酷的环境下,为孩子们录制了制作精心、表演细致的中学课本剧《良师益友》。其中囊括了彼时初中课本中的历史文学名著,李白、杜甫、白居易等诗人的诗歌,朱自清、茅盾、鲁迅等文学巨匠的名作,外国优秀文学作品等。这些优秀的作品为千万初中生重现了课本中的场景,让他们开阔了视野,使学生对课本中的抽象文字有了更加直观的感受、更深刻的领悟。1989年、1990年,《电影戏剧报》特别刊登了以"大江南北掀起课本剧热"与"课本剧风靡全国"为标题的主题报道,对课本剧在全国的发展情况进行相关介绍。之后,在对课本剧高度关注的热潮下,中国戏剧出版社于1989年5月出版了《中学课本剧》,集合了吴亚芬、王雨玉、韩新光几位同志的教育思想及实践经验,为教育工作者及戏剧团体提供了可以作为指导方向的书籍。1990年8月,北戴河召开了首届全国课本剧研讨会,成立了全国课本剧中国话剧艺术研究部,并于同年开展了全国课本剧选评赛,全国各地中小学、高等院校、各戏剧院都踊跃参与,进一步将课本剧广泛推广开来,一时间课本剧风光无两。

然而好景不长,由于对于课本剧的应用场景认识不足、对其价值功能很多人持观望态度,加之课本剧创编与排演耗时耗力,有时与学校的教育教学安排会相冲突,20世纪90年代中期前后,课本剧逐渐走进低谷。此后全国各地课本剧只有零星的创作与表演,有关课本剧的教学研究也不再多见。

进入21世纪之后,伴随着"教育戏剧"这个概念在中国一线城市的传播与推广,戏剧进校园又渐渐兴起小的热潮,尤其在学前教育阶段,儿童戏剧的各类尝试和研究遍地开花,儿童戏剧教育成为炙手可热的新兴教育形式。它又进一步延伸到中小学教育、学生素质拓展等更多领域,催生了大家对曾经引发轰动效应的课本剧的再度关注。

目前对于"课本剧"的研究,集中在对其历史、内涵的研究;意义、价值的研究;操作方法的研究;不同学科应用的研究上。从这些研究中,我们可以窥见目前阶段课本剧发展的大致情况。

国外尚没有可完全对等的"课本剧"概念,但对于内涵相近的"教育戏剧"研究和实践颇多。教育戏剧一般被认作把戏剧方法应用于课堂教学和社区民众的戏剧活动。20世纪初,进步主义教育认为戏剧提供了"创造性表达"的机会,在美国和英国出现了试图将戏剧建立在课程基础上的最有影响力的戏剧教育运动。凯文·勃顿于1979年出版的《迈向教育戏剧理论》是该概念的第一次明确。后来《教学中的戏剧方法》《创作性的戏剧活动》《透过戏剧成长》等作品相继问世,美国、英国等国家开始大力支持教育戏剧师资培训,并在世纪之交制定了相关的教育法令法案,将戏剧教育及教育戏剧纳入国家学制内。2009年,美国戏剧教育的理论家与实践者约翰·欧土尔、蒂娜·莫尔、麦当娜·斯丁森等人共同出版了《戏剧与课程》,总结了西方国家对儿童戏剧的探索,并以宏观和微观的视角开发适合儿童的戏剧课程。课本剧和教育戏剧比较而言,前者更强调特定的教学性和有本可循的戏剧性,而后者更重视潜移默化的教育性和非限制的创造性。二者的来源不同,应用场景和应用方式有较明显的差别,其研究结果可互为补充。

周胜南(2013)在《从模仿到重述——浅议教育戏剧视野下的课本剧创作》中认为,课本剧的推行涉及学科单一、即兴互动缺失、创作想象力匮乏。需要拓宽课本剧的运用领域、强化参与排练的过程、重视"戏剧导师"的培养。

唐子涵(2014)在《上海中小学课本剧调研与思考》指出,课本剧在校园普及过程中存在"形式化""走过场"等问题;在和剧社剧团合作过程中,又倾向极端"精英""精品化",不接地气,违背了基础教育的目的和艺术创作的规律。

王云(2015)《再议课本剧的编演》分析了课本剧编演的功能和价值,指出课本剧的编演一般按照导、选、读、编、演、评六个步骤展开,课本剧内容的选择需关注表演性、戏剧性和舞台性三个方面。

朱文庆(2015)在《课本剧表演的评价机制初探》里提出课本剧的评价核心需唯一化,即以文本为依据;评价过程需阶梯化,即为课本剧表演设置不同难度的等级;评价功能需立体化,即多角度多方位评议作品。

另外由各类研究可知,课本剧的应用已经从最初的语文、英语课程,渐渐延伸到了历史、音乐、生物、物理、思想品德乃至数学课上。

2001年,教育部颁布的国家《全日制义务教育艺术课程标准(实验稿)》,首次将戏剧列入艺术综合课程的几大门类之中,使之与传统的音乐、美术并列,并指出"基础教育阶段的艺术课程日益走向综合,不仅音乐和美术开始交叉融合,戏剧、舞蹈、影视等也进入艺术课堂"。

2012年1月,教育部为贯彻落实《国家中长期教育改革和发展规划纲要(2010—2020年)》,适应新时期全面实施素质教育的要求,颁布了《义务教育艺术课程标准(2011年版)》,并于2012年秋季开始执行。新修订的艺术课程标准明确提出:艺术课程是一门综合音乐、美术、戏剧、舞蹈、影视等艺术门类为一体的课程。在九年义务教育阶段,学生们要学习模仿角色的语言、动作、表情、声音等艺术表现,尝试制作服装道具或舞台背景,进而进行艺术创编。

2020年10月,中共中央国务院办公厅印发《关于全面加强和改进新时代学校美育工作的意见》,指出义务教育阶段要逐步开设舞蹈、戏剧、影视等艺术课程,帮助学生掌握1~2项艺术特长。要把农村学校美育建设纳入地方义务教育均衡发展规划,建立美育基础薄弱学校帮扶机制。

课本剧是戏剧的基础门类,不仅融入了学科知识,还融合了文学、音乐、美术、表演等多种艺术元素,其编排特点贴合小学生身心发展需求,有利于小学生健全人格的培养和综合素质的提升。但当前,教育界对课本剧的重视程度不够,课本剧在我国各地区、学校的应用还存在明显褊狭的状况,其长期累积必然会导致基础教育品质的高下差别,反过来加剧教育的失衡。因此,关于编演课本剧的理论和实践工作,还有许多可深挖之处。

第二节 课本剧的界定与价值

对于戏剧,李婴宁女士提出过"大戏剧"理念,她认为戏剧并不仅指舞台上由专业演员演出的戏剧,还包括"应用戏剧"。应用戏剧是一种独特的戏剧方法,有其独立的美学体系、方式架构。其特征为注重打破舞台限制,打破专业技巧,观演合一,注重戏剧的活动过程和应用价值,注重戏剧带来的收获而不仅仅是戏剧演出这个结果。

作为应用戏剧的一支,课本剧从诞生开始,其概念和形式已被运用多年。对于课本剧,不同的专家学者有不同的理解。我国著名的戏剧大师曹禺先生在为《中学课本剧》一书撰写的序言中提道:"中学课本剧是从课本中选出有文学性的课文改编成的戏剧,供学生演出。"颜振奋先生认为,"课本剧是取材于中小学语文课本并为语文教学和丰富学校文化生活服务的一种新型的戏剧品种"[①]。此外有研究者给课本剧下了这样的定义:"课本剧,是指根据语文课本中的有关课文改编成适合于学生演出的戏剧。它力求充分表达原课文的主要内容和主题思想,尽量运用原作的语言动作和主要情节,以塑造

---

① 颜振奋:《课本剧需进一步普及与提高》,《剧本》1990年第10期,第56—58页。

主要人物形象,从而在舞台上更好地体现出课文的内涵。"[①]于根元主编的《现代汉语新词语词典》中定义课本剧为:"根据中小学语文课本中的某些内容改编成的戏剧小品。它以中学语文课本中一些戏剧、小说、散文、诗歌等篇目为脚本,通过话剧、哑剧、朗诵等形式,将它们的内容再现于舞台。"

综上所述,尽管大家都在用"课本剧"、演"课本剧",但直到今天,大家对课本剧的认识依然不够统一,甚至有不少误区。我们认为,课本剧,天然具有双重属性。一是它的教学性,二是它的戏剧性。从教学性的角度出发,要求它一切围绕教学、忠于教学,绝不脱离教学这根指挥棒,与教学无关的戏剧编演不能算课本剧。而从戏剧性的角度出发,要求它既要有精致的戏剧文本,又要有像模像样的戏剧演出,停留在简单对话、没有戏剧设计的课堂活动也不能称之为课本剧。所以,将课本剧与儿童演出剧、校园活动剧混为一谈,或者模糊课本剧与课堂情境练习、学生即兴表演的边界的编演样式,不符合我们对于课本剧的理解与认定。具体而言,课本剧存在广义和狭义的不同阐释。广义的课本剧指向所有学段,即小学学段至大学学段,与全部学科——包括了语文、英语、历史、音乐、科学等其他各学科。它既包括了小型的课堂戏剧展示,也可以有大型的戏剧汇报演出。而狭义的课本剧往往聚焦在语文、英语等文学语言类科目上,而且主要是小型的片段演出,舞台性较弱。结合目前国内编演课本剧的现实情况,我们这里将课本剧定义为:以中小学教材为蓝本,一般由老师和学生共同参与改编、创作、排练和演出,并最终服务于教学的戏剧样式。本书所探讨的主要为小学阶段为演出而创编的语文课本剧,兼及其他学段、科目和形式。

作为课堂教学的有益辅助,课本剧有着其他教学手段所不及的多种功用,以下从四个角度简要加以分析。

1. 于课堂教学

在传统的课堂上,以教师传授为主,学生扮演接收、反馈的角色,其主观能动性发挥的空间有限,课堂相对沉闷;同时,教师很难考察到大多数学生对所教授内容的兴趣度和掌握程度。而课本剧的应用,是一个放权给全部学生的过程。首先它需要学生参与对课本的深度解读,尝试对课本的重难点加以厘清和重组,然后再由学生在教师的引导下生成符合原文本,而且能体现学生自身思想和个性的剧本,最后由学生通力合作将他们搬上舞台传播给更多的受众。这整个的过程,打破了以教师为主的教学模式,学生成为最重要的主体,而且突破了课内与课外的界限,将学生的课堂学习与课外生活贯通起来,使得教学渗透到了远超出课堂狭小空间的大世界。所以课本剧这种方式,帮助改善了旧式课堂呆板、严肃,学生沉入性不够的短板,将一些学生领悟不到位或者教师讲授难以深入浅出的知识要点变成了学生想要主动寻求突破的兴趣点,倘若规划得当、循序

[①] 李媛媛:《谈课本剧的编、排、演》,《文教资料》2006 年 27 卷,第 97—98 页。

渐进,有课本剧的那一课甚至有可能成为全部课堂中最令学生难忘的一课。

傅念飞在《课本剧:语文学科与研究性学习整合的一种有效形式》一文中谈道:"在讲授《守财奴》这篇课文时,我第一次尝试运用课本剧这种教学形式。得到任务之后,全班学生立即行动起来:经过讨论,他们决定了这出剧的人物和基本情节;又推举出了负责导演、策划、剧务等方面的同学;然后自发地组成了四个小组,每个小组负责编写一幕剧;最后由导演将各幕串联起来统一编排。短短一个星期,学生们就编排了一出课本剧,表演得到了老师们的认同和好评。表演结束后,观众进行了点评,创编人员谈了自己的创作感受。从学生的发言中,我感到,不仅是创编人员对课文主旨及人物形象有了较好的认识和理解,即使是没有参与创编工作的学生,也因为主动地阅读和分析了课文,才会有比较到位的点评。"上海市闵行区君莲学校的庄芳老师在《课本剧的教学逻辑及价值体现》一文中总结道:"课本剧是课堂教学活动的一部分,学生们通过不止一次地参与其中,不仅提升了语文的学习乐趣和学习成绩,更在一次次经历中收获了成长……课本剧教学使教学过程不再是学生简单占有知识结论的过程,而成为学生不断参与、主动构建并不断获得新意义的过程。"这些,便是课本剧所收到的事半功倍的教学效果。

2. 于学生发展

从创编的角度而言,首先,课本剧能帮助学生学会品读原文,融汇知识,让他们在更好地理解教材的基础上对即将展开的故事发挥想象和构建连接。其次,创编课本剧能帮助学生掌握戏剧创作的基本范式和规律,对戏剧这一文学体裁有更深刻的领悟;让他们学会如何演绎一个剧情的开端、发展、高潮、结局;如何塑造人物、借助台词展现人物的心理;同时,更能很好地锤炼学生的文字驾驭与表现能力,全方位提升其写作水平。

从排演的角度而言,学生在排练中需要融入集体,需要沟通协作,需要更加合理地分配时间,这些对于每一个学生而言都有难度,都需要慢慢体悟与学习。而到了表演部分,从揣摩角色到运用声音和肢体语言加以诠释,再到最后上到大舞台去展示,全部都需要较为敏锐的感受力、较为专业的基本功底,以及较为强大的胆量和抗压力。对于非表演专业的学生来说,这是个人心智、情操的一次重要磨砺和个人素质的一次全面提升,是很多人可能一生也没有机会拥有的美好经历。

假使学生并未直接参与演出,戏剧的舞台化需要各个部门的参与与配合,基本每位学生可以在中间找到自己能发光发热的一环。组织能力强的可以做现场统筹或导演助理,美术功底不错的可以做道具、做布景,学音乐的可以编排音效和配乐,爱美的姑娘可以帮助化妆,实在特长有限的还可以做场记或者后勤。总之,只要学生愿意,只要老师充分发动,每个人都能在课本剧的编演中找到自己的位置,甚至完全有可能发现一个崭新的自己。

俄国教育心理学家维果茨基提出"最近发展区"这一概念,将个体的心理发展分为两种发展水平:一是现有水平,即个体在现实的独立活动中所达到的解决问题的水平;二是潜在水平,即个体在有指导的情况下凭借他人的帮助所达到的解决问题的水平。这两种水平之间的差距就是个体的最近发展区。从教学实践来看,课本剧的编演正是这样一种可以帮助人实现"最近发展区"的教学活动。课本剧这个开放的课堂所形成的气氛,有助于培养学生的批判性和探究性精神。它为学生提供的多姿多彩的舞台,极大地激发了学生们创造的热情。无论是编剧还是排演,无论是人物动作还是舞台效果,无论是布景制作还是灯光使用,学生们都需要认真思考,大胆创新,勇敢实践,迸发出自身所蕴藏的强大创造力。这些,都将成为他们一生的财富。

3. 于教师成长

叶澜教授认为:"教育是一个使教育者和受教育者都变得更完善的职业,而且,只有当教育者自觉地完善自己时,才能更有利于学生的完善与发展。"(叶澜:《教师角色与教师发展新探》)课本剧的组织与引导者是教师,开展一次大型的课本剧活动,对教师的综合素质提出了极高的要求。教师在参与、指导的过程中,首先,需要不断学习教育学与心理学的知识,使自身的认知与当下的教育形势和对象贴合起来。其次,需要主动了解戏剧编演方面相关知识,通过理论探究和实践摸索,将其与自己的专业发展方向联系起来,形成学科特点和个人特色。再次,需要更加深入地了解学生,根据学生的身心发展规律和不同学生的兴趣个性,包括他们的思想动态、价值观、优缺点等,有条有理地开展课本剧活动。在开展课本剧教学过程中,教师需要比学生学得更多,站得更高,自己要有一桶水,才能让学生体会那一碗水的快乐。而在编剧和演剧过程中,教师遇到的种种障碍和难题,可能会远超出以往单纯的教学生涯的总和。它要求教师不仅仅是一名专业上过硬的学科教师,还是一名剧作者、策划大师、活动专家乃至一名表演工作者。它需要教师更新教育观念,以充分尊重学生丰富的个性为前提,激发与唤醒学生内在的潜能。同时,它倒逼教师提升自我,让其涉猎更广泛、思维更活跃、控场力更强大,更好地协调与学生、家长、学校等多方的关系。历经一轮或多轮课本剧的编排,教师会在各个方面获得长足的进步。

教师的职业追求是无止境的,这使得教师需要处于不断提升自我的状态中,同时也不断获得生命意义拓展、延伸的快乐。在课本剧活动过程中,教师看到了自身专业素养的不足,不断地向他的智慧、能力、素养发出挑战,成为推动他学习、思考、探索、创造的不息动力,从而使教师成为一个不断超越自我的终身学习者,成为一个精神生活的真正富有者。

4. 于美育建设

美育,是一个既老又新的课题。它是教育学和美学相结合的产物,是介乎于美学与教育学之间的跨界学科。美学家们一般认为,美育既着重于情感教育,又是以情感为中心的综合性教育。对青少年学生来说,所谓综合性教育,就是指通过以审美教育为纽带,将德、智、体、劳等其他诸项教育联结起来,贯通为一体,使学生真正成为健康、全面发展的人。审美教育之所以有这么大功效,是因为在进行审美教育的过程中,学生在建构审美心理结构的同时,也在充实、协调、完善整体的文化心理结构。所以,从一定意义上说,审美教育可以实现人性完整、自由的发展。

审美教育的内容是非常丰富多样的。但是,集中起来讲,对艺术的欣赏和对艺术创作活动的参与,应是青少年学生审美教育的主要方式。早在春秋战国时期,我国大思想家孔子就十分强调乐教和诗教。这就是在强调艺术的审美教育作用。在西方,公元前的古希腊大哲学家柏拉图,也把艺术视为审美教育的主要手段。近代德国的戏剧家、诗人和美学家席勒,对此则表述得更具体。他说:"近代人要做的,就是通过更高的艺术即审美教育来恢复他们天性中的这种完整性。"又说,"政治上的改进要通过性格的高尚化,而性格的高尚化又只能通过艺术。"①对艺术的审美活动,可以感发情志,舒展情怀,有助于陶冶性情,净化心灵,也有助于开发人的智力和非智力等一切精神要素,提高人的想象能力和创造能力。

而在各种艺术门类中,戏剧应该是进行审美教育的更重要和更理想的手段。原因在于,戏剧是一种高度综合的艺术,它集诗歌、音乐、舞蹈、绘画、雕塑、建筑等众多艺术门类于一身,几乎各种艺术门类的长处都被它利用。越临近现代,由于高科技的发展,声、光、电等各种科技手段,又都被戏剧运用于自身的舞台演出中,更强化了它的艺术的氛围和感染力。而演员亲自登台表演,演绎一桩桩真实而又奇特的人生故事,这又使戏剧比之其他艺术样式更贴近人的生命体验和人生感受。这一切综合在一起,使戏剧在审美教育中必然发挥出无可比拟的作用。

总之,审美教育可以协调其他各种教育,使其产生更好的效果。这种效果既是有形的,但更多的是无形的。所以,课本剧作为戏剧活动的一支,是学生审美教育的一种极为适宜和重要的手段,其作用是不可低估的。

第三节　课本剧的应用场景与理念

小小的课本剧,其运用场景不单单在小学各个学段的课堂中,更可以辐射多个领域,成为学生、教师乃至家长学习与成长的有益帮手。

一、课本剧与课堂教学

课本剧源自教材和课堂,最常见的运用方式有二。一是在教师的指导下学生进行课本剧剧本的创编,可以全员参与,可以由兴趣者着手,可以课堂内迸发灵感,也可以课

---

①　席勒:《审美教育书简》,冯至、范大灿译,北京大学出版社,1985年,第27、44页。

堂外细细生发,是非常灵活的一种思维训练和写作训练方式。二是将戏剧教学法融入教学中,鼓励学生自行创编小的戏剧片段,在授课的初始导入、重难点突破以及文本拓展等处加以运用,以便更好地了解学生对教材认识的深度及不足,活跃课堂气氛,提升学生学习的积极性。不同科目、不同学段,都可以在课堂上尽情地发挥课本剧的功用,依据教师要达到的教学目的,合理策划,优化路径。

二、课本剧与校园文化

课本剧不仅与课堂教学关系紧密,由于其突出的"戏剧性",它自然而然与学生的课外文化生活产生关联。学校的班队活动可以有它,兴趣课堂可以有它,社团组织可以有它,节日排演可以有它,打造独一无二的戏剧校园品牌更要靠它。无论把课本剧放在校园生活的哪一处,它都能成为最吸引人眼光的一种要素和形式。近年来,许多地区举办课本剧展演或者比赛,许多幼儿园、小学、中学乃至大学打造专门的戏剧编演班子,也正是看中了课本剧与校园文化彼此相得益彰的关系。

三、课本剧与家校合作

课本剧要搬上舞台成为精品,需要多方的合力,如音乐和舞美的设计、设备和场地的支撑、编演专业人才的指导等。单单靠学生自身或者某一位老师,很难达到最佳的效果。学生家长来自各行各业,有各自的擅长和资源,如果能在课本剧编演的过程中深度参与,不仅仅能与学校更多地沟通和交流,更能直接见证自己孩子的蜕变与成长,获得更好的亲子互动体验。而学生也能在这个过程中增进对父母工作、特长、能力的了解,促进其与父母间形成更好的理解与传承。

四、课本剧与课外培训

当下知识爆炸,竞争激烈,许多孩子在家长和社会推动下自幼儿园起就进出于各类教育培训机构,希望能提升学业、锻炼技能、发展素养。虽然这并不是值得鼓励的现象,但确有"愈演愈烈"的趋势。所以,规范教育培训市场,提升其育人理念,将课外辅导从单纯盲目的应试、加分泥潭里拉出来,是我们应该倡导的。课本剧作为一种新的教育形式,可以成为学校、老师、学生、家长以及校外培训机构之间的桥梁,通过编剧排剧演剧的深度参与,我们可以更好地发现教育中的问题,尤其是更好地发现孩子,帮助他们找到自己的兴趣和优势,让他们在快乐中收获成长。

了解了课本剧的应用场景,如何更好地加以应用便成为当下的重点课题。纵观目前课本剧编演的现实情形,大家要么认识不当不屑于编演,要么有想法但不会编演,很多时候益处多多的课本剧不仅达不到预期的效果,反而成为教学的负累或者学生的纯粹玩闹。这许多问题的出现,我们认为除了推广不到位之外,更在于忽视了课本剧的双重属性。作为戏剧大家族中小而精的一支,课本剧除了具备较强的戏剧性之外,更有自己独特的个性,即鲜明的教学性。正是由于课本剧其缘起和最终目标都是指向教学的,"剧"这个属性有时反而成了这个整体的外在形式,虽然有其重要意义,但万不能偏离"教育教学"这个指挥棒。基于这个认识,我们在运用课本剧的过程中,需要严格遵循以下几个基本理念。

1. 以教材为本,为教学服务

课本剧的运用,素材的来源为中小学的各科教材,如语文、英语、音乐、科学、思想品德等。一般而言,只要创编和组织得当,所有科目都可以开展课本剧教学。课本剧来源的这个特点,保证了其成品较高的知识水平、思想水平和审美水平,有着其他原创儿童戏剧在构思这个阶段难以匹敌的天然优势。正因为如此,我们在改编课本剧的时候既要鼓励适当的创新和升华,同时务必要坚持以教材为本,不偏离其中心轨道和主体方向,不损害原教材的要义,不做"离经叛道"式的阐释。同时,我们要时刻提醒自己,创编和排演课本剧都是为教学服务,不能演变为纯粹的文娱活动甚至是搞笑节目,要注意协调好编剧、排剧、演剧和传统的课堂教学之间的关系,在保证教学有序进行的前提下引导学生分配好精力和时间,同时确保课本剧活动和其他各类教育、文化活动的和谐共进,相辅相生。

2. 教师为引导,学生为主体

在课本剧的编排中,无论是中小学的实践尝试,还是师范专业的教学演练,都应坚持教师的引导地位,让一切既合乎准则,又井然有序。一般而言,学生对教材的整体把控能力和知识点的敏锐度不及教师,很多时候需要教师的点拨和提示,在创编行文的过程中,也需要教师确定基本方向以及做最后的文字润色工作。至于排演过程,涉及的人员众多,牵涉的方方面面较广,单单依靠学生难免错漏频出或者事倍功半。此时教师的主导和引路是平衡资源、使得课本剧发挥最佳效力的重要保障。

同时,教师也需要明确,课本剧的编演,学生是理所当然的主体。低年级的学生侧重构想、参演,高年级的学生侧重策划、撰写、组织和演出。这个过程中,教师要充分调动学生的热情,鼓励他们参与,发掘学生思想的闪光点,让每个人都在课本剧的不同环节中找到自己能出力的部分,让他们真真正正成为课堂或者学习的主角。所以,除了引导以外,教师切忌越俎代庖,大包大揽,或者过于焦虑,急于求成,要留给学生充足的时间和空间,耐心看小苗长成大树。

3. 形式不拘泥,勿忘"戏剧性"

从课本剧的界定出发,课本剧的演绎有几个不同的阶段:编、排、演。依据教师授课需求的不同和各个地区、学校的外部环境的不同,教师可灵活选择不同的方式加以运用。如课内师生共同探讨、改编课本剧;即兴的、简短的课堂情景朗读、对话;事先需要准备的课前短剧展示;计划周详的,教师直接指导、全体学生全力参与的大型课本剧公演。无论是以上哪一种形式,编演者脑中都要有一个声音,就是课本剧不仅是教授或学习的工具,同时是可以多方面发展个人能力的有效方式,从而在编创、排演的过程中,时刻考虑到戏剧的舞台性,比如怎样好排,怎样能演。这样才能使课本剧不仅仅停留在文本上,还能够成为学生发展自身的一个手段,在更大的舞台上发挥其作用。

第四节　课本剧与小学生心理发展

20世纪90年代,课本剧在教育文化界掀起了一股风潮,一些期刊开辟了课本剧的专栏,进行了一定的整理宣传工作。此后,集中发表和出版的课本剧渐少,除了孙毅先生的一套课本剧儿童剧剧集,精品变得稀缺。如今,课本剧编创的实施主体多为在校教师和学生,大多是小学教师为了大型的学校汇演,或中学教师为引导学生开展拓展性学习或写作训练而展开的,总体还是以非原创性的儿童戏剧居多,根基于课本的较少。

众所周知,较大型的舞台剧从创编到演出,各项工作专业性强,尤其是编排上耗时耗力,而中学的升学压力较大、学业负担较重,所以,要在中学有计划、成规模地开展课本剧活动有些不切实际。于是,课本剧编演的主阵地就流向到了小学和大学学段。许多综合类大学是有自己的戏剧社团的,演出剧目多为中外经典戏剧,也有一些实力较强的剧团拥有自己的原创剧目甚至可以开展较大型的展演。这些戏剧社团,通常向专业的戏剧剧团看齐,以储备各类专业的戏剧人才为己任,往往不会涉足相对小型的课本剧,即便涉足,受众也有限。所以,诸多因素归结起来,课本剧实施的最佳阵地还是在小学。

小学阶段,学生有着自身独有的心理特点,它与课本剧诸多特性天然契合起来,二者的融合必然更好地促进学生在认知、情感、品性等各方面的发展。

首先,在认知方面,小学生的观察力正从无序笼统发展到系统精确,有意记忆和抽象记忆迅速发展,注意的集中性、稳定性、分配性在逐步增强,想象的创造成分慢慢增多,同时思维的批判性和灵活性仍有欠缺。课本剧的排演过程,无论是背念台词,还是观摩排练、呈现演出,都能有效地训练儿童的记忆力、观察力、注意力,帮助孩子更好地学会既能将思想言行专注到一件事情上,又能同时关注身边小伙伴的配合情况。而课本剧对于原教材的生发和拓展,能很好地发展小学生的思维发散性和批判性,让他们抛开刻板认知,学会不以本为本。

其次,在情感方面,小学阶段,儿童已经能较好地认识自己的情绪并对自己的情绪做出反应,其情感的内容不断丰富,情感的深刻性不断增加,情感的稳定性日益增强,而且发展出了与社会需要相联系的道德感、美感等。课本剧这一形式,要求小学生不仅要能体会和表现课本中人物的情绪、情感,还要在排演过程中学会控制自己的脾气个性,以最佳的情绪状态与他人配合合作。至于在课本剧创作中发现美、认识美、呈现美、制造美,更是渗透在编与演的始终,是对孩子审美认知的切实训练。

最后,在个性、品德方面,小学生的自尊、自我意识一步步在发展,道德认识和道德行为慢慢在形成,对世界的认识在树立和调整当中,这一阶段对其一生的主体走向有着至关重要的奠基作用。如果小学阶段发展得好,将来孩子的自我认知与控制、善恶分辨力与意志毅力、独立能力与亲社会化行为等,都能得到很好地生发,反之,日后就容易出现这样那样的问题。课本剧这一活动,原就发源于教材,无论是语文课还是思想品德课,本就承担了美育与德育的教学目标。加之戏剧形式的提炼、戏剧活动的融通,孩子们在看似玩闹的过程中,必然对书本中的道理规则理解得更加透彻,也一定会潜移默化地在心中形成正确的价值观和人生观。

如果从小学不同的学段来考量,低学段小学生心理发展的主要矛盾是如何顺利地从过去以游戏为主导的生活状态过渡到如今以学习为主导的状态。孩子们要在教师和父母的监督下克服随意性、非规范性,慢慢养成良好的学习习惯和行为习惯,学会解决因适应不良而出现的各类问题,适应小学新的需要。所以,在这个过程中,游戏依然是孩子接受新知识和新挑战的重要方式,娱乐性依旧是孩子学习中需要花心思去琢磨和达成的一个重要目标。我们可以在课本剧这一个大系统里,一方面更多地挑选低年级孩子更喜闻乐见的带有游乐性的素材;另一方面更多地选用讲故事、制作可爱的道具、组织和课本相关的游戏活动等方式,将课本剧的元素渗透到课堂教学当中。

到了中学段,小学生进入了由具体形象思维向抽象逻辑思维的加速过渡期,与此同时,学业难度也在逐步提升。如何形成强烈的学习动机、稳定的学习兴趣、科学的学习策略,并最终取得理想的学习成绩,便成为这一阶段小学生的主要心理任务。所以,我们在课本剧活动的设计中,一方面要直指教学的重难点,帮助孩子更好地克服学习障碍;另一方面在任务设定的时候要兼顾难易因材施教,尽量照顾不同学习能力的学生,帮助他们一步步建立学习的信心。这一阶段,可以开始做小导演的选拔和培养工作,让性格活泼具有领导才能的学生自行挑选同伴组织小的剧组团队,或让学生以组为单位,发掘有天赋和特长的苗子组队,对课本中的重要片段进行形体训练和配音训练,让学生形成一定的戏剧感。

小学的高段,学生自我意识的发展进入了第二个上升期,而个性的发展进入了骤变期,一些令人头痛的问题逐渐显露出来,比如异性同学交往过密、亲子关系代沟形成、对教师抗拒和逆反等等。因此,在课本剧活动中,教师一方面需要有意识地关注孩子与他人沟通交流的心理状态、技巧方法,引导他们更好地处理同伴关系;另一方面要充分尊重他们的个性,引导他们找到自己的优势和定位。高年级的同学,已经可以直接参与课本剧的编演工作,教师要积极放手,同时发动家长的力量帮助学生,让剧本创作和完整的成品展示成为课本剧活动的重心。

比如,人教版二年级下册的课文《守株待兔》,是一则脍炙人口的寓言故事,是要告诉小朋友不踏踏实实努力,而想要寄希望于偶发现象获得成功是不可取的。教师除了教会孩子们教材中的生字生词、文本段落、故事寓意之外,完全可以此为本,生发出多个课本剧活动。如语言拓展活动古诗念诵《锄禾》,让孩子们体会农耕的辛劳与甘甜,更好地理解该寓言的主题;美术活动《我是聪明的小树墩》,让孩子们利用家里的废旧纸盒或其他物品,做出一个精致的小树墩并加以展示;音乐活动《情绪配音》,想象农夫、撞死的兔子的伙伴甲乙丙丁等多个角色,在父母的帮助下为其在故事发展的不同阶段进行情绪配音,还原出孩子对这个作品的认知;戏剧模拟活动《守株待兔》,找到农夫、兔子、兔子伙伴的扮演者,再把之前其他周边活动的素材集中起来,就能在课堂之初或者课堂末尾进行小型的表演了。这样的课本剧安排,分割零散,每一阶段的目标小而具体,不需要占用教师太多的时间和精力,孩子们的自由度也高,可发挥空间大,完全值得一试。

又如,人教版六年级下册课文《卖火柴的小女孩》,是安徒生的著名童话,展现了卖火柴的小女孩悲惨的命运和人们对于苦难的漠视。童话本身的脉络比较清晰,主题也相对鲜明。但是对于小学生,尤其是城市的小学生来说,他们很难真正理解小女孩的悲苦,更加难以由此去推想社会、社会上的人究竟出了什么样的问题。所以,我们可以通过对课文的精读,生发出两个短剧。一是关于卖火柴的小女孩在除夕夜之前的生活状态:她的家里都有什么人?他们全家以何为生?小女孩的父母如何待她?她的邻居过着怎样的生活?彼此之间有怎样的往来?如果能把这些细节都想清楚,都安排、展现得合情合理,自然对底层百姓的日子有了一个更清晰的认识。二是卖火柴的小女孩去到奶奶所在的地方后的场景:那个"没有寒冷,没有饥饿,也没有痛苦"的地方是什么样子的?那里的人们彼此关怀互帮互助吗?他们对生前在人间遭遇的一切是如何看待的?如果学生能把这两个场景通过舞美音乐、台词表演较好地展示出来,我们就能说他们既真正地读懂了课文,也掌握了戏剧编演的基本技巧。

探索·讨论·实践

1. 有研究者提出,课本剧不仅包含根据中小学课本改编而成的戏剧,还包含由课文而延伸的课外阅读文章和世界名著,以及生活这个"活课本"中的故事改编创作出的话剧、小品、朗诵等多种形式演出的戏剧。对此观点,你有什么看法?

2. 对现有的媒体市场进行简单的调研,就近年来与课本剧相关的纸质出版物和电子读物的基本情况进行梳理和分析。

3. 选择你家乡一位你熟悉的小学教师,展开关于课本剧的一次访谈,了解不同地区课本剧实施的情况。

4. 课本剧在许多地区和学校未能有效地推行,请查阅相关著作和论文,给出原因分析,并提出或归纳出相应改进措施。

5. 研读论文《课本剧——中国话剧艺术的"希望工程"》《论台湾创作性戏剧对大陆课本剧教学实践的启示》,谈谈你的认识和感受。

微信扫一扫
课本剧论文两篇

第三章　课本剧剧本的改编与创作

运用课本剧的第一步,便是剧本的改编和创作。由于课本剧素材源自中小学教材,所以一般而言以改编为主,以创作为辅。当然,针对不同的内容、对象和需求,写作者自行发挥的空间有大小之别。编创课本剧,需要确立标准,挑选好合适的文本或者元素,在此基础上依据戏剧创编的范式,从构思到下笔再到修改,一步步有序进行。而在小学开展课本剧创编活动,由于小学生尚难以独立支撑剧本的创作,我们需要灵活地运用课本剧这一形式,帮助小学生找到"戏剧感",同时对其通过"对话"即台词推进事件、塑造角色的能力加以训练。

第一节　课本剧创编素材选择的标准

一出好的课本剧,剧本是其根基。而对于课本剧而言,挑选合适的素材进行创编,是确保教学和演出效果的基础。素材选得不恰当,可能不仅仅吃力费事,最终收效还会大打折扣。对于不同的学科,我们挑选课本剧素材的标准略有差别,现分别来谈。

一、语文学科

《语文》这一学科是课本剧运用最为普遍的一个阵地,它天然具备了课本剧创编的几个基本要素,如文字、形象、故事、主题等。但是,并不是所有的语文课文都是适合改编课本剧的,有的课文改编难度太大、改编起来付出与所得不成比例;有的课文改编效果不佳,最后不仅没能辅助教学,反而破坏了课文原有的含蓄性与审美性;有的课文看上去似乎改编简单,但演出实际操作性不高,不具备"剧"的要素,最终难以成型……所以,在挑选素材的时候,我们就要睁大眼睛,确定标杆,避免出现改到中途难以推进或半途而废等问题。

标准一:原课文学生理解较困难,传统教学方法预计教学效果不够理想。

以人教版课标本第七册课文《小木偶的故事》为例:

小木偶的故事

老木匠做了个小木偶。

小木偶有鼻子有眼,能走路,会说话。

老木匠左瞧右瞧,总觉得小木偶脸上还少点什么。少了点什么呢?老木匠怎么也想不起来。

"你知道吗?"老木匠问小木偶。

"不知道。"小木偶板着脸回答。

老木匠一下子想起来了,小木偶脸上少的东西是笑!

"笑是很重要的。"老木匠对自己说,"谁要是不会笑,谁就没办法过快乐的日子!"

老木匠拿起他的神奇雕刻刀,在小木偶的脸上添了一个笑嘻嘻的表情。

"现在好了。"老木匠为小木偶收拾了一个红背包,把他送出了家门。

"走吧,外面的世界大着呢!"老木匠对小木偶说。

热闹的大街上,小木偶兴冲冲地大步向前走。

一只小红狐跑过来,很亲热地说:"嗨!小木偶!你的红背包真漂亮,让我背一下好吗?就背一下。我想看看这种红和我的毛色是不是相配。"

"好的。"小木偶说。

小红狐一背上背包就拼命地逃跑。小木偶愣住了。等他反应过来,小红狐已经跑出去好远了。

小木偶有两条长长的、灵活的木头腿。他很快就追上了小红狐,拽住了小红狐毛茸茸的大尾巴。

"放开!放开!"小红狐拼命挣扎。

"吵什么!"一只穿警服的熊过来把他们分开。

"报告警官,他抢我的包!"小红狐撒谎一点儿都不脸红。

"那是我的,我的,我的!"小木偶尖叫。

穿警服的熊看看小红狐,小红狐满脸的愤怒;再看看小木偶,小木偶一副笑嘻嘻的表情。

穿警服的熊拎起小木偶,把他扔出去好远。

小木偶委屈极了!可是有什么办法呢?老木匠只给了他一种表情,那就是笑!

小木偶突然觉得脑袋很疼,只好抱着脑袋蹲下来。

一只小兔子走过来,温柔地问:"你怎么啦?"

"脑袋疼。"小木偶抬起头,笑嘻嘻地回答。

"嘻嘻。装得一点儿都不像!你瞧,应该像我这样。"小兔子龇牙咧嘴地做了个痛苦的表情,蹦蹦跳跳地走开了。

一个老婆婆走过来:"小木头人,你病了吗?"

"脑袋很疼。"小木偶还是一副笑嘻嘻的表情。

"真不像话,连小木头人都学着撒谎!"老婆婆嘟嘟囔囔地走开了。

小木偶的头疼得越来越厉害了。现在,他真希望自己还是一段没有脑袋的木头!

蓝鼻子小女巫就在这时候赶来了。她能用鼻子闻出空气中的伤心味儿。

"你头疼,是吗?"小女巫问。

"是,而且越来越疼了。"小木偶可怜巴巴地说。

"那是因为你很伤心,却不会哭。"

"哇——"小木偶放声大哭起来。

慢慢地,小木偶不再伤心了,脑袋也不疼了。

"小木偶,我把人类所有的表情都送给你。"小女巫说完,又用魔杖在小木偶的脑袋上点了几下。

现在,小木偶会哭,会笑,会生气,会着急,也会向别人表示同情和关心了。

老木匠说得没错,笑是很重要的。不过,要是只会笑,那可是远远不够的。

这是一篇很有儿童情趣的童话故事,展现了只有笑一种表情的小木偶遭遇的困境,以及最后通过魔法得到解决。课文的故事情节本身,对于三年级的小学生来说没有什么困难,作为教师只需要强化一下角色形象和幻想色彩即可。但是,这篇童话的主题,也就是最后一段话留下的思考,却不是三年级的小朋友能切身体会和真正理解的。该童话所说的并不仅仅是人类需要各种各样的表情,更想要说的是人类需要各种各样的情绪。开心也好,痛苦也罢,只有一种的人生都是残缺的。七情六欲,酸甜苦辣,只有完整地去体验,才是无憾的人生。所以,为了向学生解释清楚这样较为深刻的人生哲理,编一出课本剧,外化出小木偶的感受,把主题用动作化的台词呈现出来,不失为一个好的选择。

标准二:原文本为叙事类作品,角色形象较鲜明,对话较多或较易生成。

以人教版课标本第六册选读课文为例:

在金色的海滩上

太阳刚冒出海面,金色的沙滩上,有个身穿天蓝色连衣裙的小姑娘在拾贝壳。她的身后留下一串小小的脚印。

一位青年画家背着画夹来到海滩上,他笑着问小姑娘:"小朋友,拾到了什么好东西?"

小姑娘闪着明亮的大眼睛,伸出一双小手,把刚拾到的贝壳捧给画家看。

画家笑了笑。他脱下衣服和鞋子,指着远处的礁石对小姑娘说:"那儿的贝壳更好看。你帮我看着东西,我去捡,好不好?"

小姑娘点点头,把衣服和画夹放在身旁。她望着画家游向礁石。

碧蓝的海水一望无际,海浪激起的泡沫像一堆堆白雪,美极了!

太阳越升越高,小姑娘的额头上沁出了细细的汗珠,眼睛里露出焦急的神情。

一个好心肠的老伯伯走过来问小姑娘:"孩子,你在等谁呀?"

小姑娘说:"一个画画的叔叔,我给他看着衣服哩。"

老伯伯说:"傻孩子,火热的太阳会把你晒坏的。你回家吧,东西搁在这儿,我给你看着。"

小姑娘摇了摇头,说:"我答应了叔叔,一定得等他回来。"

老伯伯走了。海水轻轻地漫上沙滩。小姑娘站起来,把画家的画夹和衣服紧紧地搂在胸前,一步步往后退,眼睛直望着礁石那边。

小姑娘盼呀盼,忽然眼睛一亮,她看见在波浪里露出了画家的结实的胸脯。

"叔叔——"

"叔叔——"

小姑娘欢呼起来。

画家游到了海滩上,笑嘻嘻地把拾到的贝壳拿给小姑娘看。美丽的贝壳映着阳光,更加灿烂夺目。小姑娘羡慕极了,情不自禁地说:"啊,真好看!"

画家向小姑娘介绍他拾到的贝壳:"你看,这是沙蜊子,这是大猫眼,这是小螺蛳,这是金海螺……你要哪个?随你挑!"

小姑娘摇摇头,对画家说:"我不要,老师说了,不能随便要别人的东西。我要回家吃饭了!"

画家感动极了,他不知道怎么来感谢这位可爱的小姑娘,只好把贝壳装进塑料口袋里。忽然,他灵机一动,把塑料口袋捅了一个洞。

两个人一同往回走。画家抢先几步,走在前面,小姑娘跟在后面。美丽的贝壳从塑料口袋里漏出来,一颗颗落在金色的海滩上。

小姑娘多么喜欢贝壳呀,画家希望她能悄悄地捡起来。没想到小姑娘把他喊住了:"叔叔,你的贝壳掉了!"她弯下腰,把一颗颗贝壳捡了起来,还给了画家。

画家惊讶地看着小姑娘,他的眼圈红了,心潮像海浪一样翻腾。

这是一篇叙事性的散文类作品,以唯美清新的笔触,讲述了发生在金色海滩上的生活小事件,其细节温暖动人,很好地展现了人与人之间的诚信与温情。整篇故事的主要人物是小姑娘和画家。小姑娘单纯明丽,画家快乐热情,两个形象都非常简明易感。全文又有较多的对话——小姑娘与画家的、小姑娘与老伯伯之间的,在进行剧本台词创作的时候就会相对轻松许多。所以从文本层面而言,这篇作品具备了改编成课本剧的基本要素,是相对来说最好改编的文本类型之一。

标准三:时空集中,线索简单,适合舞台演出。

这一项标准是从适用演出的角度提出的,这也是戏剧文本的功用特殊性所引发的需要。由于一般课本剧的演出时间只有8~20分钟,学校能够提供的演出硬件条件又相对不是很完善,所以,我们要在剧本创作阶段就尽量令其做到结构单纯,时间线索简明清晰,不出现太多的时空转换,没有过于复杂的人物关系。同时,由于服装、布景、道具等多项工作的开支较大,置备、制作耗时耗力,那些故事场景太隆重、服装需求太奢华,或者情境本身特殊性太强的作品,即使满足了上述两个标准,也不适合在校园里作为舞台剧去呈现。

比如人教版课标本五年级上册的课文《地震中的父与子》:

1994年,美国洛杉矶发生大地震,30万人在不到四分钟的时间里受到了不同程度的伤害。

在混乱中,一位年轻的父亲安顿好受伤的妻子,冲向他七岁儿子的学校。那个昔日充满孩子们欢声笑语的漂亮的三层教室楼,已变成一片废墟。

他顿时感到眼前一片漆黑,大喊:"阿曼达,我的儿子!"跪在地上大哭了一阵后,他猛地想起自己常对儿子说的一句话:"不论发生什么,我总会跟你在一起!"他坚定地站起身,向那片废墟走去。

他知道儿子的教室在一层楼的左后角,便疾步走到那里。

就在他挖掘的时候,不断有孩子的父母急匆匆地赶来,看到这片废墟,他们痛哭并大喊:"我的儿子!""我的女儿!"哭喊过后,便绝望地离开了。有些人上来拉住这位父亲,说:"太晚了,没有希望了。"这位父亲双眼直直地看着这些好心人,问道:"谁愿意帮助我?"没人给他肯定的回答,他便埋头接着挖。

救火队长挡住他:"太危险了,随时可能发生大爆炸,请你离开。"

这位父亲问:"你是不是来帮助我?"

警察走过来:"你很难过,我能理解,可这样做,对你自己、对他人都有危险,马上回家吧。"

"你是不是来帮助我?"

人们摇头叹息着走开了,都认为这位父亲因为失去孩子过于悲痛,而精神失常了。

然而这位父亲心中只有一个念头:"儿子在等着我!"

他挖了8小时,12小时,24小时,36小时,没人再来阻挡他。他满脸灰尘,双眼布满血丝,衣服破烂不堪,到处都是血迹。挖到第38小时,他突然听见瓦砾堆底下传出孩子的声音:"爸爸,是你吗?"

是儿子的声音!父亲大喊:"阿曼达!我的儿子!"

"爸爸,真的是你吗?"

"是我,是爸爸!我的儿子!"

"我告诉同学们不要害怕,说只要我爸爸活着就一定会来救我,也能救大家。因为你说过,不论发生什么事,你总会和我在一起!"

"你现在怎么样?有几个孩子活着?"

"我们这里有14个同学,都活着,我们都在教室的墙角,房顶塌下来架成个大三角形,我们没被砸着。"

父亲大声向四周呼喊:"这里有14个小孩,都活着!快来人!"

过路的人赶紧跑过来帮忙。

50分钟后,一个安全的出口开辟出来了。

父亲声音颤抖地说:"出来吧!阿曼达。"

"不!爸爸。先让我的同学出去吧!我知道你会跟我在一起,我不怕。不论发生什么,我知道你总会跟我在一起。"

这对了不起的父与子,无比幸福地紧紧拥抱在一起。

这篇课文故事性强,矛盾冲突鲜明,对话有感染力。但是,故事发生的大背景是地震,人物众多,跨时较长,场景极其特殊,这决定了它很难被搬上小剧场舞台,或者,即便勉强演出,因为受条件制约也很难收获该有的震撼与共鸣。

二、其他学科

其他的学科,英语除了运用语言的不同,其他均可借鉴语文课本剧的创编标准。除了教材里简单的英语场景对话之外,英语课本剧的创编对改编者的英语水平要求较高。此外,在英语剧的排演中,需要克服学生演员不敢开口说英语的畏难情绪,以及学生英语发音不够标准规范的问题,相对来说对教师的前期指导要求也更高。但对于学习一门语言来说,课本剧这种形式能让学生真切地体会英语交际的实用性与有效性,对提升学生的学习兴趣以及英语水平作用很大。

历史、思想政治这样的文史类学科,可以截取精彩的历史故事或者有代表性的政治、法律、生活事件,以课本剧的方式全方位演绎其背景、脉络、人物关系,从而更好地理解它的起因、过程、影响等。如小学思想品德课程中的《今日事今日毕》,就可以用童话剧或者小品剧的方式进行诠释,帮助小学生更直观地领悟到这一生活道理。而历史剧要求更高,它需要既关照历史学科的时空连续性,把人物、事件放在当时当地的大背景下去考量,又关照历史学科的真实客观性,绝不脱离史实依据随意编造或者渲染。历史剧的台词设计,包括服装、道具、布景、造型的设计,都需要尽力做到还原史实,在条件有限的情况下,宁可简陋,也不能随意。

音乐课本剧是一门新兴的艺术,是微型的音乐剧。它把音乐贯穿于适当的故事情境中当中,悲则舒缓,喜则跳跃,当音乐不能完全抒发情感或表现内容时,便以歌唱、形体辅助表现,使学生能以直观的形象理解音乐。此外,把音乐课的歌曲结合到语文或其他学科中,对于学生来说,也是件新鲜有趣并且极具审美特性的事,可以促进各个学科的深入融合。比如《歌唱二小放牛郎》,就可以尝试将音乐歌曲和台词相串联,引起情境的生发,唤起学生的情感共鸣。

而高年级的理化生等知识,或者小学的科学知识,可以以教学重点和难点为中心创编故事,也可以借助典型的生活场景承载知识,还可以把一些难以理解的现象、理论,放置到一些创编的生活或者幻想剧情中,通过寓教于乐的方式,激发学生的兴趣,做到教学情境化、游戏化。如课本剧《流动的组织:血液》,就以竞选这样一个场景,把血液各个组成部分的特点、功能展示出来,起到了较好的知识渗透效果。这一类的课本剧,如果可以将各个学科的知识融会贯通,再借助场景与学生的生活实际联结起来,对于培养学生的科学意识,提升他们的科学素养,都有非常重要的意义。

总之,我们创编课本剧,无论学科,还是学段,都要充分考虑与课本剧相关的各类因素,选取"需要创编""易于创编""适合演出"的素材,为做好课本剧迈出最坚实的第一步。

三、创编课本剧对教师的基本素质要求

课本剧创编是一个看似简单,实则不易的工作,对创编者的个人基本素质要求高而且全。除了较强的文字驾驭能力之外,作为课堂教学的组织者,教师要想用对用好课本剧,还必须从以下几个方面去提升和加强。

1. 酌情确定如何运用课本剧的能力

要较好地运用课本剧这个工具,光有一番热情是不够的。需要对教材的整体把握和对知识重点的仔细斟酌,还要有对学生的充分了解。没有明确的学期教学目标和教学计划;没有考虑好在哪个篇章或者要点里需要精心设计;不了解班级学生的特长短板、组织纪律性、学习风气,都不太可能找到合适的结合点,进而形成有力的团队,策划一次成功的课本剧实践或演出。而这些,往往是需要有多年教学、班主任工作经验积累的。

2. 有技巧地讲好一个故事的能力

无论是开展哪一个学科的课本剧活动,故事创编能力的高低都是能否将课本剧有效运用到这些科目中的关键。"剧",是依托情节而生的,而情节,就是故事。教师只有具备出色的讲故事的能力,才能合理地筹划一段情节从哪里开始,到哪里结束,哪里是高潮,哪里需要收敛,哪个视角来推进,哪个人物要特写,哪个剧要营造氛围,哪个剧又要突出主题……这些,是在创编初期就要琢磨清楚的问题,只有教师琢磨清楚了,学生才能在教师指引下往前走得稳妥。

3. 鉴别课本剧成品优劣的能力

优秀的剧本,必须合乎关于戏剧和课本剧的几个基本标准,比如忠实于教材、台词个性化、戏剧冲突合理等等。在中学阶段,改编课本剧的任务很多时候由学生完成,且大多数学生对写剧充满新鲜感,改编起来意兴盎然。然而,当成品送交案头,老师会发现插科打诨哗众取宠者有之,逻辑牵强角色扁平者有之,台词低幼主题含

糊者亦有之,许多改编偏离了教师布置任务的初衷。这个时候,教师就不能任由学生自由发挥暂得一乐,要能明眼辨之,耐心导之,一步步把剧本调整到自己想要的那个框架里来。

总之,课本剧创编是课本剧应用的起始点。在前期选择好素材,确定好标准,往下才能踏踏实实进行剧本的创作,才能避免写到中途或者排演阶段出现大的问题。

第二节　课本剧创编的要领与步骤

当我们确定了课本剧改编的材料之后,便是具体的构思和行文了。摸清构思的门道,明确行文的范式,写剧本的时候才能够挥洒自如。

戏剧改编的整体构思,通常需要从情节、角色、剧本定位三个大的方面入手。比如,是否需要增删情节,哪一段需要加强,哪一段可以削弱,从哪一段幕启到哪一段幕落,整个剧本幕场如何安排;是否需要增减角色,谁需要突出,谁仅仅调节气氛,角色的上下场如何衔接;以哪种戏剧形式进行演出,演出基调是欢快的还是宁静的还是悲伤的,舞台布置是写实化还是写意化……所有这些大问题思考清楚以后,才能进入变文学叙事语言为舞台语言的具体阶段。

散文也好,小说也好,都能通过不同的叙事视角,通过抒情、说明、议论等手法,带领读者更好地进入情境和理解角色,而剧本中出现的每一段话,要么能被读者"听见",要么能被读者"看见",没有多余的交代和过渡。所以,我们要按照戏剧的主题需求和冲突需要,将原作品对事件发生、发展、结局的叙述,人物的心理描写等转化为富有动作性的台词,将故事发生的时间、地点、背景、人物身份的介绍、人物在情节发展中的出现和消隐,以及人物的动作、神态转换为舞台提示语,从而达到语言艺术向综合艺术转化的目的。通俗地说,就是将原文中出现的记叙、议论、说明、抒情都转换为台词和舞台说明。一般而言,舞台说明要求简洁明了;台词要具备动作性、个性化,既要有文学色彩,又要贴近生活。其中,低年级作品的台词可以多用儿歌、韵文;童话剧要较多地运用拟人化手法。

我们以《小蝌蚪找妈妈》的改编为例。

暖和的春天来了,池塘里的冰融化了。青蛙妈妈睡了一个冬天,也醒来了。她从泥洞里爬出来,扑通一声跳进池塘里,在水草上生下了很多黑黑的圆圆的卵。春风吹着,太阳照着,池塘里的水越来越暖和了。青蛙妈妈下的卵慢慢地活动起来,变成一群大脑袋长尾巴的蝌蚪,他们在水里游来游去,非常快乐。

有一天,鸭妈妈带着她的孩子到池塘中来玩耍。小蝌蚪看见小鸭子跟着妈妈,在水里划来划去,就想起自己的妈妈来了。小蝌蚪你问我,我问你,可是谁也不知道。

"我们的妈妈在哪里呢?"

他们一起游到鸭妈妈身边,问鸭妈妈:"鸭妈妈,鸭妈妈,您看见过我们的妈妈吗?请您告诉我们,我们的妈妈是什么样的呀?"

鸭妈妈回答说:"看见过,你们的妈妈头顶上有两只大眼睛,嘴巴又阔又大。你们自己去找吧。"

"谢谢您,鸭妈妈!"小蝌蚪们高高兴兴地向前游去。

一条大鱼游过来了,小蝌蚪看见头顶上有两只大眼睛,嘴巴又阔又大,他们想一定是妈妈来了,追上去喊妈妈:"妈妈!妈妈!"

大鱼笑着说:"我不是你们的妈妈,我是小鱼的妈妈。你们的妈妈有四条腿,到前面去找吧。"

"谢谢您啦!鱼妈妈!"小蝌蚪们再向前游去。

一只大乌龟游过来了,小蝌蚪看见大乌龟有四条腿,心里想:这回真的是妈妈来了,就追上去喊:"妈妈!妈妈!"

大乌龟笑着说:"我不是你们的妈妈,我是小乌龟的妈妈。你们的妈妈肚皮是白的,到前面去找吧。"

"谢谢您啦!乌龟妈妈!"小蝌蚪们再向前游去。

一只大白鹅"吭吭"地叫着,游了过来。小蝌蚪看见大白鹅的白肚皮,高兴地想:这回可真的找到妈妈了。追了上去,连声大喊:"妈妈!妈妈!"

大白鹅笑着说:"小蝌蚪,你们认错了。我不是你们的妈妈,我是小鹅的妈妈。你们的妈妈穿着绿衣服,唱起歌来'咯咯咯'的,你们到前面去找吧。"

"谢谢您啦!鹅妈妈!"小蝌蚪再向前游去。

小蝌蚪游呀、游呀,游到池塘边,看见一只青蛙坐在圆荷叶上"咯咯咯"地唱歌,他们赶快游过去,小声地问:"请问您:您看见了我们的妈妈吗?她头顶上有两只大眼睛,嘴巴又阔又大,有四条腿,白白的肚皮,穿着绿衣服,唱起来'咯咯咯'的……"

青蛙听了"咯咯咯"地笑起来,她说:"唉!傻孩子,我就是你们的妈妈呀!"

小蝌蚪们听了,一起摇摇尾巴说:"奇怪!奇怪!我们的样子为什么跟您不一样呢?"

青蛙妈妈笑着说:"你们还小呢,过几天你们会长出两条后腿来;再过几天,你们又会长出两条前腿来,四条腿长齐了,脱掉了绿衣服,就跟妈妈一样了,就可以跟妈妈跳到岸上去捉虫吃了。"小蝌蚪听了,高兴得在水里翻起跟头来:"啊!我们找到妈妈了!我们找到妈妈了!好妈妈,好妈妈,您快到我们这儿来吧!您快到我们这儿来吧!"

青蛙妈妈扑通一声跳进水里,和她的孩子们一块儿玩去了。

对于以上原文,首先,我们需要进行基本的分析。这是一篇科学童话,是通过拟人的想象方式,告诉孩子们青蛙是由蝌蚪变成的。它在情节安排上是传统的三段式,角色关系简单,对话有大量重复,适合幼龄孩子接受和理解。若以常用的朗读或者对话模拟的方式来教学,固然能达到教学目标,但会缺少一些审美意趣,孩子的参与度也不够高。所以,可以尝试进行课本剧的改编。

其次,我们需要对剧本进行整体规划。原课文情节上较为饱满,有开头结尾加中间的三个环节,改编可顺势做开放式结构处理,并着重突出第二环节。而且由于戏剧场景都在池塘里,做独幕剧安排即可。戏剧角色上,自然是小蝌蚪为主角,鲤鱼、乌龟、青蛙依次上场,通过小蝌蚪造型以及台词风格的改变表现他们的成长。整体来说,整出剧是活泼轻快的,可以适当加入歌舞的形式。而舞台布景、服装造型,是这个剧演出时的难点。

最后具体的成型作品,我们以耿延秋改编的版本来对应分析。

(一)改编开头的叙述性文字

剧本的开头部分大致包括说明故事发生的时间、地点;交代主要人物和其他人物的关系;引出中心事件;补充交代中心事件发生之前的先行事件;为故事展开做好铺垫等。改编时要以剧本的文面呈现,也可以适当穿插游戏歌舞。

耿延秋改编的剧本先用舞台提示交代人物、时间、地点;接着一部分改编成介绍背景的朗诵、大合唱,一部分改编成台词、唱词。

人　　物　　青蛙妈妈
　　　　　　一群小蝌蚪
　　　　　　鸭妈妈和孩子们
　　　　　　金鱼妈妈和孩子们
　　　　　　鹅妈妈和孩子们
　　　　　　乌龟妈妈和孩子们

时　　间　　春天

地　　点　　池塘和小河里

大 合 唱　　(曲谱　略)暖暖的春天来到了,
　　　　　　池塘里的冰融化了,
　　　　　　树枝上长出了绿色的叶子,
　　　　　　温暖的春天多么好。

青　　蛙　　呱呱呱,呱呱呱,
　　　　　　我睡一冬醒来了。
　　　　　　扑通一声进池塘,
　　　　　　伸伸腿儿叫呱呱。
　　　　　　高高兴兴来玩耍,

碧绿水草是我家。
生下许多小黑蛋,
一天一天在长大。

蝌蚪们　（群舞）

大脑袋,小尾巴,
一天一天在长大。
大脑袋,小尾巴,
一天一天在长大。
啦啦啦,啦啦啦,
小河流水哗啦啦,
池塘里边是我家。
嘿嘿嘿,嘿嘿嘿。（曲谱　略）

剧本开头先朗诵,后合唱,表现了对春天的赞美,巧妙地交代了故事发生的时间,营造了欢乐、温馨的气氛。青蛙妈妈的身份介绍采用古代自报家门的手法,既交代了人物,又引出了小蝌蚪的合唱和舞蹈。

当然,有些内容还可以用人物的动作和"画外音"的方式表现。画外音是台词和提示语之外编者有意插入的语言,用于交代情节人物,起穿针引线的作用。它是偶尔使用的一种舞台辅助性语言,通常不得已时才使用,不宜多用。例如:

【画外音:小蝌蚪在水里划来划去,忽然就想起自己的妈妈来了。小蝌蚪你问我,我问你,可是谁也不知道。于是,他们就开始了寻找妈妈的旅程。

(二) 将人物的对话改编成台词

戏剧是语言的艺术。写小说故事,作者可以描写人物的外貌性格,或议论人物的是非,或暗示人物心理活动,或用风花雪月来衬托人物的感情起伏。戏剧的剧本中一般不允许作者出来说三道四、指手画脚地介绍人物。必须通过人物自己说话和对话、行为和动作来表达人物的思想感情与性格特征,靠性格语言撞击出的火花、引出的矛盾冲突来推进剧情。

耿延秋改编的台词整齐押韵,多有反复,易记易诵,非常符合低幼儿童的接受水平和喜好。例如:

【鸭妈妈带着小鸭们高高兴兴地走到台中。

鸭妈妈　（高兴地）

　　　　　　呷呷呷，呷呷呷，
　　　　　　我的孩子真听话。
小鸭甲　　妈妈，妈妈咱去哪？
鸭妈妈　　池塘里边去玩耍。
【小蝌蚪们跑了过来。
蝌蚪们　　（互相问）我们的妈妈在哪里呢？
蝌蚪甲　　鸭妈妈，鸭妈妈！您看见过我们的妈妈吗？
　　　　　您知道我们的妈妈长得什么样吗？
鸭妈妈　　我看见过。你们的妈妈，头顶上有两只眼睛，嘴巴又宽又大。到前面去找吧！
蝌蚪们　　谢谢鸭妈妈！
　　　　　小小的尾巴黑黑的头，
　　　　　高高兴兴往前游。
【金鱼妈妈带着孩子们游了过来。
蝌蚪甲　　（发现了金鱼头上有两只眼睛，高兴地喊起来）
　　　　　妈妈来了！（高兴地摇头摆尾）
蝌蚪们　　（齐喊）妈妈！妈妈！
金鱼妈妈　（和蔼地）
　　　　　对不起，对不起，
　　　　　我的孩子是小金鱼，
　　　　　正在我身边做游戏。
　　　　　快去前面找找看，
　　　　　你们的妈妈是白肚皮。
蝌蚪们　　（有礼貌地表示感谢）谢谢金鱼妈妈！
　　　　　小小的尾巴黑黑的头，
　　　　　高高兴兴往前游。

　　高尔基说："剧本是最难运用的一种文学形式，其所以难，是因为剧本要求每个剧中人物用自己的语言和行动来表现自己的特征，而不用作者的提示。"（高尔基：《论剧本》）好的剧本，必定是反复多次打磨才形成的，我们需要在无数次的训练中强化思维和技能，将以台词和舞台说明的方式来表现情节、人物、主题的戏剧能力变成我们自己的自觉能力，一步步熟练地开展课本剧的创作。

第三节　课本剧创编在小学的实施策略

小学学段，学生正处于心智水平、综合能力都迅速发展的一个时期，加之学生课余时间相对较多，对教师的配合度较高，学生好奇心强，求知欲旺，参与热情和自我展示的热情都极盛，这些都成为开展课本剧活动的天然优势。借助这些优势，只要我们精心规划，耐心摸索，就一定能找出一条适合小学阶段实践与演练的课本剧应用之路。

首先，从课本剧创编的角度，我们针对小学三个不同学段的教学目标，可以制定各自不同的实施策略。

小学第一学段，在教会学生汉语拼音、识字写字的基础之上，还要求学生喜欢阅读，能阅读浅近的童话、寓言、故事，能感受阅读的乐趣。同时对写话有兴趣，能写出自己对周围事物的认识和感想，在写话中乐于运用阅读和生活中学到的词语。根据这一目标，我们可以尝试在口语交际活动和写话训练中让低段学生听故事，复述故事大意，为故事中的角色配台词，并把自己想对故事主人公说的话写下来。这是学生语文综合能力的培养，也是编剧写剧的基础建设。此外，由于低学龄段儿童的语言发展特点，他们对于儿歌类的韵文有着天然的偏好，可以由教师自编一些和故事、角色相关的韵文教孩子诵读、念唱，既培养孩子们的语感，也提升他们对语言文字的兴趣。

小学第二学段，在阅读与写作方面要求学生能初步感受作品中生动的形象和优美的语言，能联系上下文，体会关键词句在表情达意方面的作用。同时留心周围事物，乐于书面表达，能不拘形式地写下见闻、感受和想象，建立习作的自信心。一般而言，小学中段的学生已经能逻辑清晰地表达自己的所见所闻所感了，那么从课文文本出发，可以让学生尝试续写、扩写和改写。一方面锻炼学生逻辑的合理性和严密性；另一方面扩充他们的语言库，让他们体会到小小作家的成就感。在这个过程中，教师可以有针对性地把那些文字功底相对更强的学生集中起来，由他们自主选择课文进行角色的安排和台词的创作，不一定要成型，但可以在全班的范围内进行探讨和调整。以中段孩子的心理特点而言，这一类的课本剧活动应该是比较受欢迎的。

小学第三学段，要求懂得写作是为了自我表达和与人交流。养成留心观察周围事物的习惯，有意识地丰富自己的见闻，珍视个人的独特感受，积累习作素材。能写简单的纪实作文和想象作文，学写读书笔记和常见应用文，内容具体，感情真实。小学高年级的学生，在写作上已经开始从简单的模仿，走向了有自身独立思考的创作，他们对文字的感受、把控能力更强，对人、事、物的认识更深入，看待问题更精细化、全局化。虽然孩子们对戏剧这一体裁还缺少基本的认识，但平时观看影视作品的经验，应该能较快较好地迁移到剧本创编中来。老师可以改写一个开头，或者改写一个片段，再由学生扩充完整。学生年纪小，可能无法做到逻辑严密，也难以区分舞台语言与叙述语言，老师在进行指导的时候可以明确要求他们只进行台词的串联,告诉他们放心大胆地去尝试,对学生每一个有新意的点子进行赞赏,每一个出彩的细节进行鼓励,让他们感受到剧本创编的快乐而不是束缚。这个时候的学生,已经具备了创编简单课本剧的基础条件,只要老师耐心引导,充分示范,合力完成一个像模像样的剧本已经不再是无本之木。如果后期再精心地打磨、润色,相信完全可以做出一出由高年级学生做主力编导的课本剧。

以人教版一年级上册课文《小熊住山洞》为例。

小熊一家住在山洞里。
熊爸爸对小熊说:"我们去砍些树,造一间木头房子住。"
春天,他们走进森林。树上长满了绿叶,小熊舍不得砍。
夏天,他们走进森林。树上开满了花儿,小熊舍不得砍。
秋天,他们走进森林。树上结满了果子,小熊舍不得砍。
冬天,他们走进森林。树上有许多鸟儿,小熊舍不得砍。
一年又一年,他们没有砍树造房子,一直住在山洞里。
森林里的动物都很感激小熊一家,给他们送来一束束美丽的鲜花。

这篇课文是一个短小的童话。它的开端、发展、结局相当的明晰,中间发展部分为并列结构,以四季的更迭串联展开,人物角色突出,可塑造性强,具备了改编为课本剧的基本元素。

在第一学段,教师在讲授完课文后可以向学生提问:"小熊和熊爸爸在不同的季节里去到森林里,小朋友们觉得他们一路上会聊些什么呢?""如果你是森林里的一个小动物,你希望你自己是什么动物,你想对小熊说些什么?"这是几个比较浅近的问题,孩子们通过回答这些问题,一来加深了对课文的理解,二来也初步尝试了对话的创作。此外,老师可以找一些和小熊相关的儿歌,或者找一些和森林树木相关的儿童诗作读给孩子们听,让孩子们对这些形象有更直观的认识和想象,丰富他们的课堂。比如有名的《小熊过桥》:

小竹桥,摇摇摇,
有只小熊来过桥。
走不稳,站不牢,
走到桥上心乱跳。
头上乌鸦哇哇叫,
桥下流水哗哗笑。
"妈妈,妈妈你来呀,
快把小熊抱过桥。"

河里鲤鱼跳出水，
对着小熊大声叫：
"小熊、小熊，不要怕，
眼睛向着前面瞧！"
一二三，来过桥，
小熊过桥回头笑，
鲤鱼乐得尾巴摇。

这首儿歌节奏明快，语言活泼，与文中小熊的形象互为补充，孩子们会更喜欢它憨厚可爱的性情。又如苏联作家普罗科菲耶夫的儿童诗《我扶起了一棵小树》（节选）：

我扶起一棵小树——
它横长在草地，
像掉队的战士，和树林失去了联系。
它从来没有和天上的星星交谈，
也不曾欣赏夜莺歌喉的美丽。

这首儿童诗以珍视万物、怜惜生命为主题，却以悱恻的意象和动人的诗情，起到了与《小熊住山洞》完全不同的艺术效果，也值得向学生推荐。

小学中段和高段的学生，不仅可以说，也可以下笔写了。以《小熊住山洞》这个故事为中心，可以让学生去分别创作前篇、续篇、季节篇、人物篇……充分发挥学生的想象力，挖掘他们的潜能。在创作效果较好的前提下，可以让学生分组展示，复述、朗读、角色扮演，让孩子们充分参与到剧本创作的过程中来，感受充实文本、具化形象的乐趣，培养他们说和写的热情与欲望。比如前篇，可以让学生想象小熊父子原本住在山洞里的生活，他们在屋子里的日常对话，他们与森林里其他小动物的友好往来，聊一聊，写一写，读一读，演一演，这样既能让两个人物形象变得有血有肉，也跟课文主体形成联结，让孩子们对小熊他们最终的选择充满敬意。这个过程的组织老师要严盯紧跟，避免流于形式走成过场。尤其是对于高年级的学生，教师既要抓，又要放，要让学生从原课文的简单模板里走出来，认识到创编的意义，让他们把这种课本剧活动和自己的语文学习乃至能力提升联系起来，让他们形成自发练习的习惯，真正在这个过程中得到收获。

总之，虽然课本剧创编并非易事，但在小学阶段完全可以尝试和训练，当孩子的戏剧思维慢慢形成，写作功底慢慢夯实，他们便会对课本剧充满喜爱，对课本剧的演出充满期待。

第四节　剧作家孙毅先生课本剧举隅

孙毅，江苏宿迁人，出生于1923年。1947年，参加上海中共地下党。1946年，毕业于现代电影话剧专校，后又毕业于中国新闻专科学校，进修于陶行知社会大学。历任中国少年剧团编导，团工委少年部干事，中国福利会儿童剧团指导员、创作室主任，《儿童时代》副社长、主编，木偶剧团艺委、编导组长，《为了孩子》《现代家庭》杂志副总编辑，编审。上海作协理事，儿童文学委员会副主任、顾问，少年文学院院长及中西美术融合协会副主席。1948年，开始发表作品，1980年，加入中国作家协会。编撰儿童剧《小霸王和皮大王》，中小学课本剧《秘密》《美猴王》《娃娃剧场开演啦》等，创编儿童剧100余部。儿童剧《钓鱼》获上海儿童时代剧本奖，木偶剧《一只小黑猫》、童话诗《癞蛤蟆不是想吃天鹅肉》、儿童相声集《嘻嘻哈哈》均获陈伯吹儿童文学奖，木偶剧集《五彩小小鸡》获上海作协幼儿文学奖。上海妇联授予其教育工作25年园丁奖，国家出版署、中国出版工作者协会授予其"社会主义出版事业积极贡献"荣誉证书。

在儿童文学界，孙毅被朋友们戏称为"我们大家的老宝贝"。他的率性、他的真挚、他的嘻哈快乐，他对老朋友小朋友一概的古道热肠，都在圈内广为流传。

2012年，90岁高龄的儿童剧作家孙毅先生获得陈伯吹儿童文学奖杰出贡献奖。作为成就卓著的儿童戏剧家，孙毅先生60多年来一直坚守在不太为人关注的儿童戏剧和儿童曲艺领域，创作了近200万字的作品，著有6卷本"孙毅儿童戏剧快活丛书"，还主编了《新中国六十年儿童戏剧短剧选》。孙毅还是热心于儿童文学的优秀组织者、活动家。无论是在20世纪50年代主持《儿童时代》工作，还是在新时期创办《为了孩子》等工作，他都倾注了大量心血。以下为孙毅先生课本剧举隅：

沪教版一年级上册课文

小猫钓鱼

猫妈妈带着小猫在河边钓鱼。

一只蜻蜓飞来了，小猫看见了，就去捉蜻蜓。蜻蜓飞走了，小猫空着手回到河边，看见妈妈钓着了一条大鱼。

一只蝴蝶飞来了，小猫看见了，又去捉蝴蝶。蝴蝶飞走了，小猫还是空着手回到河边，看见妈妈又钓着了一条大鱼。

小猫说："真气人！我怎么一条小鱼也钓不着？"

猫妈妈看了看小猫说："钓鱼就钓鱼，不要一会儿捉蜻蜓，一会儿捉蝴蝶。三心二意，怎么能钓到鱼呢？"

种鱼

农民把玉米种在地里,到了秋天,收了很多玉米。

农民把花生种在地里,到了秋天,收了很多花生。

小猫看见了,把小鱼种在地里,它想收很多小鱼呢!

改编课本剧:小猫钓鱼和种鱼

人　物　老猫　小猫　蜻蜓　蝴蝶　白兔　观众

【幕启,清清的小河边,老猫和小猫在一起钓鱼,各自身边都放着一只小桶,准备盛鱼。

【老猫将钓竿一扬,钓线跟着鱼钩落进河里,她一动不动地看着河面的动静。小猫学样把鱼钩抛进河里,也静静地看着河面。但在片刻之后,他就坐不住了。

小　猫　(唱)太阳金亮亮,

　　　　　雄鸡高声唱,

　　　　　花儿也开放,

　　　　　鸟儿忙梳妆……

老　猫　咪咪,别唱,别唱。鱼儿都给你吓跑啦!

小　猫　鱼儿听得见我唱歌吗?

老　猫　听得见。快坐下!

【小猫坐下。一会儿,有一只蜻蜓飞来飞去地引诱着小猫。小猫又坐不住了,看看老猫正专心地钓鱼,小猫悄悄起身去捉蜻蜓。蜻蜓飞下来,小猫追上去。

老　猫　(突然提起钓竿,钓起一条大鱼,老猫将鱼放在桶里。不见小猫,便大声叫
　　　　　喊)咪咪,咪咪——

小　猫　(奔来)瞧,妈妈,我来了。

老　猫　又跑到哪儿去啦!

小　猫　我……(忽然看见老猫的桶里有条大鱼)啊,妈妈,你钓到一条大鱼啦!

老　猫　你安静地坐着,也会钓到大鱼的。

小　猫　好,我坐下。

【小猫刚坐下,一只蝴蝶又飞来,绕着小猫舞着。小猫偷偷地看了看老猫,见老猫稳坐钓鱼台,小猫又慢慢站起身来去捉蝴蝶了。小猫捉蝴蝶,左拍右拍拍不到,蝴蝶一个转身飞远了,他追了下去。

老　猫　(又猛地将鱼竿一提,又是一条大鱼上了她的鱼钩,老猫刚将大鱼放进鱼
　　　　　桶里,发现小猫又不见了,喊着)咪咪,咪咪——

小　猫　(哭着来了,衣服沾了泥巴)呜……妈妈呀……

老　猫　妈妈在这儿呢,你又上哪儿去了?瞧,怎么衣服上满是泥?

小　　猫　我摔跤了,呜……(哭泣)
老　　猫　(替小猫拍去身上的泥灰)别哭,好好地学钓鱼,不要一会儿唱歌,一会儿捉蜻蜓,一会儿捉蝴蝶,三心二意,怎么能钓到鱼呢?我把桶里的鱼拎回家倒在缸里;你给我坐着别动,一心一意地钓,一定会钓到鱼的。我走了,待会儿来看你的成绩。(拎着水桶下)

【小猫听了老猫的话,一心一意地钓鱼了。蜻蜓又飞来了,逗着小猫。

蜻　　蜓　(唱)老猫妈妈跑开啦,
　　　　　快快跟我去玩耍;
　　　　　你看天气多么好,
　　　　　坐等鱼儿真正傻。(在小猫面前飞来飞去,小猫不理睬蜻蜓)

蜻　　蜓　(唱)傻小猫,小猫傻,
　　　　　坐得屁股痛了吧?
　　　　　我们快来捉迷藏,
　　　　　躲躲藏藏乐哈哈。

小　　猫　(唱)我不玩,我不要,
　　　　　我要听我妈妈话。
　　　　　去去去,快走开,
　　　　　我学钓鱼别打岔。

蜻　　蜓　真傻,我玩去啰!(飞去)

【小猫似乎看见鱼标在河里动了,也学着老猫稳稳地将钓竿猛地向上一提,一条小鱼在鱼钩上挣扎着。

小　　猫　(兴奋地)哦,钓到啰!

【小猫将鱼钩上的鱼拿下来,放进桶里,又坐下来,在鱼钩上放了诱饵,又将鱼钩抛进河里,静静地等着鱼儿上钩。蝴蝶也飞舞着来了,也在小猫左右飞来飞去。

蝴　　蝶　(唱)身穿花花衣,
　　　　　飞来又飞去,
　　　　　我们比一比,
　　　　　看谁最美丽?

【小猫坐着看河面,不理不睬。

蝴　　蝶　(唱)我们来跳舞,
　　　　　我们做游戏,
　　　　　眯眯我叫你,
　　　　　为啥你不理?

小　　猫　(唱)跳舞我不会,
　　　　　游戏我不去,

第三章　课本剧剧本的改编与创作

　　　　　　我要学钓鱼，

　　　　　　我呀不睬你！

蝴　蝶　真傻，我跳舞去啰！（飞去）

【小猫忽然紧张地盯着河面上漾着的鱼标，用力提起鱼竿，鱼竿上钓着一条大鱼。

小　猫　一条大鱼，哈……（将大鱼放进桶里）

【小白兔挎着篮子，蹦蹦跳跳地来了。

白　兔　（唱）种瓜会得瓜，

　　　　　　种豆会得豆，

　　　　　　我种大白菜，

　　　　　　一定大丰收。（见小猫在钓鱼，小白兔朝桶里望了望）

白　兔　咪咪，你真能干，会钓鱼了。

小　猫　我还在学呐，你到哪儿去呢？

白　兔　山羊公公送给我大白菜种子，我去种菜籽。

小　猫　种菜籽，干吗？

白　兔　它会长出大白菜来呀！

小　猫　真的？怎么种呢？

白　兔　把土翻松了，把菜籽种下去，浇上水，过几天，菜籽发了芽，长出叶子来了。再常常浇水，上肥，拔草，捉虫，白菜很快就长大了。

小　猫　谢谢你，我懂了。

白　兔　再见！

小　猫　再见！

【小白兔唱着《种瓜得瓜》的歌下。

小　猫　（学着唱）

　　　　　　种瓜会得瓜，

　　　　　　种豆会得豆，

　　　　　　我来种小鱼，

　　　　　　一定大丰收……

小　猫　（兴奋地）对，我把小鱼种下去，一定能长出很多很多的大鱼来，嘻……

【小猫一面说，一面做。

小　猫　先翻松土。（用小耙子将土耙松）种下小鱼。（将桶里的鱼都倒在土里，又耙着土将鱼盖上，自己看看非常满意）等长出许多许多大鱼来，让妈妈吓一大跳，嘻……

【小猫坐下钓鱼。老猫悄悄地来到小猫身后，看小猫静静地坐着，点点头，可是朝桶里一望，一条鱼也没有。

老　猫　咪咪！

小　　猫　妈妈,你不声不响地吓了我一跳。

老　　猫　你又去玩了吧?

小　　猫　没有,真的没有,您不相信问问小朋友。(指台下观众)

老　　猫　(向观众)咪咪刚才去玩了吗?

观　　众　没有……

老　　猫　好样的。可是,钓了半天怎么一条鱼也没有呢?

小　　猫　不告诉你。

老　　猫　(问观众)谁能告诉我吗?

观　　众　(举手)我告诉你,我告诉你……

老　　猫　你们告诉我什么呀?

观　　众　小猫把鱼种在地里了。

老　　猫　咪咪,你把鱼儿种在地里干吗呀?

小　　猫　会长出许多许多大白鱼来的。

老　　猫　谁教你的?

小　　猫　小白兔去种菜籽,能长出许多大白菜,我想,把鱼儿种下去,一定会长出许多大白鱼来的。

老　　猫　(问观众)鱼儿种在地里会长出许多大白鱼来吗?

观　　众　(举手)不会的……

老　　猫　为什么?

观　　众　(举手)那,那是……菜呀……植物呀!

老　　猫　植物的种子种在地里会长出来,动物埋在土里会怎么样?

观　　众　(举手)会烂掉的,会臭的……

老　　猫　对,都变成肥料了。小朋友,小狗、小鸡、小鸭埋在土里,会长出许多小狗、小鸡、小鸭来吗?

观　　众　(举手)哈……不会的,会死掉的!

老　　猫　对呀,咪咪,你看小朋友们多聪明。

小　　猫　(对观众)谢谢小朋友,我懂了!

观　　众　(呼应)不谢,不谢……

老猫小猫　(向观众鼓掌)谢谢……

【观众热烈鼓掌。

【幕闭。

微信扫一扫
《小英雄雨来》原文

 探索·讨论·实践

1. 分组研读部编版小学三、四年级语文教材,把适合进行课本剧改编的篇目筛选出来,并说明具体理由。

2. 请研究小学的《艺术》《综合实践》《品德与社会》教材,在其中发现可以开展课本剧活动的素材,并与小学教师展开可行性讨论。

3. 部编版小学语文教材中增添了不少红色革命主题的文章,对于此类作品的戏剧改编,你有什么看法?

4. 细读本章第一节提及的课文《在金色的海滩上》和《木偶的故事》,任选其一拟出课本剧改编提纲,经小组讨论通过后进行创编。

5. 课本剧改编是对原作品的二次创作,你认为改编者是否需要尽量保留原作者的风格与思想?请研读孙毅先生论文《戏剧艺术的金矿——课本剧》及改编课本剧剧本三篇,谈谈你的认识。

微信扫一扫
孙毅论文一篇
课本剧剧本三篇

第四章　小学课本剧剧本剖辨（一）

　　小学语文教材中，有很大比例的历史故事、生活故事与叙事散文，它们都是进行课本剧改编的天然好素材。历史故事大多严肃正统，有典型的古代风貌，有具体的时代背景，我们在改编时除了依据剧本改编的基本方法、注重剧本改编的基本原则之外，还需要保留作品的时代特点，凸显作品中人物的特定言行举止方式，避免给读者造成串代乃至近现代化的感觉。而生活故事原本就短小清新，改编时要保留其生活化的特点，强化人物形象与情节，体现一定的戏剧冲突，尤其要注重真实感的呈现。对于叙事散文，除了参照生活故事的改变要点之外，要尽力保持原作的艺术风格，保留原作者的审美意趣。

第一节　历史剧

（一）称象

人教版一年级语文下册课文

　　古时候有个大官，叫曹操。别人送他一头大象，他很高兴，带着儿子和官员们一同去看。

　　这头象又高又大，身子像一堵墙，腿像四根柱子。官员们一边看一边议论："象这么大，到底有多重呢？"

　　曹操问："谁有办法把这头大象称一称？"有的说："得造一杆大秤，砍一棵大树做秤杆。"有的说："有了大秤也不成啊，谁有那么大的力气提得起这杆大秤呢？"也有的说："办法倒有一个，就是把大象宰了，割成一块一块的再称。"曹操听了直摇头。

　　曹操的儿子曹冲才七岁，他站出来，说："我有个办法。把大象赶到一艘大船上，看船身下沉多少，就沿着水面，在船舷上画一条线。再把大象赶上岸，往船上装石头，装到船下沉到画线的地方为止。然后，称一称船上的石头。石头有多重，大象就有多重。"

　　曹操微笑着点点头。他叫人照曹冲说的办法去做，果然称出了大象的重量。

改编课本剧：称象

人　物　曹冲、曹操、大臣甲、大臣乙、大象

【小曹冲挥动着柳枝赶着一头大象上。

【曹操及大臣甲、大臣乙随上。

大臣甲　主公，您的朋友可真够大方啊，竟然肯把一头大象送给您！

曹　操　（捋胡须笑着）是啊，是啊。

大臣乙　象这么大，该有好几百斤的重量吧？

曹　操　你们谁有办法，能把大象的体重称出来呀？

大臣甲　得造一杆大秤，砍一棵大树做秤杆才行啊。

大臣乙　不行不行，有了大秤也不行，谁有那么大力气提起这杆大秤呢？

大臣甲　还有个办法，就是把大象宰了，割成一块块地称。

大　象　（扬起鼻子）净出损招，咋不把你宰了？

大臣甲　这不是没有办法的办法嘛！

曹　操　看看，连大象都不同意了吧！

大臣甲　那……

曹　操　你们既然都没有办法，那就贴个布告出去，让天下的聪明人来想办法吧！

大臣甲　主公说得极是，我们立即去写布告。

【大臣欲下。

曹　冲　爹爹，我有个称象的办法。

曹　操　冲儿，你有什么办法呀？

曹　冲　可以把大象赶到船上去呀。

曹　操　哦？

曹　冲　大象到了船上，船身肯定要往下沉。可以在下沉的地方做个记号，再把大象赶上岸来，往船上装石头让船下沉，装到有记号的地方为止。然后，再称船上的石头。石头的重量不就是大象的重量吗？

大　象　（高兴得直跳）这办法好！这办法好！

大臣甲　妙哉妙哉！此法妙也！

大臣乙　真是后生可畏呀，老臣佩服！

曹　操　哈哈哈！冲儿，爹爹不如你聪明啊！走，到河边称象去！

曹　冲　称象去喽！（挥动柳枝赶象下场）

【曹操和大臣甲、大臣乙下场。幕闭。

(选自金盾出版社《小学课本剧》)

评析：《曹冲称象》是一个妇孺皆知的历史故事。通过对比，孩子们能很快明了曹冲

的聪慧,所以本篇课文对人物形象的认识相对还是次要的,孩子学习这篇课文的难点在于对大象的体重有一个感性认知,而且理解曹冲称象的方法。依据这样的教学难点,教师应把教学设计的重心放在讲明白称量大象的科学道理上,并且让学生能做到灵活变通、举一反三。课文中文学的要素倒是不太多,不在改编的重点上。以这样的分析来看改编的这个版本,问题是比较明显和突出的。首先,作为一个有历史依据的真实故事,在最初定框架的时候加入了一个拟人化的大象的形象,严重破坏了事件的严肃性和正统感,显得非常不伦不类;而且这种设置会让学生混淆虚构叙事和非虚构叙事,对于小学生形成良好的文体意识有弊无利。其次,在戏剧节奏的安排上,讨论问题的背景部分和解决问题的主体部分这两大块的比例比较失衡,曹冲称象的压轴性体现得不够充分,结尾显得仓促。再次,在台词的创作上,除了沿用课文中的对话,其他台词大多过于随意,不但没有时代感,而且有的地方不符合基本的情境和逻辑。最后,假若作为供演出的脚本,选择改编《称象》显然是不合适的。一来剧情较简单,很难展现矛盾冲突;二来情节的重心给大象称重无法实演,故事的科学性无从体现,进而曹冲的人物形象就难以立体;三来大象这一角色不可能用真象,如果由人扮演,小型舞台做不到够大够重,就无法给人真实的代入感,教学的效果必然大打折扣。所以,改编剧本,选材标准要厘清,上手操练更要费心。

(二) 司马光砸缸

人教版一年级语文下册课文

从前有个人叫司马光。他小时候,常跟小朋友们在花园里玩。花园里有一座假山,假山旁边有一口大缸。有一回,有个小朋友在假山上玩儿,不小心掉到大水缸里了。小朋友们都慌了,有的叫着喊着跑了,有的跑去找大人。

司马光没有跑。他拿起一块石头,使劲砸那口缸,几下子就把缸砸破了。缸里的水流出来,掉在缸里的小朋友终于得救了。

改编课本剧:司马光砸缸(一)

人　物　小孩甲、小孩乙、小孩丙、司马光

【公园里的一座假山旁,假山下有一口大水缸,水缸旁有块大石头。

【小孩甲、小孩乙、小孩丙背着书包蹦蹦跳跳上。

众小孩　　花园里,花儿香,我们来到假山旁。放下书包做游戏,一起来玩捉迷藏。
　　　　　(纷纷放下书包)

【司马光幕内喊:"等等我!"

【司马光奔上。

小孩甲　司马光,来玩一会儿吧。

司马光　放学了应该早点回家,别让爹娘惦记咱们。

小孩乙　只玩一会儿,换换脑筋还不行吗?

司马光　那就玩一小会儿吧。玩什么呀?

小孩丙　捉迷藏。

司马光　就在这儿捉呀?(跑到水缸旁边观察了一会儿)不行,这里太危险了,还是玩老鹰捉小鸡吧。

小孩甲　老鹰捉小鸡没意思,这里有假山,有山洞,捉迷藏才好玩呢!

司马光　可这缸里装满了水,万一……

小孩乙　没事,大家注意点不就得了?

司马光　那……

小孩甲　快快快,石头剪子布,谁输谁捉。

众小孩　石头剪子布!

【司马光胜出。

众小孩　石头剪子布!

【小孩甲胜出。

俩小孩　石头剪子布!

【小孩乙胜出。

小孩丙　唉,真倒霉!

小孩甲　(对小孩丙)蒙住眼睛不许看,不许耍赖不许变!

【小孩丙用一块黑布蒙上了眼睛。

【司马光和小孩甲、小孩乙蹑手蹑脚地下。

【司马光和小孩甲、小孩乙从假山的洞中与水缸旁发出"汪汪"的狗叫、"喵喵"的猫叫和"呱呱"的蛙叫声。

【每一声鸣叫都将小孩丙引向不同的方向。

【小孩甲爬到水缸边,故意学狗叫,引诱小孩丙。

【小孩丙慢慢向水缸边摸索过来。

【司马光发出强烈的蛙鸣想引开小孩丙。

【"汪汪"的狗叫和"呱呱"的蛙叫间隔出现。

【小孩丙站在水缸旁不知该去哪边。

小孩乙　(惊呼)危险!

【小孩丙腿一发软,"扑通"跌入缸中。

小孩甲　啊!他真掉进去啦!

小孩丙　(在缸中)救命啊!

小孩乙　你坚持一会儿,我叫大人去!(奔下)

小孩甲　这可咋办啊!呜……

司马光　哦,这儿正好有块大石头。

【司马光搬起石头,使劲儿向水缸砸去。

【水缸被砸开了个洞,水哗哗流出。

【小孩丙从缸洞中爬了出来。

小孩丙　(一把抱住了司马光)司马光!

(选自金盾出版社《小学课本剧》)

评析:此改编人物关系较清晰,但情节的交代前重后轻,大量笔墨花在小孩落水之前的捉迷藏游戏上,而小孩遇险、众小孩的反应以及司马光的应对被基本略去,完全不能突出司马光的主体形象,更谈不上展现他的冷静与智慧。这个剧本仅仅是借了一个戏剧的外壳,摆出了戏剧的一个外在形式,内里既没有戏剧情境,也没有戏剧冲突,连基本的结构也搭得歪歪扭扭,与真正意义上的为教学服务的课本剧相去甚远。所以,课本剧的改编,前期构思很重要,后期落笔也丝毫不能懈怠。更重要的是,课本剧运用一旦流于形式,不仅不能起到对教学的好的辅助作用,还会产生一些负面效果。倘若由此让学生对课本剧产生轻视乃至反感情绪,那就得不偿失了。

改编课本剧:司马光砸缸(二)

第一场

地　点　学堂

时　间　北宋时期

人　物　司马光(字君实)、夫子、小冲、小月、小询、阿龙

道　具　讲台、课桌、课椅、书本、戒尺

夫　子　昨日为师讲了战国时期齐国大将田忌赛马的故事,不知大家是否从中领悟出了什么道理?(一手拿书,微笑着望着同学们)

【众人除司马光外全都各做各的,有的嬉笑打闹,有的发呆神游。

夫　子　小冲,你来回答!

小　冲　(一脸羞愧)夫子,什么是田忌赛马啊?

夫　子　(生气地大声训斥)朽木不可雕也!

夫　子　阿龙!

【阿龙正与小询小声交谈,没听见夫子的声音。

夫　子　(大声地、生气地)阿龙!!

阿　龙　是!夫子……(一惊,慢慢地站起身)

夫　子　你来说说昨日学习了田忌赛马之后领悟到了什么。(摸摸自己的胡须)

阿　龙　呃……回……回夫子(语气不肯定的),田忌赛马告诉我们……嗯……告诉我们,啊!告诉我们应该选择一匹好马和别人比赛!

夫　子　……（沉默）

夫　子　你！还有小冲,给我去外面罚站！罚抄今日所学圣贤书篇,不抄完不许吃饭！

小冲、阿龙　是！夫子（拿着书,罚站）

夫　子　有谁能回答出为师提出的问题吗?

司马光　回夫子,君实认为孙膑在形势不利的情况下能够以智取胜,足以见得他是一位善于观察分析、足智多谋的人。这告诉我们遇到棘手的事情应该临危不乱,冷静思考,认真观察与分析,然后想出应对之策。

夫　子　嗯,不错！（满意地点点头）君实如果能做到这点,将来必成大器啊！

【休课铃声响起。

夫　子　这堂课就到这儿吧,大家可以稍做歇息了！

众　人　谢谢夫子！（众人起立,鞠躬）

【夫子退场,众人欢呼。

小　月　呼！终于下课了,吓死我了,幸好夫子没有点我回答,不然我一句话都回答不出来,可要羞愧死了！

小　询　就是就是。说起来君实可真机智啊。每次都能准确地回答出夫子提出的问题！（转头朝向司马光）

司马光　（轻笑）只是每节课都认真听夫子讲课而已。如若你们也能认真听讲,也定能回答出的！

小　月　好了好了,反正也都蒙混过去了,我们去花园玩捉迷藏吧！

众　人　好欸！好欸！可以去玩捉迷藏了！

小　询　君实也一起来吧。（拉着司马光与众人一起退场）

第二场

地　点　花园

人　物　司马光、小冲、小月、小询、阿龙、夫子

道　具　大空缸、大水缸、假山、两棵大树、大石头

小　询　我来找！（举高手,兴奋地）

众　人　好的！好的！

【大家高兴地散开寻找躲藏的位置。

小　月　阿龙！阿龙！（朝阿龙招手）这里还有一棵大树,他们肯定找不到我们的！

司马光　（敲水缸）这个声音说明缸里没有水。

【司马光搬起一旁的一块石头,踩上去,朝水缸里望。

司马光　哇！水缸里果然没有水（借着石头,双手撑着缸口,顺势躲进了缸中）

小　冲　我也可以躲在缸中！（望着司马光）

小　冲　哇，这个缸好大啊！躲进去肯定没人知道！

【小冲匆匆跑到缸前，往一旁的假山上爬，很快失足掉进了大水缸。

小　冲　救命啊！救命啊！这缸里有水啊，我要淹死了！（挣扎，呼救）

【小月和阿龙慌忙跑出来，循着声音来到大水缸前。

小　月　怎么办，怎么办，小冲要淹死了！（急得坐在地上哭了起来）

阿　龙　小冲别怕！我一定会救你出来的！（急忙跑过去推缸）

小　询　别怕，（大声对小冲喊）我马上去叫夫子过来！出事了，出事了，小冲掉缸里了！（边跑边喊）

【司马光急忙从缸中爬出，来到假山前。

【阿龙在推缸，脸憋得通红，小冲渐渐地没有了呼救声。

司马光　不行，我们力气太小了推不倒缸的！（向阿龙）

阿　龙　那怎么办？小冲是不是要淹死了！

【小月哭得更大声了。司马光眉头紧锁，朝周围看了看，发现一块大石头。

司马光　啊！我有办法啦！

【捡起大石头往缸上一砸，砸出一个大洞，水极速流出。

阿龙、小月　（惊叹兴奋的语气）哇，缸破了，缸里的水都流出来了，小冲得救了，得救了！

【夫子和小询匆匆赶到，大家一起把小冲拉出水缸。

夫　子　（舒一口气）谢天谢地，还好你们都没事！（向众人）孩子们，爬假山是一件很危险的事，为了好玩就把自己的安全置之度外，有可能会付出生命的代价。以后你们还敢瞎闹腾吗？

众　人　（愧疚地）知道了，我们再也不敢了。

夫　子　嗯，不过，我们还要重重地表扬司马光。他临危不乱，突破常规思维，想出很棒的点子解除了这次危险，大家要向司马光同学好好学习啊。

众　人　嗯，向君实好好学习！

评析：这篇改编在结构上设计为一幕两场，在第一场增加了课堂上的一段插曲，通过师生的对话，意在突出司马光敏而好学的形象和课文希望大家遇事沉着冷静的主题。这一设计有一定的新意，为后半部解决危难做了较好的铺垫。但在台词设计上较为稚嫩，人物脸谱化的痕迹较重。同时，本改编在第二场的诸多细节，如试探缸内是否有水、推断难以推动水缸等地方，反复突出司马光的细心与聪慧，与其他同学手足无措、应对失当形成强烈对比，最后借夫子的口点题，一气呵成。总的来说，这个版本整体构思较为完满精细，戏剧冲突的完成度较好，但台词部分还不够精当，角色的区分度不高，同时故事面貌的历史感还有待加强。

（三）西门豹

人教版三年级语文下册课文

战国时候，魏王派西门豹去管理漳河边上的邺。西门豹到了那个地方，看到田地荒芜，人烟稀少，就找了位老大爷来，问他是怎么回事。

老大爷说："都是河伯娶媳妇给闹的。河伯是漳河的神，每年要娶一个年轻漂亮的姑娘。要不给他送去，漳河就要发大水，把田地全淹了。"

西门豹问："这话是谁说的？"

老大爷说："巫婆说的。地方上的官绅每年出面给河伯办喜事，硬逼着老百姓出钱。每闹一次，他们要收几百万钱。办喜事只花二三十万，多下来的就跟巫婆分了。"

西门豹问："新娘是哪儿来的？"

老大爷说："哪家有年轻的女孩子，巫婆就带着人到哪家去选。有钱的人家花点儿钱就过去了，没钱的只好眼睁睁地看着女孩儿被他们拉走。到了河伯娶媳妇那天，他们在漳河边上放一条苇席，把女孩儿打扮好了，让她坐在苇席上，顺着水漂去。苇席先还是浮着的，到了河中心就连女孩儿一起沉下去了。有女孩儿的人家差不多都逃到外地去了，所以人口越来越少，这地方也越来越穷。"

西门豹问："那么漳河发过大水没有呢？"

老大爷说："没有发过。倒是夏天雨水少，年年闹旱灾。"

西门豹说："这样说来，河伯还真灵啊。下一回他娶媳妇，请告诉我一声，我也去送送新娘。"

到了河伯娶媳妇的日子，漳河边上站满了老百姓。西门豹带着卫士，真的来了。巫婆和官绅急忙迎接。那巫婆已经七十多岁了，背后跟着十来个穿着绸袄的女徒弟。

西门豹说："把新娘领来让我看看。"巫婆叫徒弟把那个打扮好的姑娘领了来。西门豹一看，女孩儿满脸泪水。他回过头来对巫婆说："不行，这个姑娘不漂亮，河伯不会满意的。麻烦你去跟河伯说一声，说我要选个漂亮的，过几天就送去。"说完，他叫卫士抱起巫婆，把她投进了漳河。

巫婆在河里扑腾了几下就沉下去了。等了一会儿，西门豹对官绅的头子说："巫婆怎么还不回来？麻烦你去催一催吧。"说完，又叫卫士把官绅的头子投进了漳河。

西门豹面对着漳河站了很久。那些官绅都提心吊胆，连气也不敢出，西门豹回过头来，看着他们说："怎么还不回来，请你们去催催吧！"说着又要叫卫士把他们扔下漳河去。

官绅一个个吓得面如土色，跪下来磕头求饶，把头都磕破了，直淌血。西门豹说："好吧，再等一会儿。"过了一会儿，他才说："起来吧。看样子是河伯把他们留下了。你们都回去吧。"

老百姓都明白了,巫婆和官绅都是骗钱害人的。从此,谁也不敢再提给河伯娶媳妇,漳河也没有发大水。

西门豹发动老百姓开凿了十二条渠道,把漳河的水引到田里。庄稼得到了灌溉,年年都得到了好收成。

改编课本剧:西门豹

人　物　西门豹、巫婆、官绅、卫士、新娘、群众(若干)

【幕启。战国时有个叫"邺"的地方有条漳河,河边高坡上是此地老爷西门豹的宝座。

【西门豹上场。

西门豹　我,西门豹。魏王派我来管理邺这个地方。这里田地荒芜,人烟稀少。据说,漳河里有位河伯神,每年要娶一位漂亮的姑娘做媳妇。不然河水就要泛滥,淹没庄稼。今日正是河伯娶亲的日子。待本官前去审视一番。(下)

【巫婆姗姗而来。

巫　婆　我,巫婆,河伯封我做仙姑,我和当地官绅想出一个捞钱的绝招,扬言河伯托梦给老娘,要老娘每年选送美丽的姑娘给河伯做媳妇。我带着衙役到各家去选美女。有钱的人家,花点钱就过去了;没钱的,就拉他家的姑娘!哼!(扭着下)

【官绅摇摇摆摆地上。

官　绅　我,地方上的官绅头儿,每年出面给河伯办喜事,硬逼着老百姓出钱。每闹一次总要收进百万元。只花二三十万办喜事,多下来的嘛,嘻嘻……就跟巫婆分了,哈……(轻骨头似的摇摆着下)

【新娘边说边走上台。

新　娘　我,苦命人家的女儿,无钱赎身,今天被巫婆选中,官绅逼我下嫁河伯,眼看就要被抛入河中,(哭)呜……爹娘啊,白白将女儿养大,不能侍奉双亲。女儿死后,二老要多多保重,恕女儿无法尽孝……(伤心地哭着下)

【卫士随即上台。

卫　士　我,是西门老爷的卫士,奉老爷之命,通知官绅、巫婆等人,即刻举行河伯娶亲大礼。(威武走下)

【官绅、巫婆等人纷纷上场。群众也簇拥着新娘来了。

【一阵吆喝声中,卫士护卫着西门豹出场。

【西门豹扫视四周,官绅、巫婆及在场群众都躬身相迎。西门豹走上高坡,坐在虎皮椅子上。

西门豹　今日是河伯娶亲的大喜日子,本官也来观礼。现在我要召见新娘。传新娘!

新　　娘　小人叩见老爷。(跪下)

西门豹　起来说话。

【新娘站起身啼哭。

西门豹　今天是你大喜的日子,为什么啼哭?

新　　娘　小女子命苦啊……(又哭)

西门豹　不必啼哭,慢慢讲来。

新　　娘　有钱人家的姑娘都用钱赎了身,有的还逃离本乡。我家一贫如洗,无钱赎身,巫婆和官绅勾结起来,将我祭神。我死后,父母、弟妹何人抚养啊……(又伤心地哭了)

官　　绅　别听她一派胡言!

巫　　婆　对,别听她一派胡言。

新　　娘　我说的句句是实话,请老爷明察。

西门豹　河伯娶媳妇要最漂亮的姑娘,如果你确实是本乡最美丽的姑娘,就应当献给漳河的神。

巫　　婆　老爷言之有理。

官　　绅　老爷就送新娘启程吧!

新　　娘　呜……(又伤心地哭起来)

【群众也骚动起来。

西门豹　且慢!

【大家又突然肃静下来。

西门豹　待我仔细看看,新娘是不是最漂亮?(从虎皮椅上站起身,迈步下坡)

【西门豹走近新娘,上下打量,四面观看,不断摇头。

西门豹　(斩钉截铁地)不行!

【巫婆与官绅大惊。

西门豹　这个姑娘并不漂亮,河伯不会满意的。

巫　　婆　老爷,这姑娘是河伯看中的。

西门豹　(注视巫婆片刻)既然河伯梦中与你商议过,现在就麻烦你去跟河伯再商量一下,说我西门豹初次选美,一定要选个最最漂亮的美女献给河伯,过几天我就派人送去。

巫　　婆　(听说要她下河,吓得魂不附体)老爷饶命!(跪下,不断地叩头)

西门豹　巫婆何出此言,这是送你会见亲家,是喜事,你们不是送去许多姑娘,办过多次大喜事吗?来人呀!

卫　　士　是!

西门豹　送巫婆!

【卫士猛力一推,将巫婆推入漳河。

【群众暗暗称快。

【西门豹虎视眈眈地望着官绅们。他们一个个如鼠见猫,畏缩后退。西门豹看看群众,见他们喜形于色。西门豹佯作焦急样,登山坡,瞭望漳河后又下坡,不断来回走动。

西门豹　巫婆怎么还不回来?来人!

卫　士　是!

西门豹　请这位官绅头儿去催一催吧!

卫　士　是!

官　绅　老爷饶命啊!

【卫士抓起官绅头子,往漳河里推了下去。

【官绅们一个个吓得面如土色,跪下来磕头求饶,把头都磕破了。

西门豹　好吧,再等一会儿。

【西门豹又面对漳河站了很久。

【官绅们都一直下跪,提心吊胆,战战兢兢地连气也不敢出。

西门豹　(又回到高坡,对官绅们)起来吧!

【官绅们都连忙站起身,毕恭毕敬地垂着双手,低着脑袋站着。

西门豹　(故意地)看样子是河伯把他们留下了。

新　娘　(突然跪倒)谢谢老爷!

西门豹　不用谢了!(对群众)父老乡亲们,河伯娶媳妇之事,你们都看清了。漳河之害不是发大水,而是年年闹旱灾,夏天雨水稀少。这必须治理。本官已拟定开凿十二条渠道的计划,我们齐心协力,一定要把漳河治好!

群　众　(挥手齐声响应)一定要把漳河治好!

【幕闭。

(浙江绍兴文理学院上虞分院沈同根,原文发表于《小学教学参考》)

评析: 选自三年级下册的课文《西门豹》,是一个人物形象较鲜明、情节戏剧性较强的作品。原文的开端、发展与高潮、结局是三个连续的但有时间跨度的场景,除了主要人物西门豹,次要人物巫婆、官绅、新娘等之外,还有一个起到交代背景作用的人物——老大爷。在剧本改编上,如何使情节更紧凑、矛盾冲突更集中,是一个难点。沈同根改编的这个版本,去掉了老大爷这个形象,借用中国戏曲中"定场白"自报家门的方式,较为自然地交代了人物关系和故事背景,把焦点集中在了西门豹机智惩治巫婆、官绅这场戏上。剧本通过较具个性的台词与画面感较强的舞台说明,更为细致地展现出了当时情境下不同人的不同反应。台词设计符合人物的身份与故事的情境,西门豹"请君入瓮"的利落干脆、新娘的楚楚可怜、巫婆与官绅的奸黠和被"算计"后的猝不及防,都一一跃然纸上。最后,借西门豹之口说出的治理漳河的号召,既解决了戏剧换景换场的难题,也清晰地向我们预示了故事的完满结局。所以,这是一个构思比较巧妙、人物塑造较为成功的课本剧,课文的主体形象得到了更有力的诠释,教学重难点也得到了很好的突破。

第二节 生活剧

(一) 中彩那天

人教版四年级语文下册

第二次世界大战前,我们家六口人全靠父亲一人工作维持生计,生活很拮据。母亲常安慰家里人:"一个人只要活得诚实,有信用,就等于有了一大笔财富。"

父亲是汽车修理厂的技工,技术精湛,工作卖力,深得老板的器重。他梦寐以求的是能有一辆属于自己的汽车。

一天放学回家,我看见城里最大的那家百货商店门前挤满了人。原来,一辆崭新的奔驰牌汽车将以抽奖的方式馈赠给中奖者。

当商店的扩音器高声叫着我父亲的名字,表明这辆车已属于我家时,我简直不敢相信那是真的。不一会儿,我看见父亲开着车从拥挤的人群中缓缓驶过。只是,他的神情严肃,丝毫看不出中彩带给他的喜悦。

我几次兴奋地想上车与父亲共享这幸福的时刻,都被他赶了下来。

我不明白父亲为什么中了彩还不高兴,闷闷不乐地回到家里,向母亲诉说刚才的情形。母亲安慰我说:"不要烦恼,你父亲正面临着一个道德难题。""难道我们中彩得到汽车是不道德吗?"我迷惑不解地问。

"过来,孩子。"母亲温柔地把我叫到桌前。只见桌子上放着两张彩票存根,号码分别是 05102 和 05103。中奖的那张号码是 05102。

母亲让我仔细辨别两张彩票有什么不同。我看了又看,终于看到中彩的那张右上角有铅笔写的淡淡的 K 字。母亲告诉我:"K 字代表库伯,你父亲的同事。"

原来,父亲买彩票时,帮库伯先生捎了一张,并做了记号。过后,俩人都把这件事忘了。可以看出,那 K 字用橡皮擦过,留有淡淡的痕迹。"可是,库伯是有钱人,我们家穷啊!"我激动地说。话音刚落,我听到父亲进门的脚步声,接着听到他在拨电话号码,是打给库伯的。

第二天,库伯先生派人来,把奔驰汽车开走了。那天吃晚饭时,我们全家围坐在一起,父亲显得特别高兴,给我们讲了许多有趣的事情。

成年以后,回忆往事,我对母亲的教诲有了深刻的体会。是呀,中彩那天父亲打电话的时候,是我家最富有的时刻。

改编课本剧：中彩

背　　景　第二次世界大战，某西方国家
地　　点　弗兰克家
人　　物　弗兰克、妈妈、爸爸、姐姐、哥哥、妹妹、库伯（爸爸的同事）

【幕启。

旁　　白　这是弗兰克的家。他爸爸是一家汽车修理厂的技术工人，有着精湛的技术。一家六口全靠他养活，生活十分拮据。一个感人的故事就发生在这样一个家庭里。

弗兰克　（兴冲冲地上）妈妈！妈妈！我要告诉你一个天大的好消息！

妈　　妈　（迎上前去，边说边给弗兰克擦汗）放学了，孩子。瞧你急的，什么事不能慢慢说？

弗兰克　（拉着妈妈的手，喜悦地）今天放学回家，我看见城里那家最大的百货商店门前挤满了人。扩音器里高叫着中了头彩人的名字。你猜，他是谁？

妈　　妈　（佯装不知）谁呀？我真猜不出。

弗兰克　（惊喜地）是爸爸！爸爸中头彩了！一辆崭新的奔驰牌汽车将属于我们！

妈　　妈　（平静地）噢，上帝！

弗兰克　（委屈地）可爸爸显得并不开心。看着他开车缓缓驶过来时，我几次兴奋地想上车与他分享快乐，都被他赶了下来。唉，真有点儿扫兴！

妈　　妈　（亲切地）别为这事烦恼，弗兰克！你爸爸刚才已经打电话告诉我了，现在他正面临一个道德难题。

弗兰克　（迷惑不解地）道德难题？难道我们中彩得到汽车是不道德吗？

【爸爸进门。

弗兰克　（迎上前）爸爸，你可回来了！带我们去兜兜风，好吗？

爸　　爸　别忙，儿子！我现在有更重要的事要做！（边说边打电话）喂，库伯吗？我是亨利，你记得上次托我买的彩票吗？哦，记不得了。恭喜你中了头奖，是一辆崭新的奔驰牌汽车！

库　　伯　（画外音）太不可思议了！我真要感谢你，是你给我带来了幸运！我马上去你那儿，咱们待会见！

【爸爸如释重负地放下听筒，显得轻松了许多。

弗兰克　（奔过去，神情激动地）爸爸，你在说什么？奔驰牌汽车可是你梦寐以求的呀！我们一直也渴望拥有它，怎么突然变成了库伯的呢？

爸　　爸　（平静地）孩子，你听我说，那辆车不属于我们，我们不但没有失去什么，相反……

【门铃响，打断了谈话，库伯上。

爸　　爸　（把车钥匙递给库伯）你好，库伯！看见门口停的那辆漂亮汽车吗？它是你的！

库　　伯　（激动地接过，拥抱爸爸）你真伟大，伙计！（又掏出一匝钱塞进爸爸衣袋）

爸　　爸　（推辞地）这……我怎么能要？

库　　伯　千万别客气，这是诚实、守信的回报啊！

【二人边说边往外走，爸爸送库伯下场，传来汽车启动声。

【妈妈摆起了餐桌，弗兰克的姐姐、哥哥、妹妹也上场。爸爸送走库伯后重新上场，一家六口人围坐在餐桌旁共进晚餐。

爸　　爸　（高兴地）我终于解决了一个大难题。来，孩子们，今晚咱们庆祝一下吧！

妹　　妹　（不开心地）我不要庆祝，我就想要那辆汽车！

弗兰克　（闷闷不乐地）我真不明白，中彩的明明是爸爸，怎么现在汽车倒成了库伯家的了？

妈　　妈　（拿出两张存根放在桌上，温和地）过来，孩子们，看看这是什么？

哥　　哥　（好奇地拿起）是两张彩票存根！

姐　　姐　（从哥哥手中接过，认真地看了看）05102和05103。妈妈，05102不就是中彩那张的号码吗？

妈　　妈　（点点头）对！弗兰克，你仔细看看它们有什么不同？

弗兰克　（疑惑地接过，仔细辨别）05102的这张右上角怎么有个K字？是用铅笔写的，好像被橡皮擦过，但没有擦干净（若有所思）……

爸　　爸　（惭愧地）孩子们，这就是当时爸爸遇到的那个道德难题呀！

妈　　妈　你们的爸爸那天去买彩票时，也帮库伯先生捎了一张，回家后做了记号，那个"K"字代表库伯！过后，他们都把这事儿给忘了。

弗兰克　（激动地）不管怎样，这两张彩票都是爸爸去买的，记号也只是他自己做的，库伯并不知道哪张是他的，况且，这记号又不是不能改。

妹　　妹　（急切地插嘴）谁都知道，库伯家要比我们有钱得多！

妈　　妈　（劝慰地）如果留下汽车，那我们就成了不守信用的人，一辈子都不会快乐！你们想这样吗？

哥　　哥　爸爸做得对！如果我是爸爸，也会这么做！

【爸爸、妈妈相视一笑，欣慰地点点头。弗兰克和妹妹不解地望着哥哥。

哥　　哥　（语气坚决地）因为，诚实、守信会使你交到更多的朋友，朋友也是无价之宝哇！

姐　　姐　我也认为爸爸做得对！别奇怪，弗兰克。（走过去，抚着弗兰克的肩膀）你难道忘记了妈妈常对我们说的那句话了吗？

妈　　妈　（一笑）哦，一个人只要活得诚实，有信用，就等于有了一大笔财富！

众孩子　（重复）一个人只要活得诚实，有信用，就等于有了一大笔财富！

爸　　爸　（语重心长地）孩子们,财富可以慢慢地去积累,也可能会突然间幸运地得到。但是一个人如果失去诚实守信的美德,即使用再多的财富也换不回。美德,才是伴随一个人一生的真正财富啊!（轻柔舒缓的音乐起）哦,咱们讲些别的吧,我给你们说一些有趣的事情……

旁　　白　晚餐还在继续。也许弗兰克和他的兄弟姐妹并不一定能完全理解今天所发生的这一切。不过,我们相信随着时光的流逝,孩子们对妈妈的教诲会有更深刻的体会。听!成年以后的弗兰克每当回忆往事,总会这样感慨万千地说——

弗兰克　（成年后的画外音）是啊,中彩那天爸爸给库伯打电话的时刻,是我家最富有的时刻!

【轻快、柔和的音乐渐弱,幕闭。

（湖北大学附属小学　苏静、黄继红）

评析:这篇课文原文是以第一人称视角展开的叙述,以充满沉思和感慨的口吻讲述了自己小时候家中意外中彩获奖的故事,借以表达对父亲诚信行为的赞赏和尊重,以及对母亲的人要"活得诚实,有信用"的人生信条的肯定。改编的剧本强化了情节的曲折性,很有技巧且不落痕迹地把父亲回家、母亲解释、库伯上门、共进晚餐这几个原本零散的片段集中在了一个场景里,通过添加兄弟姐妹的对话讨论,明确了全剧主题,强调了"富有"的真正内涵——这一点是做得极为出色的。但该作品对次要人物的设定较为符号化,母亲表现得分外淡定,兄妹似乎轻易就转变态度并接受了父亲的做法,给人的真实感和可信感不强。此外,剧本开头和结尾旁白、画外音的处理较为生硬,丢掉了原文里那种回忆、感悟的气氛,与整部剧未能很好地融为一体。

（二）给予树

人教版三年级语文上册课文

圣诞节快到了,该选购圣诞礼物了。孩子们热烈地讨论这个话题,互相试探对方的心意,希望送出最诚挚的祝福,收到最甜蜜的笑容。让我担心的是,家里并不宽裕,我只攒了一百美元,却要由五个孩子来分享,他们怎么可能买到很多很好的礼物呢?

圣诞节前夕,我给了每个孩子二十美元,提醒每人至少准备四份礼物。接着,我把他们带到一个商场,分头去采购,约定两小时后一起回家。

回家途中,孩子们兴高采烈。你给我一点儿暗示,我让你摸摸口袋,不断让别人猜测自己买了什么礼物。只有八岁的小女儿金吉娅沉默不语。透过塑料口袋,我发现,她只买了一些棒棒糖——那种五十美分一大把的棒棒糖!我有些生气:她到底用这二十美元做了什么?

第四章 小学课本剧剧本剖辨(一)

一回到家,我立即把她叫到我的房间,打算和她好好谈谈。没等我问,金吉娅先开口了:"妈妈,我拿着钱到处逛,本来想送给您和哥哥姐姐一些漂亮的礼物。后来,我看到了一棵援助中心的'给予树'。树上有许多卡片,其中一张是一个小女孩写的。她一直盼望圣诞老人送给她一个穿着裙子的洋娃娃。于是,我取下卡片,买了洋娃娃,把它和卡片一起送到了援助中心的礼品区。"金吉娅说话的声音很低,显然在为没能给我们买到像样的礼物而难过。"我的钱就……只够买这些棒棒糖。可是妈妈,我们有这么多人,已经能得到许多礼物了,而那个小女孩却什么都没有。"

我紧紧地拥抱着金吉娅。这个圣诞节,她不但送给我们棒棒糖,还送给我们善良、仁爱、同情和体贴,以及一个陌生女孩如愿以偿的笑脸。

改编课本剧:给予树

时　间　圣诞节当天
地　点　商场里的援助中心、金吉娅的家
人　物　金吉娅——八岁,富有爱心的善良小姑娘
　　　　妈妈——勤俭持家、有五个孩子的单身母亲
　　　　大哥、大姐艾米丽、二姐考拉、三姐波莉
　　　　蒂娜——援助中心的工作人员
　　　　小女孩、小女孩妈妈

【幕启。

第一场

【援助中心的门口有一棵树,树上有许多卡片。援助中心的工作人员蒂娜正在往树上挂卡片。金吉娅来到援助中心。

金吉娅　转眼就圣诞节了,妈妈让我们姐妹分头给大家准备礼物。可是,挑礼物真是个头疼的问题,逛了一圈都没有合适的礼物,怎么办啊……(苦恼状)(看到"给予树",好奇地问蒂娜)漂亮姐姐,你为什么要往树上挂卡片呢?

蒂　娜　(微笑)小朋友,你好!祝你圣诞节快乐。我在援助中心工作,这棵树叫"给予树",这些卡片上写的大部分都是一些像你这么大的小朋友的圣诞节愿望。

金吉娅　(疑惑)愿望?(伸手拿了一张卡片,打开读着)我盼望今年圣诞老人送我一个穿着裙子的洋娃娃!她的愿望是洋娃娃啊,我也喜欢洋娃娃。

蒂　娜　哦!看来也是个像你一样可爱的小姑娘。写这些卡片的小朋友大部分都是孤儿,没有钱,没有爸爸妈妈,只能把愿望写在卡片上,希望有好心人看到了,能实现他们的愿望。让他们和你一样开开心心度过圣诞节。

金吉娅　没有家人也没有礼物,多可怜啊!姐姐,我能帮助她实现她的愿望吗?

蒂　娜　(摸了摸金吉娅的头)当然可以啊。不过这个洋娃娃比较贵,要十八美元。

71

金吉娅　　十八美元(沉思,从口袋里拿出钱)我一共只有二十美元。妈妈交代要至少买四份礼物。要是买了洋娃娃,礼物怎么办?(犹豫,看了看卡片)可她真的很可怜啊,只要一个洋娃娃就能实现她的愿望。我……(犹豫)

【不远处过来一对母女,女儿拉着妈妈,手里拿着一个存钱罐,急切地朝"给予树"这边跑过来。

小女孩　　(气喘吁吁)蒂娜姐姐,我把我所有的钱都带来了,你看看,那个小木偶够不够?

蒂　娜　　够了,足够了!我先给你办理捐赠手续。(低头在工作台办理手续,小女孩妈妈填写资料)

小女孩　　那就好,终于能买下小木偶送给那个可怜的大哥哥,有小木偶陪着他,他的圣诞节肯定就没那么孤单了。

小女孩妈妈　(妈妈回头)你这孩子,刚刚跑得这么急,小心别摔着了。给这位陌生哥哥买了礼物,现在肯跟妈妈回家了吧!

小女孩　　回家!回家!圣诞节我有妈妈陪伴,大哥哥有小木偶陪伴,真好,真幸福!

小女孩妈妈　你这孩子!(妈妈含笑摸了摸小女孩的头,又理了理女孩额前的碎发)

金吉娅　　(走过来)小妹妹你把自己的零花钱都用了,不心疼吗?

小女孩　　不心疼啊!妈妈告诉我,要乐于助人,帮助他人是好事,而且只是买个礼物就帮助了这位大哥哥,我愿意啊!

金吉娅　　有道理,帮助他人是好事。小妹妹,你做得对!

小女孩　　谢谢!我也这么觉得,呵呵。

小女孩妈妈　你就别夸她了,等会儿尾巴都要翘天上了!(拉着小女孩)跟小姐姐和蒂娜姐姐说再见,我们要回家咯!

小女孩　　小姐姐再见,蒂娜姐姐再见!

金吉娅　　再见!

蒂　娜　　再见!等把礼物寄出去了,我们会打电话通知你的。

小女孩妈妈　嗯,好的!那我们先走了。

【小女孩和妈妈下。

金吉娅　　(静静地看着这对母女的背影,突然下定决心似的)姐姐,我决定买下这个洋娃娃。

蒂　娜　　你想好了吗?买了洋娃娃你就没有多余的钱去买礼物了。

金吉娅　　我决定了,要买!小女孩这么可怜,只要给她一个洋娃娃就能实现她的愿望,只要一个洋娃娃就能让她快乐,我要帮助她!

蒂　娜　　(点头,眼里充满赞许)哦!感谢上帝!你真是一个小天使!(拉着金吉娅的手)今天的爱心天使,我去礼品区给你拿穿裙子的洋娃娃,然后把它寄

第四章　小学课本剧剧本剖辨（一）

给这位好运的卡片主人。

【两人下。

第二场

【圣诞节到了，屋内的客厅中间放着一张餐桌，桌上的果盘里放着几个新鲜的水果。屋子靠边的地方，有一棵圣诞树。音乐"Jingle Bells"响起，金吉娅正在装扮圣诞树，大哥安静地坐在沙发上看书，艾米丽拿着梳子在帮考拉绑头发，小吃货波莉正在吃零食。

金吉娅　（苦恼的样子）唉，今天就是圣诞节，妈妈要我们自己准备礼物然后一起分享，姐妹们的礼物肯定都比我好，我，我的礼物……怎么拿得出手啊！

【妈妈端着一盘刚做好的糕点，上场。

妈　　妈　金吉娅，我的乖宝贝！这棵树被你打扮得真漂亮！你真是我的好帮手呢！

金吉娅　（害羞地）谢谢夸奖！这是我应该做的。

妈　　妈　食物也都准备好了。金吉娅快去拿你准备好的礼物，我们现在来分享礼物。

金吉娅　礼物……我……（欲言又止）

妈　　妈　快去吧！去拿你的礼物。（大声喊）孩子们，都过来吧！拿上你们准备的礼物。

【音乐《哆啦咪》响起，四个孩子手里拿着买来的礼物，兴高采烈的样子，互相猜测并欣赏其他人买来的礼物。

【金吉娅手里拿着一个口袋，忐忑不安地站在一旁。

妈　　妈　孩子们，礼物都准备好了吗？

众　　人　（开心地）准备好了。

妈　　妈　（微笑着）那我们开始交换礼物吧！

【姐妹相互交换礼物，金吉娅没有动，一旁看着。

妈　　妈　（慈祥地看着大家）嗯，你们都是好孩子，都用心准备了。不过金吉娅，亲爱的，你怎么了？你的礼物呢？

众　　人　（齐声问）金吉娅，你准备的礼物呢？

金吉娅　（犹豫）我……我的礼物……（打开口袋，拿出来一把棒棒糖，小声地）这就是我的礼物。

妈　　妈　（疑惑）这就是你挑的礼物吗？（突然面色严肃）用五十美分就可以买一大把的棒棒糖，金吉娅，你实话告诉妈妈，你用那二十美元做了什么？是不是自己买零食吃了？

金吉娅　（委屈）没有，没有，我没有买东西吃。

妈　　妈　那你到底拿来干什么了，这些糖就是你用心准备的礼物吗？

金吉娅　妈妈……我……我把这些钱用在"给予树"上了。

众　　人　"给予树"？

金吉娅　（声音很低，为没能买礼物而难过）对不起妈妈。我在援助中心，用十八美

73

元买了洋娃娃送给一个跟我一样大的孤儿,所以,我的钱就……就……

妈　　妈　　哦,原来是这样……

金吉娅　　我剩下的钱只够买这些棒棒糖了。可是妈妈,我们有那么多人,已经能收到许多礼物了,而那个小女孩却什么也没有。

妈　　妈　　(蹲下身子紧紧地拥抱着金吉娅)孩子,是我错怪你了,妈妈不该不问缘由就责怪你。

金吉娅　　是……是我自己没有及时说明原因。

艾米丽　　金吉娅,你准备的礼物是这个圣诞节最有爱心、最善良、最有价值的礼物,也是我们当中最好的礼物。

妈　　妈　　(高兴)我的宝贝们!这个圣诞节金吉娅带给我们的不仅是一份礼物,更是一颗乐于助人、给予别人力所能及帮助的爱心。只要我们每个人心里有一棵"给予树",那么我们的世界就一定充满善良与仁爱……

【音乐响起,孩子们和妈妈一起欢快地唱歌跳舞,愉快地度过这个圣诞节。

评析: 原课文是一篇精致的小品文,语言诗意优雅,人物形象鲜明。但最后一段的主题表达,"给"的痕迹较重,过渡做得不够充分。改编的版本将结构处理为两场。第一场花比较多的笔墨展现金吉娅在"给予树"前的内心活动,并用添加的一对母女的言行来推动她的行为选择。第二场还原了圣诞当日的场景,与前一场相互呼应,借母亲的口点明了"给予"的意义。但剧本在台词的简洁性和个性化上还欠火候,许多台词程式化、套路化的意味较浓。金吉娅哥哥姐姐的出场在剧中未能真正起到作用,而母亲的形象改编又有些简单粗暴了。所以课本剧的改编,不能仅仅停留在场景和对话呈现的层面,要更充分地考虑悬念、气氛、情绪、潜台词等多个要素,力求把剧本做得更丰满、更有力量。

(三) 一件运动衫

人教版五年级语文下册选读课文

康威老先生叫我去他那儿一趟。

我到他家,老先生叫我把他的一双旧鞋送到城里吉特勒先生的鞋店修一下。我们两家是邻居。康威老先生年事已高,帮他做点儿事是应该的。

就在我等着他把鞋脱下来的时候,一辆小轿车开过来,一位先生带着小男孩走下车,想要点儿水喝。这时,小男孩身上的红色运动衫引起了我的注意。这是我见到的最漂亮的一件运动衫,前面印着一只蓝色的仰着头的大角麋鹿。

小男孩看上去跟我差不多大,14岁左右。他喝着水,康威老先生养的两只小狗咬起他的鞋带。小男孩转过身来和小狗一块儿玩起来。我大着胆子上前,问小男孩运动衫是在哪儿买的,多少钱一件。他告诉我在城里的商店,货架上全是这种运动衫。

他们走了以后,康威老先生用报纸将旧鞋包好,从衣兜里掏出1美元45美分,对我说:"对不起,孩子,我只有这一点儿钱了。"

我夹着老先生的鞋要走时,他叫住我:"快点儿把鞋修好。告诉吉特勒先生,我就坐在这里等你回来。"

我一边走,一边想着那件红色运动衫。回到家,我对妈妈讲了那个小男孩穿的红色运动衫以及上面印的蓝色大角麋鹿有多棒。没一会儿,妈妈给了我3美元。

到了城里,我先到小男孩告诉我的那家大商店,找到挂着那种运动衫的柜台,毫不犹豫地用3美元买了一件,一出商店我就穿上了,心里充满了自豪。

在吉特勒先生的鞋店里,我将鞋子放在柜台上。他检查了一下鞋子,然后转过身瞧着我,摇了摇头,说:"没法再修了,鞋底全坏了。"

我夹着那双旧鞋走出了鞋店。

我在街角抱着鞋站了一会儿,好像看到老人在小屋里赤脚等着我。我瞥了一眼这双老人穿得不能再穿的破鞋子,心想这双鞋子可能是他最亲近的东西了。

我又一次站在商店的门口,把运动衫脱下来走进了商店。

我向售货员说明为什么要买一双鞋。

"噢,我认识那位老先生,他来过几次。"售货员和颜悦色地说,"他常想要双软点儿的鞋子。我这儿还有几双。"

她转身拿出一个鞋盒,盒子上的标价:4美元50美分。

"我用这件运动衫再加上1美元45美分买下这双鞋,可以吗?"

售货员没说什么,她拿起一双长腰袜子,放进鞋盒里。

我把那件印着骄傲的仰着头的大角麋鹿的运动衫放在柜台上,抱着鞋盒走出商店。

我走回那间熟悉的小屋,一本正经地对康威老先生说:"吉特勒先生说你的鞋不能再修了,鞋底全坏了。"

老先生的眼睛里没有流露出失望。"噢,那就算了,把鞋放在这儿,我自己还能修一修,再穿一段时间。"

我打开鞋盒,那双崭新的软皮鞋呈现在他面前,他那双大手拿着鞋,不停地抚摸着,泪水从面颊流了下来。他站起身,从枕头下面拿出一件印着仰着头的大角麋鹿红色运动衫。

"我早上看到你眼睛一直盯着这件红色运动衫。当那父子俩人打猎回来时,我用一只小狗跟那个小男孩换了他的运动衫……"

改编课本剧:一件运动衫

人　物　小小、王爷爷、小男孩、售货员、杨叔叔

第一场

【王爷爷坐在院子里的一张破旧的椅子上,一只小黄狗躺在旁边。

【小小面带笑容跑上。

小　　小　　王爷爷,您叫我来有什么事情吗?

王爷爷　　(和蔼地笑着)小小,你来了呀!(抬起脚)你看爷爷脚上的鞋烂掉了,我的腿走远路不方便,能麻烦你帮我送到城里杨叔叔的修鞋店里去修一下吗?

小　　小　　没问题,爷爷。

王爷爷　　(弯腰脱下鞋子,拿过身旁的袋子装,从衣兜里掏出10块钱来)小小,真是不好意思啊,我只有10块钱了。

小　　小　　(接过钱和鞋子,微笑着)没关系的爷爷。

【"嘭"的一声,一只足球飞来,吓得小黄狗"汪汪"直叫。
【一个身穿红色运动衫的小男孩气喘吁吁地跑上。

小男孩　　王爷爷,真对不起!我不小心把球踢到你的院子里来了,吓着你们了吧?

王爷爷　　没事的,孩子。以后小心点,踢球要注意安全啊!

小男孩　　嗯,好的,爷爷,我记住了。(眼睛看向小黄狗)哇!好可爱的小黄狗,太可爱了!爷爷,我最喜欢小狗了,我一直想在家里养一只呢!(抱起小黄狗,亲了亲它)

小　　小　　(没注意小男孩的话,目不转睛地盯着小男孩的运动衫)呀,你的运动衫真好看!请问这个蓝色的图案是只大麋鹿吗?

小男孩　　(笑着)是啊,是我妈妈在我的生日时给我买的。

小　　小　　你知道是在哪里买的吗?我也想买一件。

小男孩　　城里有家专卖店,好像就在杨叔叔修鞋铺的隔壁,听妈妈说是35元一件。好了,我该回去了。(不舍地又看看小狗)再见,王爷爷,再见,小小!(放下狗,跑下)

小　　小　　谢谢你啊,再见!(转过头)那爷爷,我去杨叔叔的修鞋店了。

王爷爷　　去吧,拜托杨叔叔,快点儿把鞋修好,我在这儿等你回来,路上小心点儿。

【王爷爷搬椅子蹒跚走下。
【小小绕场。

小　　小　　(沉思状)王爷爷和蔼可亲,平时对我们特别好。他年纪大了,又一个人生活,身边没有人照顾他。嗯,我要快点帮他把鞋修好,不能让他等太久了。啊!(惊喜地)对了,我还可以顺带去刚刚说的那个运动衣专卖店去看看,他穿那件衣服真好看。嗯,赶快!

第二场

【城里杨叔叔的修鞋铺和运动衣专卖店一角。
【小小脸上洋溢着兴奋的笑容跑去。

小　　小　　哇,运动衣的专卖店真的就在杨叔叔修鞋铺的隔壁耶!真的是太好了!

第四章 小学课本剧剧本剖辨(一)

(从口袋里掏出钱数了数)妈妈给我的零花钱正好是35元,刚好能够买一件运动衫,简直太棒了!(四处张望了下)哈哈,到了。先去买运动衫去。(开心地跑去)

【小小走进商店,售货员走上。

售货员　小朋友,有什么需要帮忙的吗?

小　小　阿姨,我想要一件红色的有大麋鹿的运动衫。

售货员　是大红色的上面印着蓝色大麋鹿的那种吗?

小　小　是的,阿姨。

售货员　你稍等一会儿。(拿起衣服)是这件吗?

小　小　(兴奋地)对对对,就是这件,我试试!(马上穿在身上)好看吗?

售货员　嗯,好看,大小也都合适。这种运动衫啊,35元一件,是最新款式,穿着特别精神!

小　小　那我就要这一件了。给您钱。(掏出钱递给售货员)阿姨再见!

售货员　再见,慢走哟!

【售货员走下。

【小小哼着欢快的歌曲走进杨叔叔的修鞋铺。

【杨叔叔走上。

杨叔叔　小朋友,是需要修鞋吗?

小　小　叔叔您好,我是王爷爷的邻居,他让我来找您帮他修一下鞋,来,给您。(把鞋子递过去)

杨叔叔　(看了看鞋,皱着眉摇了摇头)呀,这双鞋鞋底全都坏了,已经没有办法再修了。

小　小　啊,那可怎么办啊?王爷爷还在家等着穿呢!

杨叔叔　对不起,真的没法修了,要不买双新的吧!隔壁商店就有王爷爷穿的鞋。

小　小　买双新鞋?嗯,这倒是个好主意,我这就过去瞧瞧。

杨叔叔　嗯,快去吧。(走下)

【小小转身走进隔壁商店。

【售货员走上。

售货员　小朋友,你怎么又回来了?刚刚的衣服不合适吗?

小　小　(看了看鞋,摇了摇头)没有。阿姨,王爷爷的鞋子坏了,没有办法再修了,我想帮爷爷买双新鞋。

售货员　王爷爷呀,我知道他。他经常去隔壁补鞋,也来过我们店。他看过几次一双底子软一点儿的鞋,我拿给你看看!(拿出鞋)

小　小　(拿起鞋摸了摸)嗯,摸起来挺舒服!(看了鞋盒上的标价)不过,要45元啊。(摸了摸兜里的钱)

售货员　怎么了,小朋友?

小　　小　王爷爷真的太需要一双好点儿的鞋子了,可是剩下的钱不够了……(低下头思考,然后抬头笑着)阿姨,我把这件运动衫退了,再加上王爷爷的10元,您给我换双鞋吧!

售货员　小朋友,你不是很喜欢这件衣服吗?真的要把它换了?

小　　小　(低头)是的,我的确很喜欢这件衣服。(抬头坚定地)可是,爷爷更需要一双好的鞋呀。阿姨,你帮我换了吧!

售货员　你真是个懂事的好孩子!(拿起一双白色袜子)来,这双袜子送给他老人家了。(把鞋和袜子递给他)

小　　小　(接过鞋子和袜子)阿姨,真是太谢谢你了。

售货员　不用谢!

【小小拿着鞋绕场走。

小　　小　(捧着鞋,脸上洋溢着笑容)王爷爷肯定会喜欢这双新鞋,他穿着它一定会很舒服的。(抬头望天,焦急地)哎呀!出来这么久了!王爷爷肯定等得着急了,不行,我要快一点儿回去了。

第三场

【王爷爷家,王爷爷焦急地张望着。

【小小拿着鞋子跑上前。

王爷爷　(焦急地)孩子,怎么去了这么久?

小　　小　爷爷,我这不是回来了嘛。

王爷爷　回来就好,回来就好。看跑得满头大汗的,快坐下休息一会儿。(拉过椅子)

小　　小　(坐下抬头)爷爷,杨叔叔说您的鞋鞋底全坏了,已经没办法再修了。

王爷爷　(失望地)唉,那算了吧。来,把鞋子给我,我自己再想办法修修,可能还能再穿一段时间。

小　　小　(打开鞋盒)爷爷,你看!

王爷爷　(惊喜)呀?这不是我一直想买的软底鞋吗?(抚摸着鞋子)孩子,你哪来的?

小　　小　之前妈妈给了我的零花钱,我攒起来一共35元,再加上您拿给我的10元,刚刚够,所以我就给您买了一双新鞋子。

王爷爷　(感激地)小小啊,真是谢谢你呀!

小　　小　不用谢!对了,售货员阿姨还送了一双袜子给您。(递过袜子)

【王爷爷接过袜子,反身找东西。

王爷爷　孩子(拿出一件运动衫)你瞧,这是什么?

小　小　（惊喜）运动衫？（高兴地）爷爷,您哪来的？

王爷爷　我今天看你的眼睛一直盯着那个小孩的红色运动衫,就知道你喜欢,后来那个小男孩路过,我用小狗跟他交换了呀。

小　小　啊？那,那您没有小狗了怎么办？您会觉得孤单的。

王爷爷　（笑）没关系,小狗还可以再养嘛！再说,不是还有你陪着我吗？

小　小　爷爷,真的是太谢谢您了,您真好！

王爷爷　孩子,我也要谢谢你啊！

小　小　爷爷,您换上新鞋试试吧,然后我再陪您到外面去散散步好吗？

王爷爷　（微笑着）好啊。（拿出鞋,弯下腰穿好）走吧,孩子。

小　小　（开心地）好嘞,爷爷！我来扶着您。

【小小搀扶着王爷爷慢慢走下。

【幕闭。

（选自金盾出版社《小学课本剧》）

评析：课文是一个西方故事,叙述者是一个十多岁的少年,而且以康威爷爷拿出那件大麋鹿的运动衫作为结尾戛然而止。如果说原作更注重情节的起伏和出人意料,那么改编剧本则更注重细节的温馨和温暖。改编剧本把故事发生背景挪到了中国,塑造了相互关照、相互体贴的王爷爷和少年小小这两个形象,而且给配角设置了较为合情合理的台词和行动,使得整出剧弥漫着人心的善意和阳光。美中不足的是,主角小小的部分台词,多采用的是将心理活动外化的方式,不太符合他的年龄设定,也显得文字功底较为浅陋。而结局的处理是像原文那样若隐若现更好,还是像改编剧本这样明朗直接更好,就在于读者各自的喜好了。

 探索·讨论·实践

1. 目前有不少历史文化综艺节目,在舞台布置、故事呈现、情感传达等方面,充分借鉴了戏剧这种艺术样式,形成了自己独特的风格。试举出一两例加以说明。

2. 历史剧的改编要更好地体现"历史感",你觉得哪些方法和途径能帮助你在改编历史剧时更好地抓取到当时的时代特点？

3. 生活剧的改编容易浮在表面,为了更好地表现人物,让戏剧冲突更加真实自然,我们在平常的学习、生活中可以做些什么样的训练？

4. 分组查找根据小学语文课文改编的历史剧和生活剧各2篇,每篇写出300字以上的评析文字,需包含对原课文重难点的分析。

第五章　小学课本剧剧本剖辨(二)

童话是孩子们都格外喜欢的一种文学体裁,其浓烈的幻想色彩带领儿童畅游在想象的精彩世界里。在童话剧的改编中,最重要的是不丢失、最好是能强化原作品的幻想性,要通过拟人、夸张等手法,塑造可感可亲的角色形象,借助儿歌、童谣等,呈现个性鲜明的角色语言,共同构筑色彩斑斓的童话世界。科学剧其实是一个统称,指通过戏剧形式传递科学知识与理念的作品。所以,像小学科学或者中学的生物、地理、物理、化学等,都可以通过戏剧故事的形式来科普相应的科学要素。科学剧的创编除了要说透科学道理和知识,还需要一个情节来做支撑,所以创编难度相对大一些。我们可以通过对日常生活的观察找到科学道理应用的场景,然后尝试在场景里展开故事,制造冲突,形成剧本。

第一节　童话剧

(一) 七色花

人教版三年级语文下册选读课文

有个小姑娘,叫珍妮。有一天,妈妈叫她去买面包圈。

珍妮买了七个面包圈,爸爸两个,妈妈两个,一个粉红色的给小弟弟,两个带糖的给自己。

珍妮提着一大串面包圈,一边走,一边念着商店招牌上的字,数着天上飞来飞去的乌鸦。这时,一只小狗跟在珍妮后面,它偷偷地把面包圈吃了,先吃了爸爸的、妈妈的、小弟弟的,然后吃了珍妮带糖的面包圈。珍妮觉着手里轻了,她扭头一看,哎呀,面包圈全没了,旁边一只小狗正舔着嘴呢。

"你这害人的狗,小偷!"珍妮追着小狗,要打它。

珍妮追呀追呀,追不上小狗,自己却迷路了,她走到了一个陌生的地方。她害怕了,呜呜地哭起来。

忽然,不知从哪儿出来一位老婆婆,老婆婆问她为什么哭,珍妮把一切全告诉了老

第五章 小学课本剧剧本剖辨(二)

婆婆。

老婆婆很可怜珍妮,就说:"别哭,小姑娘,我这儿有一朵'七色花',它什么事都能办得到,我把它送给你,它会帮助你的。"

那朵七色花,有七片花瓣,黄、红、蓝、绿、橙、紫、青,一片花瓣一种颜色。

老婆婆说:"你想要什么,就撕下一片花瓣,扔出去,说'飞吧,飞吧!我要……'它就会替你办好。"

珍妮接过七色花,谢了老婆婆。她要回家去,但不知道走哪条路。她想起七色花,就撕下一片黄色花瓣,把它扔出去,说:"飞吧,飞吧!我要带面包圈回家去……"话还没说完,手里已经拿着一串面包圈,回到家里了。

珍妮把面包圈交给妈妈,就走进房里,想把七色花插进心爱的花瓶里,可是一不小心,花瓶掉到地上,打碎了。

妈妈在厨房里大声说:"珍妮,你把什么东西打碎了?"

"没有……"珍妮赶快撕下一片红色花瓣,扔出去,说:"飞吧,飞吧,给我像这一样的花瓶吧……"地上破花瓶的碎片立刻又合拢起来了。妈妈进来一看,那花瓶好好的。

珍妮来到院子里,男孩子们正玩到北极探险的游戏,他们不肯和珍妮玩。珍妮说:"我自己到北极去!"她撕下一片蓝花瓣,扔出去,说:"飞吧,飞吧,我要到北极去……"话刚说完,忽然太阳不见了,一阵大风吹来,把她吹到北极去了。

珍妮这时穿的是夏天的衣裙,光着腿,孤零零地一个人到了北极,冰天雪地的北极冷极了。

"妈妈,我冻坏了,快来呀!"珍妮哭喊着,眼泪一串串流下来,马上冰成了冰柱子。这时,七只大白熊从大冰块后边蹿出来,向珍妮扑过去。珍妮吓坏了,她用冻僵的手指,抓起七色花,撕下一片绿花瓣,扔出去,大声说:"飞吧,飞吧!快让我回去……"一眨眼工夫,她又在院子里了。

珍妮去找邻居的女孩们玩,她看见她们有好多玩具:小汽车、大皮球、会说话的洋娃娃……珍妮很羡慕,她把一片橙色花瓣扔出去,说:"飞吧,飞吧!我要好多好多的玩具……"立刻,玩具从四面八方向珍妮涌来了。会说话的娃娃堆满了院子,它们吵得要命;汽车、皮球、玩具飞机、飞艇、坦克、大炮……把整条胡同,甚至连对着胡同的马路都挤满了;空中降下来的许多带着降落伞的娃娃,它们都挂在了路边的树上,电线上。站岗的警察吹着口哨,叫大家来维持秩序。

"够了,够了!"珍妮抱着头叫起来,"玩具快别来了。"可是玩具还是不断涌来,它们堆着,堆着,一直堆到房顶上了。珍妮走到哪里,玩具跟到哪里,珍妮爬到房顶,连忙撕下一片紫花瓣,扔出去,说:"飞吧,飞吧!快叫玩具回去吧!"于是所有的玩具都不见了。

珍妮一看七色花,只剩下一片花瓣了。她想:六片花瓣都浪费了,这最后一片,要它做什么事,得好好想一想。

珍妮想买巧克力糖,买蛋卷……可是吃过就没有了;买三轮小车,买电影票……

"不,等一等,让我再想想看。"

忽然,她看见一个小男孩坐在大门前的小凳上,他有一双可爱的黑眼睛,珍妮很喜欢他,想和他玩,但是小男孩是小跛子,不能跑,不能跳。珍妮想,要让小男孩能够走路!于是,她小心翼翼地撕下最后一片青色花瓣,扔出去,说:"飞吧,飞吧! 让这个小男孩健康起来吧……"

就在那一分钟,小男孩站了起来,同珍妮玩起捉迷藏来了。他跑呀,跑呀,珍妮怎么也赶不上!

改编课本剧:七色花

人　　物　　珍妮、老婆婆、小朋友们、北极熊、众男孩们、露西

第一场

时　　间　　一个晴朗的早晨

地　　点　　公园

【珍妮拿着装有面包圈的袋子和水杯高兴地上。

珍　妮　(疑惑)我怎么觉得这袋子这么轻呢?(低头看)

珍　妮　(慌张,啜泣)这可怎么办啊,面包圈都没有了!

【难过,抽泣着蹲下,将水杯放在一旁。

【老婆婆上,缓缓走到珍妮旁边。

老婆婆　(慈祥)可爱的孩子啊,你为什么哭得这样伤心呀?

珍　妮　(啜泣)老婆婆,我妈妈让我买的……让我买的面包圈被贪吃的小狗给抢走了!(委屈地)回家后妈妈一定会怪我的! 这可怎么办呀?

老婆婆　(微笑)原来是这样呀! 别哭了,小姑娘,我来帮你的忙。我这儿有一朵七色花,可别小看它,它是一朵有魔力的花儿,什么事都能办到。只要你撕一片花瓣儿扔出去,并说出口诀"七色花呀,听我说呀,照我做呀",然后说出你的愿望,你想要什么都能得到。

珍　妮　(接过七色花)世界上真的有这么神奇的七色花吗? 老婆婆不会是在故意这样说,想让我开心的吧? 那我就先试一试吧,就当谢谢老婆婆的好心了。

珍　妮　(怀疑地摘下一片花瓣扔向空中,原地转圈)七色花呀,听我说呀,照我做呀,我想要我的面包圈回来! 你能帮我实现愿望吗?

【面包圈出现在珍妮手里。

珍　妮　(惊喜,跳起来)上帝啊,七色花真的让我的面包圈回来了! 真有这样神奇的七色花! 真感谢你! 老婆婆!

老婆婆　(微笑)好孩子,别客气。希望你能好好使用这朵七色花,把它用到有意义

的事情上去。

【珍妮和老婆婆挥手告别,老婆婆下。

【珍妮转身准备回家,不小心踢坏了脚边的水杯。

珍　妮　(慌张)糟了!糟了!我怎么这么不小心把水杯踢坏了,妈妈一定会怪我粗心大意的!(看着手中的七色花)咦?刚才七色花帮我把面包圈变回来了,那它还能不能帮我把水杯复原呢?我来试一试!

【珍妮犹豫地撕下七色花中的一片花瓣抛向天空,原地转圈。

珍　妮　七色花呀,听我说呀,照我做呀,我想要水杯复原!请帮我实现愿望吧!(花瓣落下,水杯复原)看来这七色花真的有魔力!这神奇的七色花,我可真要好好利用它!

【珍妮高兴地下。

第二场

地　点　公园

【众男孩追打着上。

男孩甲　(兴奋)我们来玩北极探险的游戏吧!

众男孩　(边拍手边应和)好呀好呀!

男孩甲　那我就扮演北极熊来捉你们吧!

众男孩　(迫不及待)好呀!快来!快来!

【珍妮上,开心地跑到男孩子们身边。

珍　妮　(犹豫)你们在玩游戏吗?我也想玩!我可以加入你们吗?

男孩甲　(不耐烦地)到北极去探险是很危险的,女孩子怎么能参与呢?

众男孩　(争着回答)就是就是,我们才不带女孩子玩呢!

【众男孩奔跑着下。

珍　妮　(自言自语)哼,有什么了不起!不就是北极吗?我自己一个人去!(撕下七色花中的一片花瓣抛向空中)七色花呀,听我说呀,照我做呀,我想去北极探险!快帮我实现愿望吧!

【背景切换成北极。

【珍妮惊奇地打量着北极。

珍　妮　(骄傲地用手叉腰)哼!你们不带我玩,那我就自己一个人来北极!我倒要看看这北极有什么好玩的地方!

【一阵寒风吹来,珍妮冷得打了个哆嗦。

珍　妮　(颤抖)没想到北极这么冷呀!早知道我就不来了,现在都有点想回家了!

【三只北极熊上。

北极熊甲　(手指着珍妮)咦?那个有声音的东西是什么?

北极熊乙　（惊叹）那是从天上掉下来的美食吧！我们要不要赶快吃掉她！

北极熊丙　（急切）快点，快点，我还真饿得很呢！

【三只北极熊一齐向珍妮扑过去。

珍　妮　（惊讶）那是什么？天呐！是北极熊！（一边跑一边大哭）谁来救救我呀？（看到手中的七色花）对了！我有七色花啊！（边跑边撕下花瓣）七色花呀，听我说呀，照我做呀，我想要回去！快快帮我实现愿望吧！

【珍妮、三只北极熊下，背景切换回到公园，众女孩开心地上。

小女孩甲　（高兴地拿出小汽车）今天是我们约定好的玩具总动员时间，我带来的是小汽车！你们呢？

小女孩乙　（拿出洋娃娃）我带来了我最爱的布娃娃和你们一起分享！

小女孩丙　（激动地拿出大皮球）我也拿来了上次生日妈妈送我的大皮球，可好玩呢！

【珍妮上，兴冲冲地跑到女孩们旁边。

珍　妮　你们好！你们的玩具都好有趣呀！请问我可以加入你们吗？

众女孩　（爽快地）可以呀！我们都带来了自己的玩具和大家分享，你带来了什么玩具呢？

珍　妮　我，我马上就去拿来！

众女孩　好的，你快去吧！

【珍妮跑到角落里，拿出了七色花。

珍　妮　（撕花瓣）七色花呀，听我说呀，照我做呀，我想要很多很多的玩具！快帮我实现愿望吧！

【许多玩具一起向珍妮涌过来。

珍　妮　（开心地拍手）太好了！我也有玩具了！我可以和她们一起玩啦！

【玩具仍然大量朝珍妮涌过来。

珍　妮　（惊慌失措地）够了够了！不要再过来了！快快停下吧！（慌乱之中撕下七色花中的一片花瓣）七色花呀，听我说呀，照我做呀，快让玩具消失吧！

【玩具消失。

珍　妮　（虚惊一场）看来玩具太多了也并没有什么好玩的，算了，我还是回家去吧。

第三场

地　点　回家的路上

【露西、小朋友们上。

露　西　（小心翼翼地）我，我，我可以和你们一起玩吗？

小朋友甲　（友好地）好啊，我们捉迷藏呢，你要一起来吗？

第五章 小学课本剧剧本剖辨(二)

露　西　(面露难色)可是,可是,我玩不了这个游戏。

小朋友乙　(疑惑)为什么呀?

小朋友丙　(指着露西的拐杖)我知道为什么,你看她用了拐杖,怎么跟我们一起玩呢,还是我们自己玩吧!

【小朋友们从舞台左侧下。

【露西因被拒绝同玩,在路边哭泣,珍妮从右侧上。

珍　妮　(边走边自言自语)这神奇的七色花我已经用了六片,只剩一片花瓣了,可是,我什么也没有得到,我也不觉得很开心。现在我要好好想想我该怎么去用这最后一片花瓣。(走几步思考)不如拿它去买巧克力糖买蛋卷,可是吃过就没有了,买三轮小车买电影票……不,等一等,让我再想想看!

【珍妮发现哭泣的露西。

珍　妮　(疑惑)你在哭什么呀,什么事情让你这么难过?

露　西　(悲伤地)我,我的腿,我的腿走不了路,只能依靠拐杖生活。我每天只能待在家里,不能跟大家一样到处奔跑,但是我真的很想和大家一起玩耍啊。

珍　妮　没关系呀!我来陪你玩!

露　西　(垂头丧气)可是你看我这个样子,根本什么都玩不了啊。算了,你去和他们一起玩吧,我在这里看着就好。

珍　妮　(看着露西和自己手里的七色花自言自语)我还有最后一片花瓣,不如我就用这个帮她实现愿望吧!

珍　妮　(慎重地摘下最后一片花瓣扔向风中)七色花呀,听我说呀,照我做呀,我想要露西的腿好起来!请你帮我实现这最后一个愿望吧!

露　西　(疑惑地摸自己的腿)咦?我的腿好像有感觉了,是我的错觉吗?

珍　妮　(微笑着)你可以试试站起来走一走!我来扶着你,这样,就知道是不是错觉了!

露　西　(被珍妮搀扶着,半信半疑地慢慢站起来)欸……我的腿好像真的好起来了,我不会是在做梦吧?

珍　妮　(开心地)不,你没在做梦,你的腿真的好起来了!你看,我没有搀扶你,你可以自己走路了!

露　西　(自己走了两步并兴奋地旋转一圈)真的!我的腿真的好起来了,我不是在做梦!我不是在做梦!(拉住珍妮的手)那我是不是可以和你们一起玩耍了!

珍　妮　(激动地)当然可以啊,我们快去找他们一起玩吧!

【众小朋友上。

珍　妮　(拉着露西跑到小朋友们中间)小朋友们,你们看,露西的腿好起来了,她

可以和我们一起跑一起跳了!

小朋友丙　（惊讶地打量着露西）咦,她的腿怎么突然好起来了?这是怎么做到的,太不可思议了!

小朋友乙　（十分惊喜）对啊,她的腿真的好起来了!她不用再挂拐杖了,这太神奇了!

小朋友甲　（兴奋地）这些都不重要,只要她能和我们一起玩就好了呀!

【音乐起,所有的小朋友一起随着音乐舞蹈。

【音乐停,灯光只照在珍妮身上。

珍　　妮　这朵七色花只有最后一片让我收获了快乐,还得到了一个朋友。小朋友们,如果你也有一朵七色花,你会怎么使用它呢?

【幕闭。

评析:受限于舞台演出的时空关系、道具制作和演员选角的难度,这个剧本将原作品的场景进行集中化处理,而且将原作中的小男孩儿变为小女孩,最后花大量笔墨在第三场上呈现了"助人"才更快乐的主题。剧本的情境感较强,角色的心理感受表现得比较细腻,整体结构较为完整,体现了主人公的个人成长。然而对比原作,故事的活泼性被弱化,幻想色彩被冲淡,原文结尾的留白未能保留,这些是比较遗憾的地方。虽然原作有比较明显的教育主题,但其教育是通过营造氛围、丰富细节,以及作品生动的文字来传递的;而改编后的剧本,说教的意味明显重了许多,人物形象失去了孩子的天真之感,变成寄托教训的载体,这是目前儿童文学创编中很容易陷入的误区。我们要"教育",但"教育"的方式要尽可能快乐一些,美好一些,诗意一些,我们要让孩子们在明白道理的同时,收获心灵的感动与欢愉,体会到文字与人性的动人。

（二）酸的和甜的

人教版二年级语文上册课文

葡萄架下,有一只狐狸。他一会儿转来转去,一会儿跳起来摘葡萄,可是一颗也没摘到。于是,它指着架上的葡萄,说:"这葡萄是酸的,不能吃!"

树上的小松鼠听了,心里想:狐狸很聪明,他说葡萄不能吃,那一定是很酸的。

小松鼠把狐狸说的话告诉了小兔子。小兔子一听,心里想:狐狸和小松鼠都说葡萄是酸的,那一定不能吃!

这时,来了一只小猴子。他望望架上那一串串紫红色的葡萄,迫不及待地爬上葡萄架,摘下一串就要往嘴里送。小兔子连忙说:"不能吃,不能吃,这葡萄是酸的!"

小猴子笑着问:"你吃过吗?"小兔子摇摇头,说:"我没吃过,可是小松鼠说葡萄很酸。"

小猴子又问小松鼠："你尝过吗?"小松鼠也摇摇头,说:"我没敢尝,狐狸说这葡萄酸得很呢!"

小猴子听了,大口打口地吃起葡萄来。小松鼠和小兔子见他吃得这么开心,也尝了一颗。啊!真甜。

小松鼠和小兔子真不明白,狐狸为什么硬说葡萄是酸的呢?

改编课本剧:酸的和甜的

时　　间　秋天

地　　点　森林

人　　物　小松鼠果果和团子、小狐狸阿狸、小兔子朵朵和乖乖、小猴子空空

道　　具　成熟的葡萄藤、大树、花草等

旁　　白　可爱的春姑娘,迈着轻盈的步子来到了,整个森林也从一个漫长的睡梦中苏醒过来了。这时一粒葡萄种子落进了森林里,它找到一块松软肥沃的土地,开始努力地生长……就这样春去秋来,葡萄渐渐成熟了。是谁先发现了呢?

【阿狸面朝观众靠着树睡大觉,小松鼠果果和团子有说有笑地上场。

果　果　哎!团子!团子!(惊讶,激动地)快看!那株葡萄熟了!

【阿狸被吵醒,准备换个姿势继续睡。

团　子　哇!(团子转过身,看向葡萄藤)真的成熟了呢!看着好好吃的样子,我们去摘一串尝尝吧!

果　果　好呀好呀,我也特别想尝一尝,我们肯定是第一个吃到这葡萄的,比森林里任何一个动物都要早!(点头,得意)

团　子　好咧,我们一起去摘吧!

【阿狸彻底醒来,大摇大摆地走至舞台中央。

阿　狸　听说有葡萄熟了,那我可要第一个去尝尝!(自大地向葡萄架走去)

果　果　咦!小狐狸阿狸过来了。

【阿狸走至藤下。

阿　狸　(试探)果果,团子,你们在干吗呀?

团　子　我们发现了葡萄!

阿　狸　哦,是吗?葡萄!我都没有找到,你们能找到?

团　子　哼!那你自己看(手指着葡萄藤)那棵藤上有什么?

阿　狸　哇!(抬头看向葡萄藤,惊讶)好大好圆的葡萄啊!(得意)老天爷真的是眷顾我这么聪明可爱的狐狸,看我来摘它几串填饱我的肚子!(准备跳跃状)

团子和果果　阿狸,阿狸,摘下来可以分给我们尝一尝吗?

阿　狸　呵(嫌弃),等我先吃饱再说!(几次尝试跳跃都没有摘到葡萄)

阿　狸　哼(生气)!不吃了不吃了,这个葡萄肯定是酸的!

果　果　不会吧(疑惑不解),阿狸,这个葡萄看着已经熟透了呀,怎么会酸呢?

阿　狸　呵,你们还不相信我?我可是这森林里最聪明的(骄傲地抬起下巴),这野葡萄肯定是酸的,我可吃过这世界上最甜——的葡萄,(作闻味道状)就闻闻这葡萄味儿,我就知道这肯定是很酸很酸的葡萄,我才不要吃它呢!你们呀真没眼光,白白浪费我的力气!(假装嫌弃的表情,然后甩头傲娇地离开)

【小狐狸阿狸下场。

团　子　那果果,(转头询问果果)我们还吃这葡萄吗?

果　果　不吃了吧,阿狸是森林里最聪明的,她都那么说了,看来这个葡萄是真的很酸!我们别吃它了,走,(拉起团子)再去找找其他果子吧!

团　子　那好吧。(点头赞同,跟着准备离开)

【小兔子乖乖和朵朵从远处走来。

乖　乖　朵朵!朵朵!快看呀!那棵树旁边的葡萄已经熟透了呢!(手一边扯朵朵,一边指向葡萄藤)

朵　朵　哇!真的呢!已经完全熟透了呢!那么大那么圆!一定很甜!走!我们一起去摘下来尝尝!(激动,拉着乖乖走向葡萄)

【葡萄藤下,小松鼠与小兔子相遇,小兔子朵朵和乖乖准备摘取葡萄。

团　子　等等!等等!你们等等!(急忙拦住小兔子)朵朵乖乖,这个葡萄不能吃!

朵朵、乖乖　为什么呀?!(大声齐声问)

果　果　这个葡萄是酸的,吃不得呀!

乖　乖　你们已经吃过啦?

团　子　没有(无奈),不过是小狐狸阿狸告诉我们的!她说这个葡萄肯定很酸!确实这个葡萄看起来就是很酸的样子!(作看似很了解的样子)

果　果　是的是的,你们自己看,真的像阿狸说的那样,看着都很酸呢!

朵　朵　啊,你们都这么说,看来是真的很酸呢?唉,算了,我们还是不吃了吧。(无奈,失落)乖乖,你觉得呢?(转头问向乖乖)

乖　乖　嗯,不吃了!我们去找找其他果子吧!

果果和团子　那我们也去找找其他果子。

【小兔子小松鼠准备离开,此时小猴子空空蹦蹦跳跳地上场,朝着葡萄藤走过来

空　空　哇,那边葡萄怎么那么大!(看向葡萄藤,惊讶状)

果　果　咦!那不是空空吗?

乖　乖　空空在那里干吗?(松鼠兔子一起看向空空)

空　空　真是踏破铁鞋无觅处,得来全不费功夫呀,今天我空空有口福啦!(开心,

准备上前摘葡萄)

众人齐声　等等,等等,等等！这葡萄很酸很酸的！不能吃！(一起肯定、急切的语气)

空　空　不会吧！这葡萄明明那么大,看起来就很甜,怎么会酸呢？是你们吃过啦？(看向小兔子)(小兔子一齐摇头)那你们吃过？(看向小松鼠)(小松鼠一齐摇头)

空　空　你们都没有吃过,怎么知道这葡萄是酸的呢？

【空空疑惑,还是决定上前摘葡萄,被团子拉住。

乖　乖　小狐狸阿狸见多识广,她说这葡萄是酸的,那就一定是酸的！(极度肯定)

空　空　那看来她吃过这葡萄了？

团　子　她也没有吃过。(为难,松开拉住空空的手)

空　空　唉。你们都没有吃过,她也没有吃过,那你们为什么都认为这葡萄是酸的呢？让我来尝尝,看看这葡萄究竟是酸的还是甜的。(空空跳起摘了两串葡萄,尝了一口)

空　空　哇！这葡萄好甜。

【松鼠兔子凑近空空。

朵　朵　空空,可不可以摘两串儿给我们也尝尝？

空　空　当然！好东西要大家分享。(又跳起摘葡萄分给大家)

朵　朵　哇！真的好甜呀！多亏有空空在,不然我们就尝不到这么美味的葡萄啦。(感激)

果　果　是啊,真的很谢谢空空！

【大家一起坐下吃葡萄。

空　空　果果,朵朵,你们这次啊(思考),是和小马犯了同样的错误呢。

朵　朵　啊？小马怎么了？

空　空　前段时间啊,马妈妈让小马把一袋粮食送到河对岸的村子里去,来到一条没有桥的小河边,只能蹚水过去。但小马不知河水的深浅,就问正在吃草的牛伯伯,牛伯伯说不深,河水才到它的小腿。在小马准备过河的时候,小刺猬突然说别下去,这条河水可深了,前两天他的一个伙伴才掉进这条河里淹死了。小马他无从抉择,只得驮着粮食回家,把牛伯伯和小刺猬的话告诉马妈妈。马妈妈让小马自己去试探一下河水有多深,小马他很简单地一步一步蹚过了河。后来他才知道,河水既没有牛伯伯说的那么浅,也没有小刺猬说的那么深。所以呀,这葡萄也是要自己亲口尝过了,才能知道它是酸的还是甜的！你们明白了吗？

【众人一齐低下头思考着。

朵　朵　嗯,我们不应该只听信阿狸的话。

团　子　我们应该亲自尝一尝,再说葡萄是酸的还是甜的。

空　空　对,以后啊,我们无论做什么事都不能只听别人的,要自己亲自试一试,尝一尝,毕竟,实践才出真知嘛!

众　人　(点头)嗯!实践才出真知。

【幕闭。

评析:原课文除了后半段有一组小猴与小兔、小松鼠的对话,以及一个开放式问题"小松鼠和小兔子真不明白,狐狸为什么硬说葡萄是酸的呢",其余均是白描式的,儿童情趣相对不浓。在改编的版本里,较为充分地体现了童话剧"童话"的幻想色彩,剧中人物都有了鲜活的思想和生命。其中,小狐狸是心高气傲和自以为是的,小松鼠和小兔子是傻傻甜甜的,空空则是有着独立思考能力和"教育者"风范的。所有的角色都具备了一定的个性,也就有了自己的辨识度,这是这个剧本出彩的一个重点。此外,这个剧本在台词上做到了活泼生动、自然流畅、简明易懂,非常符合低年龄段孩子的接受能力。结尾处很巧妙地串入了《小马过河》的故事,深化了原文的主题,也给读者和观众留下了思考空间。不过,对于原课文最末提出的问题,该剧本未能想出较好的方式予以解决或者哪怕只是抛出,是在前期设计上未能考虑周全的一个遗憾。

(三) 小鹿的玫瑰花

人教版课标本第四册课文

春天到了。小鹿在门前的花坛里,栽了一丛玫瑰。他常常去松土、浇水。玫瑰慢慢地抽出枝条,长出了嫩绿的叶子。

过了些日子,玫瑰枝头长出了许多花骨朵儿。小鹿和弟弟一起数了数,总共有十二个,他们高兴极了。

花骨朵儿渐渐地长大了。就在快要开花的时候,小鹿不小心把脚跌伤了。他只能静静地躺在床上养病。一天,一周,一个月……小鹿终于能下床走路了,他一瘸一拐地来到门外。呀!门前的玫瑰已经长得很高了,可是浓密的绿叶中,一朵花也看不到了。

鹿弟弟惋惜地对哥哥说:"这玫瑰你白栽了,一朵花都没看着。"

这时,一只黄莺飞来了。她说:"小鹿,我见过你家那些红玫瑰,可好看了!看着那些花,我就想唱歌。"

一阵微风吹来,说:"小鹿,我闻过你家的玫瑰花,可香了!我带着它的香味吹过森林,大伙儿都夸我是'玫瑰香风'呢!"

小鹿高兴地笑了,说:"原来我栽的玫瑰是红色的,它们很美丽,还散发着香味。谢谢你们告诉了我。"

鹿弟弟也高兴地笑了,说:"看来,你的玫瑰没有白栽!"

改编课本剧：小鹿的玫瑰花

时　　间　春天

地　　点　小鹿家的花坛

人　　物　小鹿哥哥、小鹿弟弟、小蜜蜂、黄莺、蝴蝶、微风、牛医生、羊护士

第一场

【幕启,播放《春天在哪里》。

【小鹿家的房前有一座小花坛,花坛旁有一口水井,房前的窗沿上放了一包玫瑰花种,花坛旁放了铁锹、浇水壶、花剪等工具。

【小鹿弟弟从屋子里探出头来,左瞧了瞧,右望了望,欢快地跑出来。

小鹿弟弟　（语气兴奋)哥哥,哥哥,快出来看看吧,(转圈儿)春天来了,春天来了!

【小鹿哥哥推开门,深吸一口气。

小鹿哥哥　（蹦蹦跳跳,语气欣然)溪水凉,河水淌,泉水初融叮咚响;嫩芽黄,青草长,蚯蚓土里耕耘忙。多美的春天啊,可是……(环顾四周)我们的花坛好像还差了点儿什么?

小鹿弟弟　（疑惑)差点儿什么呢?

小鹿哥哥　咱们的花坛里只有青草和嫩芽,没有花啊!

小鹿弟弟　（恍然大悟)对哦,对哦! 那咱们把上回牛医生送来的玫瑰花种子一起种下吧。

小鹿哥哥　嗯,弟弟,我去拿花种,你去拿铁锹,咱们一起来种花。

小鹿弟弟　（开心)好!

【两人快速跑开,拿来种子和铁锹。

小鹿哥哥　（拿着花种)春日到,花儿俏,种下花种瞧一瞧。

小鹿弟弟　（伴随铲土动作)左一铲,右一锹,种下花种等明朝。

【小鹿哥哥将种子放进挖好的土坑里,帮满头大汗的弟弟擦汗。

小鹿哥哥　辛苦啦,我亲爱的弟弟,我们把玫瑰花种下去了,以后啊,咱们还得经常给它施肥浇水,松土除虫呢。

小鹿弟弟　（拍胸脯)没问题,我们一定会照顾好它的。

【两人放下工具进屋,播放《春天天气真好》以示过去了一段时间。两人走到花坛旁,小鹿哥哥拿浇水壶和花剪,小鹿弟弟拿铁锹。

小鹿弟弟　（伴随松土动作)今天天气真正好,来给花儿松松土。

小鹿哥哥　（伴随浇水、剪枝动作)浇浇水,除除虫,太阳公公暖融融。

【小鹿弟弟停下松土的动作,倚在铁锹上。

小鹿弟弟　（懒懒的)时间过得真快啊,前些日子,这些玫瑰花枝才刚抽芽呢,现在

就已经结出花骨朵了。

小鹿哥哥　（凑近玫瑰花丛）让我来数一数,看看有几个花骨朵啦。一、二、三、四、五……十一、十二,哇,一共结了十二个花骨朵呢!（向往状）这些花儿开了一定会特别美丽,到时候,我们请来牛医生、羊护士、蜜蜂弟弟、蝴蝶姐姐和黄莺妹妹一起来赏花吧。

小鹿弟弟　哥哥,咱们再去打点水,给那边儿也浇点儿水。

小鹿哥哥　好呀!

【两人放下工具,走向井边,小鹿哥哥被石头绊倒,摔了一跤,坐在地上。

小鹿哥哥　（痛苦状）哎哟,疼死我了!

小鹿弟弟　（焦急地）哥哥,你没事吧,我扶你起来。

【未果。

小鹿哥哥　（捂着脚）哎哟哟,不行不行,我站不起来,太疼了。

小鹿弟弟　（着急,边转圈边跺脚）怎么办,怎么办?（恍然）我知道了,哥哥,你等着,我去叫牛医生。

【小鹿弟弟跑下,播放《拜访春天》春天过渡,小鹿弟弟带着背着医药箱的牛医生和羊护士上。

小鹿弟弟　哥哥,哥哥,牛医生和羊护士来了。

牛医生　　（放下医药箱）小鹿弟弟,来,让我看看你哥哥的伤。（到小鹿哥哥脚旁蹲下,抬起小鹿哥哥的脚查看,皱眉）小鹿哥哥你的脚可能是骨折了,我先给你简单地固定一下,但是我们诊所的设备比较简陋,建议你去远点的省城医院看看。

小鹿哥哥　（纠结）能不能去近一点的医院呢?到了省城,就没法照顾我们的花了。

羊护士　　权威骨科都在省城医院呢!小鹿哥哥,身体是革命的本钱啊,身体健康才是最重要的。

小鹿弟弟　是啊,哥哥,你的健康最重要,我们就听牛医生和羊护士的话吧,去省城医院好不好?

小鹿哥哥　（叹气）哎,好吧,我听你们的。

牛医生　　（欣慰地笑）羊护士,我们一起把小鹿哥哥扶到诊所去。小鹿弟弟,你去收拾一下你和小鹿哥哥的行李,咱们在诊所会合。

羊护士　　对,快去收拾吧。

小鹿弟弟　嗯,谢谢牛医生、羊护士。

【牛医生和羊护士扶着小鹿哥哥下。

小鹿弟弟　哎哟哟,我的哥哥真可怜,一不小心摔了跤,一时半会儿好不了,卧床养病少不了,花儿却快长大了。

【小鹿弟弟跑向屋子,舞台灯光灭。

第二场

【舞台左边灯光起,小鹿哥哥拄着拐杖和小鹿弟弟背着行李上,走到花坛旁。

小鹿哥哥　（语速缓慢）时光匆匆,花期匆匆,我的脚快好了,花儿却凋谢了。

小鹿弟弟　（叹息）过了一个月,（转头望向玫瑰花）玫瑰已经长得这样高了,叶子也茂盛,可惜花儿已经谢了。

小鹿哥哥　（忿忿）是啊,弟弟,我们辛苦地种花、浇水、除虫,可是连一朵花都没见着,真是遗憾。

小鹿弟弟　（失望）咱们的玫瑰花白栽了吗?

小鹿哥哥　哎,真希望有别人代替我们看过这些花儿。

【舞台右边灯光起,黄莺、蝴蝶、微风和蜜蜂围在一处聊天。

蝴　蝶　你们见过小鹿家的玫瑰花吗?

众　　　我看过,我看过（渐弱）……

小鹿弟弟　（好奇）哥哥,哥哥,你看,他们围在那儿干吗呢?

小鹿哥哥　谁知道呢,我来问问他们。（双手放在嘴旁,大声地）黄莺妹妹、蝴蝶姐姐、微风姑娘、蜜蜂弟弟,你们在聊什么呢?

【众人围到小鹿哥哥和小鹿弟弟身旁。

众　　　小鹿哥哥、小鹿弟弟,你们终于回来了。我们在聊你们家的玫瑰花呢。

小鹿弟弟　那真是太好了,你们可以给我们说说那些玫瑰花吗?

黄　莺　（回忆状）我见过你家的那些红玫瑰呀！远远看上去,花瓣犹如涂上了一层明油,光泽而明亮,一株株玫瑰花显现出一片红色,红似火,艳如霞,开得美丽极了！看着那些花儿,我就想唱歌。

【黄莺在花坛旁轻声唱歌,蝴蝶挥翅。

蝴　蝶　小鹿哥哥、小鹿弟弟,我见过你家的那些玫瑰花呀,它的花瓣层层叠叠,微微下卷,花瓣中间有许多纤细的花蕊,像是穿着红色裙子的少女。开的真迷人,我看着那些花儿,就忍不住跳舞（忘我地转圈）。

【蝴蝶在花坛旁伴舞。

微　风　（陶醉状）小鹿哥哥、小鹿弟弟,我闻过你们家的玫瑰花呀,芳香馥郁,饱含着甜蜜和浪漫。我带着玫瑰花的香味儿吹过森林,大伙儿都夸我是"玫瑰香风"呢。

小蜜蜂　小鹿哥哥、小鹿弟弟,我要邀请你们来我家做客,我采了你们种的玫瑰花粉,酿的新蜜可甜了,颜色像琥珀一样漂亮。

小鹿哥哥　（微笑,向往状）哇！原来我们的玫瑰花是红色的,它们很美丽,散发着香味,而且能酿出很甜的蜂蜜,谢谢你们告诉我。（看向弟弟）弟弟,你觉得我们的玫瑰花有没有白栽呢?

小鹿弟弟　（沉思）唔……

【牛医生和羊护士优哉优哉地上。

小蜜蜂 （手指着）你们看,牛医生和羊护士也来了。

羊护士 当然没有白栽啦!我和牛医生也看过你们的玫瑰花呢,生长得十分健康,为春天增添了一分勃勃生机。我们知道你们今天回来,特意过来向你们道谢呢。

牛医生 是啊,虽然你们没有看见那些玫瑰花,但是你们的玫瑰花给大伙儿带来了许多美好的回忆和收获。就好比你们把这么动人的玫瑰送给了大伙儿,而你们的手上还留着玫瑰花香啊!

小鹿弟弟 （恍然大悟）我知道了,这就叫:"授人玫瑰,手有余香。"

众人 对,这就叫:"授人玫瑰,手有余香。"（拿出玫瑰）

【众人谢幕。

评析:这是一个文辞优美,细节考究,充满温馨氛围的课本剧。在这个剧本中,有创意地添加了蜜蜂、蝴蝶,以及牛医生、羊护士等动物角色,一来使整个剧本更加热闹有生气,二来补上了课文中小鹿哥哥受伤就三个月见不着门口的玫瑰花的漏洞,扩大了小鹿兄弟种植玫瑰花的受惠对象,使故事的发展更加合情合理引人入胜。更加值得赞许的是,这个剧本的台词生动自然,符合孩子说话的语气口吻,而且较多地运用了儿歌式的韵文,加上大量排比、比喻等修辞手法的运用,既做到了在音乐感觉上的和谐动听、朗朗上口,又具备了文学语言的艺术性和审美性,不失为一篇佳作。若结尾处牛医生、羊护士的台词能够不那么直白,对于主题的表达再含蓄些,讲究一些留白之美,剧本就会更加臻于完善。

第二节 科学剧

（一）课本剧:地球就诊记

人　物　地球、天牛星、彗星、仙女星、北斗星,各戴头饰

时　间　某日上午

地　点　宇宙医院里,一间小屋,门外可挂号室,如眼科、皮肤科、内科。里面一张办公桌,两张椅子

【幕启。天牛星坐在门诊挂号室里,低着头写东西。地球满脸愁容,一瘸一拐地出场。

地　球 （有气无力）大夫,请挂个号。

天牛星 （抬起头,疑惑地）你怎么了?挂什么号呀?啊,等等,我好像认识你呀!

地　　球　（痛苦地）我是地球。唉,咱俩是邻居,你真的认不出我啦?

天牛星　（惊讶地）啊,你是地球?你怎么变成这样了?

地　　球　（摇一摇头）我……

天牛星　听说你哺育的人类发展很快,你应该更健康,可你……

地　　球　（抹眼泪）唉,一言难尽呀。

天牛星　（安慰地）好,好,我们先不谈这个啦。你的身体哪儿不舒服?我找个大夫,给你好好看看。

地　　球　（指眼睛）我眼睛疼得厉害。

天牛星　那好,我给你挂个眼科号,你先看眼睛。

地　　球　好,谢谢。

天牛星　不用谢!我扶你走。

【天牛星扶地球下场。彗星穿着医生的白大褂,兴冲冲地上场。

彗　　星　（手指着自己）先做个自我介绍,我是宇宙医院的眼科主治医师彗星,今天,我在门诊值班。

【上前把挂号室的牌子换成眼科牌。他刚刚坐定,地球跟跄地上场。

地　　球　这儿是眼科诊室吗?

彗　　星　（忙扶他坐下）别着急,你先坐。慢慢说,你哪儿不舒服啦?

地　　球　（指一指眼睛）我眼睛疼,看不清楚东西。

彗　　星　（用手电筒照一照地球的眼睛）呀,你的眼睛让工厂的废气熏坏了,已经蒙上了几公里厚的"灰沙",用药物和手术都无法治疗了。

地　　球　（着急地）那怎么办?我的眼睛就瞎掉了吗?我就坐等死亡吗?

彗　　星　别急,别急。要想治疗你的眼睛,还有一个办法。

地　　球　（急切地）什么办法?

彗　　星　只有人类自己多植树,少排放废气,空气净化了,你的眼睛就能慢慢好起来。

地　　球　（喜悦地）哦,那我还有救。

彗　　星　如果能认真地实行这个医疗方案,你就有救。

地　　球　（满怀希望地）那么,医生请你说说,我现在该怎么治疗呢?

彗　　星　（想一想,在桌上写药方）我先给你配一副眼镜,隔离一下灰尘,怎么样?

地　　球　好,大夫,你来开药方,我就按着你说的去治疗。

彗　　星　（又抬头看一看地球的脸庞）不过,你皮肤发黄,脸上到处是癣,我建议你再到皮肤科去看看。

地　　球　好,谢谢您啦。

彗　　星　你的眼睛不好使,我陪你去。

【彗星搀扶着地球下场。仙女星穿白大褂上场。

仙女星　先做自我介绍,我是宇宙医院皮肤科主治医生仙女星,今天该我值班。

【仙女星又把眼科牌换成皮肤科牌。地球跟跄地走进皮肤科诊室。

地　球　请问,您是皮肤科大夫吧? 您赶紧给我看看病吧!

仙女星　(关切地)你怎么啦? 哪儿不舒服?

地　球　唉,我满身长脓疮,还不停地流脓。

仙女星　(仔细地做检查)呀,你身上怎么到处都是疤痕,皮肤也萎缩起皱了,还又暗又黄!

地　球　唉,别提了,我以前的皮肤是绿色的,可人类不断地砍我身上的树林,造成我的水土流失。他们还不注意保护水源,不停地向河流、海洋排放污水,污染了我的身体,使我浑身流脓,皮肤变黄。

仙女星　(摇摇头)这样不行呀! 你的皮肤发黄,是沙漠化的象征,继续下去,你的全身会没有一块好地方啦。

地　球　(急切地)那我怎么办呢?

仙女星　你叫他们别乱砍滥伐了。

地　球　唉,孩子现在越来越多,他们争着开工厂,争着挣钱,只顾一时快意,根本不听我的话呀。

仙女星　(双手一摊,极为同情地)那你可要受罪了!

地　球　(无可奈何地)怎么办呀? 我也没有办法啦。

仙女星　没有办法,也得想出办法。不然,你的病是无法断根的。

地　球　(哀愁地)大夫,你看我就光有这些病吗?

仙女星　不,我只给你看了皮肤病。我看你的气色不好,很难说是不是还有其他病症,我建议你再到内科去看看。来,我搀着你去。

地　球　谢谢,咱们去看内科吧。

【仙女星搀扶着地球下场。北斗星穿着白大褂上场。

北斗星　我来做自我介绍,我是宇宙医院内科主治医师北斗星。

【北斗星将皮肤科牌子换成内科牌子。地球摇摇晃晃地上场。

地　球　(将身体摔在椅子上)唉,大夫,我太难受了! 你救救我吧。

北斗星　(关切地)别急,讲清楚,到底是哪儿难受呀?

地　球　我胸闷,气短,头还痛,不知是何原因?

北斗星　(拿起听诊器)我来给你听听。(皱眉头)哎呀,你好像有肺炎。我再给你做个透视看看。(用透视仪进行透视)啊,你真有肺炎,不光有肺炎还有内伤,伤得还不轻呢,你怎么会病成这个样子?

地　球　(沮丧地)人类不停地战争。打仗时用炸弹还嫌不过瘾,竟用上了化学武器、核武器甚至细菌武器。他们炸断了我的几根肋骨,细菌侵蚀了我的肝和肺。更有甚者,在一些地方,人们把白色垃圾埋到我的肚子里,使我无法消化。

北斗星　（很生气地）再不能让他们这样胡闹下去啦！要不了多少年,你会全身腐烂而死亡！

地　球　（哭泣着）我到底该怎么办呐！

北斗星　（坚决地）停止战争,消除白色垃圾。

地　球　我的那些孩子们不听我的,他们不管我的死活呀。

北斗星　把你的孩子们叫来。我会对他们说,他们必须搞清楚,你们的命运是紧紧地连在一起的。你死亡的那一天,也是他们灭亡的一天！

地　球　（转身对观众席）哎,孩子们呀,医生的话,你们都听见了吗？

【全体观众共同回答："听见了。"此时,众演员共同出场。

众演员　保护地球吧,地球在哀求！维护和平吧,地球在呼吁！让我们保护地球,保护我们的家园吧！

【观众可共同呼应。幕闭。

（陕西省宝鸡市清姜小学　宋爱丽）

评析：本篇剧本运用地球就诊这一幻想故事,将地球拟人化处理,通过地球与其他角色的三次交谈,分别呈现了人类对地球造成的各类伤害,较好地反映了关注环保、爱护地球的积极主题。但比较遗憾的是,本剧中的角色是不同的星球,剧本中却未能体现出不同星球的特质及其与地球的关系,一些涉及科学知识的台词设计泛泛道来不够严谨,丢失了科学剧的灵魂。此外,以戏剧创作的标准来看,本剧更类似于一个情境小品,在矛盾冲突的展现上还显得不够充分,台词的概念化、符号化特征还较明显,缺少了戏剧的张力和感染力。

（二）课本剧：我当选,必须的

血　浆　Hello! 我是血浆,来自血液。欢迎大家来到"2010年感动中国·十大细胞"（血液赛区）的评选现场,我是今天这个评选活动的主持。在我们人体内,有主干和支流都非常丰富的"河流",他们的存在和流动维持着我们的生命。这条大河就是血液。我和下面的三位候选人都是血液的组成部分。首先有请第一位候选人——红细胞。掌声有请"小红"同志。

红细胞　大家好! 我是红细胞。我参选"2010年感动中国·十大细胞"的最大优势是我能运输氧气。如果没有我,（指着血浆）你马上就Over了。如果我的数量过少,你还会患贫血症。你看我的作用多重要,所以我当选,必须的!

白细胞　什么你当选必须的! 和我相比你差远了,我是烈士,为了他（指着血浆）,我都献出了年轻而宝贵的生命,作为一级战斗英模代表,我当选,必、必、必须的！

红细胞　你是谁？大言不惭！怎么？烈士就该当选！英模有什么了不起！

血　浆　别吵了，讲点文明好不好？我来介绍一下，这位是……（白细胞打断血浆的话）

白细胞　不用介绍，我自己来，按程序参选。（郑重其事地）大家好！我是白细胞，英勇的"白战士"，大家以后叫我"小白"就行。我比较低调，我也很有内涵。来点掌声。谢谢！

红细胞　呵呵……你还低调，你还有内涵？我才有内涵呢！

白细胞　我有内涵，因为我有细胞核，你有吗？

血　浆　你还别说，还真是这样。红细胞，你知道你的外号是什么吗？

红细胞　是什么？我还真不知道，咱班主任不是不让起外号吗？

白细胞　告诉你，别人都说你是"空心火烧"。

红细胞　为什么这么说我？

血　浆　还不是因为你没有细胞核！再说，真又像火烧，还两面凹，你长得够个性的。

红细胞　走了，太伤自尊了。谁这么说我，我找他算账去！（红细胞下场）

血　浆　好了，红细胞走了，小白你接着介绍，说说你是怎么成为烈士的。

白细胞　我正要到肺部，也就是人们常说的人体内的"大森林"，被誉为"天然氧吧"的地方，突然接到上级命令，有外敌入侵，十万火急。我雄赳赳、气昂昂地跨过了毛细血管壁，奔赴战场，与病菌做生死搏斗，那面面，那场面……（假哭）

血　浆　那场面太壮观了吧！

白细胞　怎么叫太壮观了，那家伙，太惨烈了。（请看大屏幕我们的杀敌过程）最后我们胜利了，我们白细胞全体战士与病菌同归于尽，献出了年轻而宝贵的生命。所以，我当选，必、必、必须的！

血　浆　好，好，你的事迹真的很感人。你当选，必须的！

血小板　（血小板上场）他当选？那我咋办呢？

白细胞　你谁呀？别在这金色大厅，这么神圣的评选殿堂捣乱！小心我把你当成病菌给消灭了。

血小板　白细胞，你别嚣张，你知道，别人都叫你什么吗？

白细胞　叫我什么？

血小板　说你是四肢发达、头脑简单的"大个萝卜"，还有人叫你"变形虫"呢！

白细胞　为什么这么叫我，我都壮烈了！

血　浆　还不是因为你个最大，你在穿过毛细血管时做变形运动。

白细胞　太伤自尊了，太不公平了，我找"人体"说理去，让他给我恢复名誉。

血　　浆　又走了一个,就剩你一个了,来介绍一下你的参选事迹吧!

血小板　我叫血小板,以后大家叫我"小板"就行,告诉你一个秘密……

血　　浆　什么秘密?快说!

血小板　他们两个都有外号,你知道我的外号叫什么吗?

血　　浆　叫什么?快说!真费劲!

血小板　别人都叫我"空心板砖"。知道为什么这么叫我吗?

血　　浆　为什么这么叫你?是不是因为你没有细胞核?

血小板　我确实无细胞核,但你说得不全对。这还得从1998年的抗洪救灾说起。在长江决堤的时候,也就是开口子的时候,谁知道应该怎么处理?

血　　浆　怎么处理?用船只、沙袋、砖块先堵住,然后再修复大堤。

血小板　Yes!当人体血管破裂大出血时,我就是那船只、沙袋和板砖,我不仅能堵住血管,我还能修复血管。如果没有我,我让你们三个流啊流,流啊流……你们就全部流完了。(血小板下场)

血　　浆　别流了,再流一会我也就over了。都走了,弃权了。正好,大家说我代表血液参加"2010年感动中国·十大细胞"评选行不行?(有的学生说行,有的说不行)我能运载他们三个,还能运输养料和废物。俗话说,水能载舟,也能覆舟!我颠覆他们三个了,我参选!

红细胞、白细胞和血小板　(齐回来,齐声)不行!你不是细胞,怎能参加"2010年感动中国·十大细胞"评选?

(山东省邹平县实验中学　张钊)

评析: 本剧是一个喜剧味十足的作品,借用参与竞选这么一个情境,非常自然地将血液中不同成分的特点、功能、关系展示了出来,有冲突,有笑点,台词生动诙谐,符合中学生的审美喜好,也很好地体现了课本剧的教学特色。不过,这个剧在构思上还是偏向于相声的形式,有捧有逗有包袱,角色间配合得像模像样。倘若能再贯穿一个有情节段落的故事,再多增添点想象力和创造性,这个剧本就会更有声色。

(三)课本剧:蜚鼠夜话

【舞台一片漆黑,幕后传来画外音:"观众朋友们,这里是岭南电视台,今天的节目就播送到这里,谢谢您的收看,再见!"灯灭。

画外音　呵……睡觉了!

【传出主人走向床边时拖鞋的啪嗒啪嗒声,随后传出的是鼾声。两分钟后,黑暗寂静的舞台响起一段活泼的音乐,一束灯光照着一只小老鼠,小老鼠东张西望、小心翼翼地窜到舞台中央。光束随老鼠而移动。

鼠　　唉,我是小老鼠,过去天天吃稻谷,如今时势不一样,只能天天饿肚子,唉!饥

辘辘如打鼓,如打鼓啊!(耷拉着头,一副无精打采的样子)

鼠　(忽然踮起脚跟,鼻子狠狠地吸气)啊!花生的味道!老鼠我今晚也有吃饱的时候了!

【跑到木箱道具边,传出"丝丝"的声音,同时有木屑儿掉落在地上。

蜚　鼠大哥,你干吗来着?(舞台边传来瓮声瓮气的声音,接着蟑螂上台)

鼠　啊!吓死我也!你是何方神圣?(围着蟑螂转,上上下下打量一番)哦!蜚老弟啊!哦!(若有所思)哦!不不,你们蜚族好像远在三亿五千万年前就成了地球的居民,我们鼠族可就晚多了。所以啊,这大哥还是您来当。(恭恭敬敬地向蟑螂鞠了一躬)

蜚　惭愧,惭愧!鼠大哥真是好学问啊!不过,你们是高等的哺乳类,我们只是低等的昆虫类,在进化地位上,我们就是坐上喷气式飞机也赶不上你们呐,所以叫你鼠大哥也尽在情理之中嘛!

蜚　(低头看到地上的木屑儿,惊讶状)啊!鼠大哥,好功夫,你的牙齿真可谓"入木三分"啊!大闹东京的王鼠也没有您厉害啊!

鼠　哪里,哪里,蜚大哥您太过奖了!你看我这门牙虽说尖锐无比,可打洞总是个吃力活儿,哪有你身材小巧、无孔不入来得省事。

蜚　(好奇地)鼠大哥,您拼命地啃了那么久,里面到底是啥好东西,说出来让老弟我见识见识。

鼠　你有所不知,主人(手指幕后)昨天从乡下带回了许多花生就锁在这木箱里,这年头有几颗花生吃,对我们鼠类来说简直比科学家拿诺贝尔奖还高兴呐!

蜚　鼠大哥您何必自谦呢!不瞒您说,我偷偷地观察了您一段时间了,您每个晚上都偷偷摸摸地咬东西,不可能一点好吃的东西也没捞到吧!您说这吃力不讨好的事情有谁做啊!

鼠　冤枉啊!(双手拍胸)我虽天天晚上咬东西,可确实没有找到多少能填肚子的食物。

蜚　那你还咬得那样起劲?

鼠　唉!蜚大哥有所不知,我们命苦啊!天生得了一种怪病,门牙终生生长不息,所以只能经常在地板或木头上磨磨,否则牙齿太长(用手比画),那成啥模样了。

蜚　想不到鼠大哥的命运如此坎坷!听得我都掉泪啊!

鼠　蜚大哥您现在可是把小弟的底细摸得一清二楚了,现在该我来问问你了,不知您祖籍何方,今住何处呀?

蜚　我白天怕光,晚上才出来找吃的。我就住在隔壁的厨房里……

鼠　(打断蜚的话)隔壁厨房里的抽油烟机早就坏了,你躲在里面呛油烟啊!

蜚　没法子,这是老祖宗传下来的习惯。我们蜚族就喜欢住在温暖而潮湿的地方,你想我们总不能因为那点儿油烟就坏了祖辈传下来的习惯吧!

鼠　那倒也是。蜚大哥,根据您的喜好,您该不是从非洲那边过来的吧?

蜚　是啊!是啊!我的老祖宗原本生活在热带非洲,后随人类的船只漂洋过海才来到南美、东欧和南亚,再后来又来到了温带地区甚至北方寒带地区。

鼠　(笑)原来你们是偷渡客啊!

蜚　鼠老弟,你这什么话?偷渡客多难听。哎!再怎么说我们也是个大家族,根据家谱记载,我们已经是拥有四千多个种族的大家庭了,除了北极和南极,世界各地都能见到我们的身影哩!(自豪状,一旁的老鼠不禁黯然神伤起来)

鼠　(悲戚状)这些历史我们鼠族也有过,可那已经成为过去了。往事不堪回首啊!如今,我们的日子是一天不如一天了,我现在过街沿着阴沟,爬着电线走,更可气的是人类定出了个什么"灭鼠月",规定每人得上交多少条我们的尾巴,多奖少罚,这下我们可惨了……(说到伤心处稍带哭腔)

蜚　哇哇……哇哇……(双手拭泪)

鼠　蜚老哥,命苦的人是我,你为啥哭得比我还伤心啊!

蜚　我是触景生情啊!本来人类对我们并不在意,可是我的一些兄弟多次钻进计算机和飞机的电子系统造成短路引起重大事故。

鼠　这不是自找苦吃?

蜚　这也没办法,这是我们的习性啊!我们就是喜欢钻来钻去。后来一个讨厌的可恨的科学家还在我们身上搞什么"菌检",一次竟然平均查出了一千四百多万个细菌。这下可好,人类马上注意起我们啦……

鼠　唉!都是我们自己惹的祸啊!多行不义必自毙,千古不变的定律啊!

蜚　可是这是祖宗遗传下来的性状,我们也摆脱不了啊!听说现在有转基因技术,真希望人类在我们身上动一下手脚,让我们也为人类做点贡献,那时不仅可以吃饱肚子,也可以扬名四海。听说屎壳郎还应邀去澳大利亚出差呢……(向往状)

鼠　真希望我们也能如此,嘘——天亮了!

【舞台渐亮,老鼠和蟑螂并肩坐着,怔怔地望着天空……

(广东教育学院生物系　胡继飞)

评析: 这个剧较之前两篇作品,概念先行和小品化的问题已经弱化了一些。它借两位主角的一段夜话,将大家熟悉又陌生的两个群体——蟑螂与老鼠——较为详实地展示了出来。透过两人的长吁短叹,它们的前世今生,它们的生活习性,观众都一一看得分明了,甚至角色间的"惺惺相惜",在我们看来都有了一些唏嘘之意。所以,总的来说,剧本的创编还是比较成功的,它较好依托了戏剧故事,对相关科学知识进行了普及和强化,较之书本上枯燥的条文和概念,显然更加生动形象,更易令人印象深刻。

探索·讨论·实践

1. 请对中央电视台少儿频道某一月度的晚间节目进行梳理和分析,找出其节目编排中的童话元素和科学元素,说说它是如何渗透和应用这两种元素的?

2. 本章《七色花》课本剧的开头较为突兀,请问你有什么好的修改建议?如何将原文中玩具不断涌入,塞满了街道房顶的情节在剧本和剧场里表现出来?

3. 要写好一个科学剧,不仅要有较强的戏剧思维,还要有较强的科学素养。请分组查阅小学科学教材,从中找到可以进行戏剧生发的知识点,共同研讨后写出剧本创编提纲。

4. 分组查找根据小学教材改编的童话剧和科学剧各2篇,每篇写出300字以上的评析文字,需包含对原教材知识重难点的分析。

第六章 课本剧的导演理论及实践

排演课本剧,第一步的工作必然是定本,即选定或创编出既能服务于教学,又能适应舞台演出的剧本。如前所述,目前市面上集中发表和出版的课本剧集子较少,精品更加稀缺。而在小学阶段,学生语言文字驾驭能力还在提高当中,难以撑起课本剧创编的大任,所以,这项工作主要就落到了小学教师的肩头上。作为小学任课教师,尤其是语文教师,要在熟悉教材熟练教学的前提下,有意识地去揣摩如何在自己的教育教学环节中应用课本剧。一方面可以多途径搜集符合需求的优秀剧本;另一方面也要学习剧本理论,尝试自行加工和创编。对于教师而言,这既是一个梳理教学的过程,也是一个自我提升的过程。此外,一些高校的小学教育专业,可以开设课本剧编创的相关课程,让学生在专业教师的指导下进行创作,并与小学校方或者教研室达成合作关系,由小学教师提供思路和创意,高校学生具体撰写实施,共同推进这个工作的高效有序展开。

课本剧定本之后,便是具体的导、排、演的工作了。要把一个优秀的课本剧剧本排成一出引人入胜的戏剧演出,有一系列具体、复杂的问题需要一个核心人物来统筹,这个人定然是导演。

第一节 导演的基本职能与核心任务

课本剧是戏剧大类当中的一支,它的导、排、演的工作,虽然一般不像精品戏剧那样高规格高标准,但也必然需要符合戏剧导演和表演的基本方法与规律。我们从戏剧导演的基本职能和核心任务出发,对导演这项工作做出一个整体的框定,有助于我们在课本剧的具体排演中更好地把握方向、抓住重点。

一、导演的基本职能

聂米罗维奇·丹钦科在1936年出版了《回忆录》,书中他为导演的工作职能概括出了三个关键词,即"解释者""镜子""组织者"。这是他经历了长期导演创作实践及戏剧教育实践后得出的认识,这一概括相对科学、普遍地反映了导演工作的性质。

1. 解释者

任何文学、艺术作品都既有外部形式，又有蕴藏着的思想内涵。正确解释剧本的丰富含义，确定其契合时代精神的演出立意，是导演艺术创作的灵魂，是每一个导演创作过程中从起始到终结都应贯彻的原则。导演在创作中，需要调动自己全部生活经验与知识，满怀着欣赏的期待去阅读剧本，需要张开情感的神经末梢去感触作家设置的情节事件、人物关系、人物性格，以及他们复杂的内心活动，去寻找作家在戏剧冲突中隐藏的含义。只有在深刻理解作家、作品的基础上，导演方能获得对文学剧本进行合理解释的通行证。

导演的"解释"或者可称之为解读，他既要对剧本做出不背离作家作品原有含义的阐释，还要在作家作品的多重含义中选其中某些含义予以必要的强调，同时还要敏锐地感受时代脉动，捕捉时代精神，从文本中引申出契合他所处时代意义的表达。故而，导演作为"解释者"的职能，在演剧艺术创作过程中是创造性的，是对作家作品一次从内容到形式的再创造。

2. 镜子

演剧艺术从古至今，都是以演员表演为中心的艺术。但是，再有舞台经验的演员，他也永远看不见自己的表演。这就需要导演成为排演场上的一面镜子，而且还要是一面活的镜子。他不单单要能让演员看清自己创作中的不足，还要能帮助演员选择正确的表演方法，引导演员走出创作中可能的困境，逐步在镜子的反馈中走近角色，最终在镜子里照出人物。

导演要成为一面映像清晰、不会变形且有灵性的镜子，自己必须掌握表演艺术的创作规律，即便成不了优秀演员，起码也应该是一个十分懂行的行家。这就是在导演专业里，要把表演课与导演课同样列作专业主课的根本原因。导演、表演两门不同的艺术形成系统化的体制，既能帮助学生在舞台实践中领会导演如何处理舞台行动，又能让学生掌握表演规律，最终打造出一面会从实践出发而不是只会反映教条的"镜子"。

3. 组织者

综合艺术的组织工作是一项庞大而复杂的系统工程，导演处在既是艺术创作者，又是创作系统工程的组织者这样一个特殊位置。作为综合艺术创作的核心人物，导演需要组织演剧艺术的各个部门亲密无间地工作。在导演的总体构思和排演计划制约下，各个艺术部门都要按期完成创作任务，并在计划规定的不同创作阶段，组织初排、复排、连排、合成、彩排直到正式公演。在导演把主要时间精力放在排练场与演员共同创作的间隙，还要同美术、灯光、服装、化妆、音乐、音响各方主创人员讨论、商定相关艺术的、技术的、资金分配的种种问题。可谓事无巨细导演都须尽力处理妥当，以保障未来按期公演和演出的质量。

综合艺术的组织工作,要求导演不断丰富自身的文学、艺术修养。

导演不是文学家,但他要具有深入分析剧本和有创意地解读剧本的能力。此外,导演应该有意识地学习吸纳文学作品中那些情理交融、形象鲜明、逻辑清晰的语言,这将有利于综合艺术组织工作顺利推进,也更有利于导演与所有合作者的沟通。

导演也不一定会画画,更不一定要求他去设计舞台布景,但他必须训练自己的眼睛,使其具备对造型艺术的鉴赏、审美能力。导演的眼睛要能感受色彩、线条、明暗以及造型结构所传递的内在情感。他还应该有良好的空间感,在他的内心视像中,对空间造型形式,长、宽、高空间的比例关系,要有较强的视觉感和目测能力。造型能力和较准确的空间感,不能单靠经验去获得,生活中注意观察无处不在的造型形式,大量欣赏绘画、雕塑作品是可取的学习方法。若有一定的绘画训练,更将受益无穷。

导演中能作曲的大概不多,但导演也必须训练自己的耳朵,使之变得对音乐十分敏感,要把自己的耳朵和心灵感受的敏锐性,调试得像精准的琴弦,对任何乐音所传递的情感做出反应,对任何一首乐曲或歌曲所表现出的不同风格和不同时代的、地域的、民族的特色都能一一鉴别。得到训练的耳朵,当听到任何乐音或音响时都应使这根琴弦颤动,并在心灵深处发生共鸣。

在演剧艺术这所包容着诸多艺术门类的大厦中,导演将面对处理诸多艺术形式的创作课题,这注定了导演必将是一个终身进取的学习者。

二、导演的核心任务

导演的工作内容,包括帮助演员明确规定情境、明确行动目的、明确角色对于舞台事件的态度,并在此基础上组织、确定人物行动的逻辑和顺序,组织好舞台行动。而当我们分析、检验舞台行动的准确性与有效性时,可以以演员的行动是否具备了"行动三要素",即"做什么""为什么""怎样做"作为检验与衡量标准。"行动三要素"是一个统一的整体,不能将这三者硬性分解,否则就会导致行动的机械、拖沓,甚至令观众感到费解。

1. 明确规定情境

斯坦尼斯拉夫斯基最早提出"假使"和"规定情境"的学说,要求演员"先创造规定情境,真诚地相信这种情境",在"假定"的"规定情境"中产生真实、热情的舞台行动。斯氏认为,不必把注意力放在如何达到"真实"与"热情"上面,而应将注意力放在"假使"上面——"假使"就是"规定情境"。具体而言,"……规定情境有外部的和内部的两个方面。外部的规定情境就是剧本的事实、事件,也就是剧本的情节格调,剧中生活的外部结构和基础。这是演员创作所必须依据的一切客观条件的概括,也是形成人物性格的各种外因的根据。内部规定情境是指内在的人的精神生活情境,包括人的生活目标、意向、欲望、资质、思想、情绪、情感、动机以及对待事物的态度等等,它包含了角色精神生活和心理状态的所有内容。内部规定情境是演员创作所要依据的一切主观条件的概括,也是展示人物性格的各种内因的根据。外部情境与内部情境之间往往有着直接的、内在的联系,不可能把它们分割开来"。(斯坦尼斯拉夫斯基:《演员的自我修养》)

我们一般认为,在戏剧演出中,舞台时间具有三个方面的内涵:一台演出所需要的物理时间;戏剧情节发展所占据的时间;观众心理感受上的时间。而舞台空间主要有两个方面的内涵:一台演出所提供的物理空间即舞台;一台演出为戏剧情节的展开所提供的具体环境及气氛。故而,在戏剧舞台上,不论是遵循写实还是非写实的美学,其本质特征都是"假定性"。在追求"写实"的戏剧舞台上,制造"幻觉"与相信"幻觉",是观演双方对于观剧规则的一种"约定"性。舞台上不仅"情境"是"假定"的,"时间"与"场景"也都是"假定"的。

为了更好地理解这个概念,我们举一个例子。在斯氏体系的论述中,有位半虚构的表演教师托尔佐夫。有一天,他带着学生们上表演课。托尔佐夫说有一个钱包丢了,让学生们帮着找,随后他自己躲在一边观察。学生们找得非常认真,"表演"得也很"真实"。托尔佐夫随后告诉大家,"钱包丢了"是假的,请大家把刚才的表演再来一遍。可是当学生们知道钱包并没有丢以后,就怎么也演不好"找钱包"了。托尔佐夫告诉大家,因为同学们在第二次表演时,并没有真正相信"钱包丢了"这一规定情境,也就无法获得"钱包丢了"的那种心理感受。托尔佐夫继而告诉学生们,生活中的"找钱包"还不能算是舞台行动,只有在虚构和想象的情境中产生的舞台行动,才算是艺术创造。演员在舞台上表演时要先想象生活中的感受,在艺术虚构中产生真实感与信念,然后再把这些真实感和信念转移到舞台上。

2. 组织舞台行动

舞台行动是由导演帮助演员创造、由演员以剧中人物的名义在舞台上展现、由规定情境的刺激引起,同时受规定情境制约、为完成某一个既定目的、以舞台对手为行动对象而展开的相对完整的行为过程。舞台行动根据单位从大到小,可以依次分为"贯穿行动""单位任务与行动""行动的具体环节""完成行动环节的具体行为动作"等;从舞台行动的不同性质来说,又可分为"心理行动""形体行动""言语行动",也有的提法还包含静止行动(即停顿)。

戏剧是行动的艺术,或谓动作的艺术。导演构思的重要任务之一,就是要使每个人物的各种动作贯通起来,形成完整统一的整体,而不能是"单打独斗"或者"互相散打",也就是形成贯穿动作。贯穿动作,是指人物为完成最高任务而进行的,具体体现在每一个任务单位中的统一、连续、贯穿一致的行动。贯穿动作设计的目标是要做到"形体动作"与"心理动作"的统一,"言语动作"与"静止动作"的统一,"内部体验"与"外部体现"的统一等。这对导演把握角色、分解和整合动作的能力提出了较高的要求。

要有效地组织舞台行动,很关键的一点在于创造和组织冲突与行动的具体环节与层次。导演要和演员一起围绕着"事件""冲突",以及剧作家赋予人物的上场任务和基本行动,理清人物的行动目的、行为动机"是什么",任务与行动具体是"做什么",具体行动与任务的手段、方法和步骤也就是"怎样做"。在这三者中需要强调的是,舞台行动不是为了行动而行动,必须是有心理依据(思想目的)的。只有把握了这个前提,导演和表演才能真正做到不浮于表面。

在斯坦尼表演课上,有一次托尔佐夫命令一个学生到舞台上去"坐着",随便表演点什么都行。他的学生上台后不知道演什么好,显得拘束、不知所措。托尔佐夫继续下命令:表演吧!这个学生更不知道该演什么,显得更加紧张了。托尔佐夫继而让每个人都上台做这个练习,练习在舞台上随便坐着,可是大家都完成得不好。

这时,托尔佐夫走上舞台做示范,示范"坐着"。学生们都觉得老师的"坐着"好像有些什么具体内容,很有吸引力。同学们问老师怎样才能做到像这样表演。老师没有直接回答,而是叫女学生马洛列特柯娃上台来和他一起表演。女学生开始很拘束,可是托尔佐夫叫她先等一会儿,随后就开始在笔记本里翻着什么,女学生不再感到不好意思了,她的注意力集中到了托尔佐夫身上,她在等着老师给她下命令,周围的同学们也都安静了下来,等着老师布置大家该怎样进行下面的表演。托尔佐夫一直在笔记本里找着,女学生马洛列特柯娃不敢打扰老师,就在一旁等。一会儿,大幕闭上了。

托尔佐夫回到观众厅以后问那位女学生:"你觉得刚才演得怎么样?"马洛列特柯娃说:"怎么,难道我们表演过了吗?我刚才只是在等着您从笔记本里找一个什么东西,然后给我下命令,我还没有开始表演呢。"教师托尔佐夫:"秘诀就在这里——等待着老师的命令,这就是你的任务。你在一个又一个动作中完成了这一任务。"托尔佐夫通过这个练习向学生们讲明,在舞台上不存在没有目的的行动,即使是"坐着"也有它的心理依据与行动目的。他说:"刚才我在舞台上'坐着',我给自己设定了这样一个具体目的:我感到太累了,我要摆脱开排练的事情,到这里来好好休息。"所以,学生们觉得托尔佐夫的"坐着"有某种内容,是因为表演者有着明确的行动目的与心理依据。

3. 安排舞台调度

我们知道,戏剧舞台空间有一定的宽度、高度和纵深(长度),是一个三维的立体空间。由于距离的原因,观众在台下看戏时对舞台不同区域的视觉感受很不相同。为了更准确地了解舞台上不同区域的强弱层次,不妨假设把舞台划分六块大致相同的区域。我们把中间前后两块,定为"中一区"和"中二区";把舞台右侧前后两块定为"右三区"和"右五区";把舞台左侧前后两块定为"左四区"和"左六区"。如图 6-1 所示:

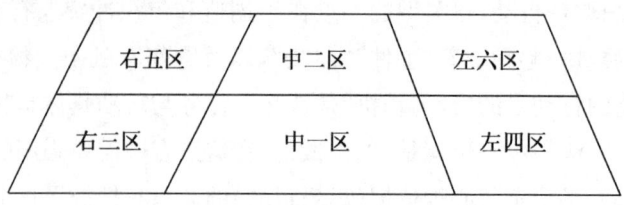

图 6-1 舞台区域分布图

从各区域定的标号,即可知道:"中一""中二"区域是最强的,"右三""左四"次之,较弱的区域是"右五",最弱的区域是"左六"。总体上看,中间前后和舞台右侧相对左侧要强一些,目前的解释是人类的视觉习惯于从左向右观察外界。

所谓舞台调度,主要指人物在舞台上有规则的运动。包括演员上下场的方位,人物行进的路线,站立的方位,姿态的高低,整个舞台表演的重心安排与变化,舞台的构图,还包括人物与人物、人物与布景的配置组合等。特别是开场、高潮、结束这几个场面的调度,导演都应绘好调度图,把位置固定下来,避免演员不恰当的随意发挥。

导演要通过舞台调度呈现排演构思,去表现人物关系、传达人物情感、推动戏剧情势。在一些关键节点,导演应该创造有视觉冲击力的形象,展示戏剧事件的走向,揭示戏剧冲突的尖锐,调动观众的观剧兴趣。一般而言,重要场面、戏剧冲突的关键时刻,往往应该放在较强的区域来处理。一些过场戏、次要人物的活动,则可以安排在较弱的区域进行。某些抒情的戏,当观众已看清楚人物关系或重要细节后,可调动到较弱的区域,可营造某种较柔和的视觉感。当然,刻板地运用不同区域未必会获得预想的效果,应灵活有机地组织舞台调度。

4. 调控舞台节奏

戏剧节奏是指在戏剧的动作冲突与剧情的发展中所表现出来的轻重缓急的变化。导演需要凭借自己的感受和判断去进行整场戏剧演出的情绪铺垫,找准能给予观众心理刺激的点。通常,戏的高潮是戏剧矛盾最尖锐最激化的时候,也是最能感染观众的时候,导演需要调动各种艺术手段设计好高潮戏,这样才能带动全剧。当然,开头的设计也十分重要,戏剧矛盾要尽快尽早地展开,而结尾则可以根据各个戏的内容、风格不同而酌情处理。此外,停顿也是演剧中具有强大艺术感染力的艺术形式,它往往发生在戏剧高潮将要出现之前的一瞬,或者高潮过后的余波,也需要做出精巧的设计。总之,只有导演在事先把全盘布局好,最终的成品才能充分表现出戏剧的诗意。

一般而言,由于剧作家提供的剧本的风格体裁的不同,在舞台节奏气氛上也会产生差异,尤其是在舞台节奏上。例如莎士比亚的《哈姆雷特》所具有的诗剧的节奏感和韵律,老舍的《茶馆》所具有的京味儿节奏和韵味,莫里哀的《悭吝人》所具有的法国喜剧的夸张等等。

同时,戏剧离不开观众,观众对舞台节奏气氛的作用也很明显。当观众鸦雀无声、全神贯注地注视着舞台上发生的一切时;当观众情绪激昂、一片泣嘘,或者发出会心的笑声时,台上的演员都会真切地感受到并会影响他们。观众难过台上演员也容易更加悲切,观众紧张台上演员也就注意力更集中,观众欢笑台上演员就会更加兴奋和轻松。

除了常见的运用音乐音响和美术视像来调控舞台节奏之外,我们还可以运用对比手段来强化节奏和气氛。如运用运动与静止的对比、积极行动与消极行动的对比、冲突激烈与舒缓的对比、戏剧场面大与小的对比、内部(心理)与外部(形体)不相一致的对比等。比如某女生与男同学在家温习功课,女生的母亲突然提前下班回来,女生怕家长误会便让男同学躲进自己的卧室,然后在母亲登场后故作悠闲地与其搭话。此时女生无论是形体还是语言都显出一副轻松、散漫的状态,但内心十分紧张。再比如几位同学在某位室友临去火车站前将他的身份证藏了起来,该同学发现身份证没了,大家积极地帮他在屋里翻找,显得非常焦急,还屡屡提醒他时间越来越少,以加剧该同学的紧张。但我们可以感觉出,这种紧张只是对丢身份证的人而言的,整个场上的节奏气氛却完全不紧张。这种内外不一的对比,是较高难度的节奏设置。

第二节　课本剧的导演准备与导演方法

导演学的相关知识和理论,最后需要落实到具体的课本剧的编排当中去。在各级各类学校,导演可能是老师,也可能是学生中有组织能力、有理解力、有艺术鉴赏力的那一位。而在小学阶段排演课本剧,除开高年级里特别拔尖的学生,导演一般还是由教师担任。当一个课本剧剧本定型之后,小学老师们就要负责依据学生们的兴趣、特长、秉性、气质,将具体工作分配到人了。除开做演员以外,高年级小学生们还可以自行承担例如摄影场记、道具制作、秩序组织、后勤服务工作等。教师在这个过程中要做到充分宣传,大力鼓舞,尽量做到让大多数乃至每位同学都参与到活动中来,并最大可能地发挥学生的特长,挖掘他们的潜力。

一、导演的前期准备与安排

任何一个导演在排演前首要的工作都是阅读剧本。因为剧本是"一剧之本",是一切创作的依据。导演是运用行动性的形象思维将剧本文字转化为人物的舞台行动的"二次"创作,阅读剧本是导演创作的开始,是一种必不可少的理性探索。

当然,课本剧演出所面对的剧本,一般不会有高深莫测的主题、复杂难解的人物,它们往往是些主题思想明确、人物性格鲜明、时代背景清晰的小戏。但是导演却不能因此就忽视这一环节,相反必须对此剧所要歌颂和鞭笞的东西有明确的爱憎和态度,并善于满腔热情地去通过演出表达自己的认识。如果一个导演心里没有那些要说的话,没有那份要表达的热情,排练场上演员就会要么出洋相、洒狗血,搞些花里胡哨的玩意儿,要

么干巴巴、冷冰冰,毫无热情地背台词,排练的集体就会变得漫无目标各行其是。

导演阅读剧本,要在确定剧本的主旨和目标的基础上,首先将剧本依起承转合的不同层次分成若干段落,弄清楚每一段发生了什么事情,主要是什么矛盾,排戏时再一段一段完成。其中"承""转"的第二段、第三段,戏剧矛盾展开并逐渐尖锐到达高潮,这应该是最主要的戏,也是导演最需要下功夫的段落。

然后,导演要对戏剧的主次要人物做形象分析和阐释。通过阅读剧本,导演要从台词、舞台说明中分析和发掘编剧所要塑造的人物形象,深刻感受他的形象气质、性格特征、情感态度和行为方式,这不仅对挑选演员起着决定作用,更对导演在排练时自如地启发演员捕捉到人物的外部特征、帮助演员寻找到开启人物心灵的钥匙有重要意义。

导演的下一步工作便在于挑选演员。一般而言,小型的舞台剧人数是5到15人。由于课本剧的演出主要是为教学服务的,在功能上是课堂的延伸,所以挑选演员的标准并不需要像专业戏剧演员那么高。除开考虑与角色的契合度,更重要的是看学生是否有表演的热情,是否具备基本的演员声形素养,是否能吃苦耐劳、服从指挥、一切以大局利益为重。当然,时间宽裕、条件允许的情况下,可以多挑几个演员简单试一下感觉,以便更好地选出最合适的演员。

此外,导演还需要规定课本剧的舞美和音乐风格并加以安排落实。在小学排演课本剧,由于学生年纪较小,缺少对戏剧的整体把握能力和对音乐、美术、造型较为成熟的认知观,所以戏剧表演的音乐穿插配合、舞台整体的设计与呈现,依然落到了总导演即教师的身上。就音乐方面而言,在哪里需要音响音效、哪里需要配乐渲染、哪里可以用歌曲的方式增强舞台感染力,教师要有一个明确的规划。而舞美方面,舞台用什么样的背景、舞台上需要哪些布置、哪些道具必不可少,演员们的服装走什么样的风格、他们的舞台妆如何实现……这些都要教师事先考虑、谋划清楚。当所有细节思考完备之后,教师可以将其形成文字,最好再辅以能体现具体构想的参照图片,发布在朋友群和家长群里,寻求大家的共同参与和出谋划策。在这个问题上,教师自己思路理得越清,发动工作做得越好,投入产出比就会越高。

二、导演的排练指导方向

导演有了基本的编导思路后,便进入正式的排练阶段。排练指导工作是导演工作的核心与重点,导演对演员的引导和训练,主要可以从以下几个方向展开。

1. 引导闻"声"

"声",即声音表情,实质上就是借助语气、语调、语速的变化来表达人物不同的情绪、情感,以及通过音色的差别来区分不同人物的形象特征。不同的声音表情传递着不同的信息,声音表情训练首先需要让学生理解这一点,并初步了解正确运用声音表情的重要性。比如说同一句话"下雨了",用较高的音高、较快的语速及向上的语调说出来,能表达一种快乐、欣喜的情绪;用较低的音高、较慢的语速及向下的语调说出来,表达的是一种沮丧、失望的情绪。接着可以让学生学习运用不同的音色来表现不同的角色形象。比如在《老虎拔牙》的故事中,大老虎声音洪亮、语调稍慢,应该用胸腔共鸣来发音,其吐字应当清晰、沉稳,以表现出老虎作为"兽王"的威严。而狐狸的声音则语速稍快、声音亮而尖,应该紧束喉管挤压成声,显出其狡猾、奸诈的特色。声音的运用技巧是一种艺术,要自然运用气息来调节,不能一味地模仿。用声音为角色造型时,要根据故事角色形象的个性特征,以及故事情节变化的需要来把握语调的高低、语速的缓急。通过对不同声音的欣赏、比较和练习,学生就能逐渐获得运用声音进行表演的能力。

2. 强调观"色"

"色"即面部表情。人的面部表情是由人的五官协调配合而形成的,生动的面部表情能够为戏剧表演活动增添色彩。所以,我们首先要让学生了解人们各种面部表情的大致特点,如笑即眉开眼弯,嘴上翘;悲即眉呈"八"字,嘴下垂;怒即双眼睁大,眉倒竖;惊即嘴巴张大,眉头抬;愁即嘴角收拢,眉头皱等等。在观察到上述表情特点后,我们还需要通过训练让学生掌握调动表情的基本方法。比如可以让学生面对镜子"挤眉弄眼",尝试表现自己的喜、怒、哀、乐等典型情绪;也可以通过开展表情游戏,让学生演绎更多更丰富的心理状态,如赌气、惊讶、高傲和嘲笑等;还可以通过多媒体课件展示图片、视频的方式,深化学生对面部表情的认识;最后,我们还可以设置一些简单的情节让学生进行表情模拟,让他们逐渐熟练地掌握呈现各种面部表情的方法。当然,表情体认和训练仅仅是打基础,要更好地诠释、表现角色还需要演员充分地认同和理解人物,从人物的内心世界出发,以真挚和真情来传达感情。只有当学生的认识上升到这一高度,做到"色"由心生,才能避免在演出过程中出现程式化、脸谱化、假而空等问题。

3. 训练摹"形"

"形"即身体语言。我们的身体常自觉或不自觉地传递着许多信息,比如两手一摊,表示无可奈何;手于眉骨处"搭凉棚",表示要仔细观察;双手叉腰,表示神气高傲或蓄势待发;捶胸顿足,表示气恼或痛苦;手心向外一推,表示拒绝等。在课本剧表演中,自然、恰当的身体语言能帮助学生更好地表现剧中角色,增强课本剧的观赏性和审美效果。为帮助学生更深入地理解"形"的意义,我们可以运用各种类型的游戏、无实物练习、哑剧练习、动物模拟、角色模拟和小品表演等方式来进行特定的训练。比如让学生表演洗脸、吃药、打蚊子等日常生活动作;让学生展现室内闻到刺鼻的气味、听到轰鸣的雷声的即时反应;让学生表现喧闹的大街上跟父母打电话、走进电影院一片漆黑找不到座位等场景。相对而言,课本剧角色的身体语言一般比较单纯明了,对身体控制、动作层次性等要求不是太高,所以导演主要还是引导小学生找到自己表演的感觉和自信。值得一提的是,由于戏剧表演在舞台上进行,它对形体动作的要求是既要基本接近生活状态,

又要区别于生活而具有舞台感,掌握这个度有一定难度,尤其是小学生言行原本容易夸张,因此教师要注重对表演的适时指导和示范。

三、导演说戏、导戏的常用方法

当导演对戏剧演出有了一个整体明晰的构想之后,便需要和演员进行沟通与交谈,讲述个人对于整个作品、角色处理的想法,并倾听演员对角色的理解和对演出的疑问。说戏之后,导演还需要指导演员具体的演戏。小学课本剧表演的主角是学生。小学阶段,从6岁到12岁,低年级段到高年级段,学生的感受水平、理解能力、配合程度、再创造的可能性,都有较大的不同。教师即导演在选定演员之后,要根据学生的年龄情况、团队的个性特点,有针对性地给予简单实用的表演基础训练,并向学生讲授课本剧表演的目的、意义、基本流程、大致规划和预期效果,以便让学生对演出有信心、有期待,乐于参与,乐意奉献。低年级段的学生,教师需要用一些情境布置、音乐铺垫、故事讲述的方式帮助他们更好地投入各自的角色,对教师自己的示范能力和组织能力要求更高。而中高年级的学生,已经可以自行阅读剧本、分析角色,乃至自行诠释和再现,老师更重要的是给予引导、调度和表演方法的传授,对教师的控场能力和启发能力提出了要求。

在更加具体的戏剧片段排演中,导演可以灵活运用以下多种方式方法进行指导和训练。

1. 现场示范法

比如在一开始读剧本时,演员对如何把握角色台词比较迷茫,这时可以由导演按角色设计要求示范台词,以便让演员更快地把握基调,接近角色。又如一些重要的调度、呈现性格的动作、关键的表情,导演都应该尽量多做示范。

2. 启发模仿法

假如遇到排练现场演员进入不了角色的情况,导演可以运用启发、帮助回忆等方法来激发演员的联想,帮助演员挖掘潜台词,从而对类似角色原型的人物多作体悟,进而促使演员对生活中的人物和情境进行适当的模仿。

3. 加强动作法

当小演员不会演戏而达不到剧情需要时,导演可以充分利用道具,让演员有所依托。也可多利用调度来加强动作性,通过支点、线条、高低对比、动静对比等手段,使整个舞台变得活起来。其中,要特别留意那些没有台词的演员,防止他们因为游离情境而出戏。

4. 音效推动法

在没有音乐陪衬的情况下，舞台气氛往往比较难制造出来，特别是开场、结尾和高潮。所以在排练过程中，为了更好地呈现剧情气氛，导演可适当增加音乐效果来帮助演员理解角色、调动情绪，从而取得更好的表演效果。

5. 边导边教法

由于学生演员没有经历专业学习，所以很多表演上的名词术语以及表达方法他们都不懂。为了达到更好的沟通效果，导演要在自己消化专业知识的前提下，适当地边导边教，尤其是对高年级的学生，可以和他们讲讲什么叫交流，什么叫松弛，什么叫舞台节奏，如何准确掌握潜台词等。这些在排戏的过程中都可通过他们自己的实践让他们慢慢领会和把握。如此多排多教多学多练，学生的戏剧表演水平就会得到较快提高。

最后，教师应当认识到，学生表演技巧的进步是一个长期的、经验积累的过程，它可以发生在学生遇到挫折或困难时，也可以发生在学生获得成功体验后，教师应当敏锐把握有效指导的时机，不急于求成，不揠苗助长，努力提升课本剧表演的效率和效果。

需要强调的是，面对缺乏创作实践经验的演员，仅有语言的提示和其他辅助手段是不够的，他们常常需要通过导演的示范表演才能真正理解导演意图。导演为演员"示范"的方法，可以迅速地让演员看到角色的性格特征，而且可以将一些难以言传的心理、情感内容形象地传达给演员，使演员迅速地明确导演对表演的要求，激发演员的想象力、创造力，引导演员的表演向着导演构思的理想方向发展。特别是对表演的初学者，导演的提示万语千言，也不如导演瞬间的示范表演更为有效。但是，导演的示范不准确，或者示范过多，几乎替演员扮演角色的一切，就容易适得其反，造成演员用"摹仿"代替创造，对导演过分依赖。

最后，在排演的过程中，演员对导演的评价是非常关注和重视的，导演说出的一个字、一个眼神都可能激励或打击演员的创作热情。正如"好孩子是夸出来的"一样，演员在摸索、创造角色的过程中，也需要导演的肯定、鼓励、赞赏。如果导演对演员的表演总是说"不对""错了"，演员的创作热情会日趋低落，排演时将会因害怕出错而小心翼翼，失去探索、创造的动力。特别是导演对演员表演只会一味地否定，又不能给予演员解决表演的办法和建议时，演员们将找不到表演创作的方向和感觉，无所适从，寸步难行。一位不知名的导演在启发演员时说过："表演没有对错，只有更好。"此语简明扼要地道出了一个导演与演员工作的方法，即不去评判演员表演的对错，而是帮助他们选择更好的表演处理，鼓励他们去不断寻找、发现和创造"更好"的表演方式，有效地消除演员害怕表演出错的胆怯、恐惧心理，激发和保护演员的创作热情。

第三节　课本剧导演案例分析与实践

课本剧：小熊住山洞

人　物　小熊、熊爸爸、一棵可展现四季变化的大树、一群小动物

第一场

【小熊和熊爸爸兴高采烈地扛着斧头走上。

小　熊　啦啦啦啦，啦啦啦啦，

　　　　春天来啦，草儿绿啦。

　　　　小熊奴拉，跟着爸爸。

　　　　去砍木头，来把房搭。

　　　　告别山洞，要住新家。

熊爸爸　奴拉，看把你高兴的！

小　熊　那当然了。爸爸，我们老住在山洞里，黑黑的，一点都不好玩。小木屋就不一样了。

熊爸爸　那你说说，小木屋有什么不一样呢？

小　熊　小木屋可神气啦，它很大，很亮，有一个大窗子，每天都能看到太阳公公，住在里面一定很幸福很幸福！

熊爸爸　奴拉，你说得对。建造新家，也是爸爸一辈子的心愿哪！

小　熊　嗯！奴拉喜欢蓝色，我要把新房子刷成天空的颜色。我还要在大窗台上还要放很多很多的玩具，邀请大家都来和我一起玩……哇，想想真是好棒呀！

熊爸爸　呀，我们的奴拉真是一个天才的小设计师呀！

【二人圆场。

小　熊　快看快看，森林到啦。（环顾）有好多漂亮的树呀。

【一棵春天的绿树慢慢推移而上。

熊爸爸　是呀，这么粗壮的一棵树！这一棵就够我们建一座小木屋了。

【小鸟从树后飞舞着翅膀上。

小　鸟　熊爸爸小熊，好久不见啊。你们看（指大树），过了一个冬天，我的家是不是重焕生机了呢？

小　熊　是呀，绿莹莹的，好漂亮！

小　鸟　（开心地）奴拉，我现在要出去给我的孩子们找食物了，下次再见啊！

第六章 课本剧的导演理论及实践

小　熊　再见！（挥手）

熊爸爸　奴拉，来，快站到爸爸身后来！爸爸要砍树了！（举斧欲砍）

小　熊　等一等，爸爸，你等一等！

熊爸爸　怎么啦？

小　熊　（嗫嚅地）爸爸，你看这满树的叶儿多青翠呀！

熊爸爸　那当然了。它们是刚长出来的嫩叶儿呢。

小　熊　刚长出来的嫩叶儿……那如果我们砍倒了大树，它们会不会死呀，会不会很可怜呀！（心疼地）

熊爸爸　奴拉舍不得吗？

小　熊　是啊爸爸，我舍不得这一树的绿叶，而且，小鸟的家还在上面呢。

熊爸爸　那我们的小木屋怎么办？没有小木屋，你可就只能住在黑黑的山洞里面了。

小　熊　爸爸，这一树的绿叶太可人了，咱们还是别砍这棵树了好吗？

熊爸爸　（犹豫片刻）那……好吧，那咱们的小木屋就等到夏天树叶长大了再建吧。

小　熊　（祈祷）小树叶呀小树叶，你们就在春天里快活地成长吧！

春　树　谢谢你，奴拉！

小　熊　大树再见！（挥手）

【熊爸爸、小熊下。

第二场

【熊爸爸和小熊换上夏装，扛斧头从另一侧上。

小　熊　啦啦啦啦，啦啦啦啦，

　　　　夏天来啦，知了叫了。

　　　　我和爸爸，要把房搭。

　　　　森林森林，我们来啦。

【夏天的大树开满了灿烂的花朵，由另一侧推移而上，树旁几株小花与蝴蝶在嬉戏。

小　熊　爸爸快看，多好看的一棵树啊！

熊爸爸　是啊，真好看。奴拉，你还认得它吗？

【小熊摇摇头。

熊爸爸　奴拉，你再仔细想想。

小　熊　啊，我想起来了，它不就是春天时我们看到的那棵树吗！

熊爸爸　对呀，它开了满树的花儿，把自己打扮这么绚丽，我都差点儿没认出来它。

小　熊　（绕到树旁）有好多好多五颜六色的花呀！

小　花　奴拉奴拉，夏天好呀！

小　熊　夏天好呀！

115

小　花　今天天气这么好,你是来森林里找我们玩的吗?(开心地)

小　熊　我和爸爸要砍大树,我们要住新房子,建小木屋!

小　花　啊?你要砍了这棵大树吗?你把树砍了,我和我的伙伴们怎么办呢?

【熊爸爸举起斧头准备砍树。

小　熊　爸爸,先别砍!树一被砍倒,这些花儿不就压坏了吗?

熊爸爸　那……

小　熊　爸爸,奴拉喜欢这些花儿,就让它们开完花期再砍树好吗?

熊爸爸　(犹豫)那……好吧。那咱们的小木屋只好等到秋天再建了。

小　熊　(向小花招招手)小花们,你们就尽情地绽放美丽吧!

夏　树　谢谢你啦,小熊奴拉!

【小熊、熊爸爸和树分别两侧下。

第三场

【熊爸爸和小熊换上了秋装扛斧头上。

小　熊　啦啦啦啦,啦啦啦啦

　　　　秋天来了,树叶黄了。

　　　　……

熊爸爸　怎么不唱了?

小　熊　爸爸,奴拉又想起了森林里的那棵树。不知道它现在是什么样子。

熊爸爸　那奴拉想不想去森林看一看呀?

小　熊　好呀好呀,我要去看我的老朋友喽!

【二人圆场。

【挂满果实的秋树由另一侧移上。

秋　树　奴拉奴拉,你们来啦!

小　熊　是呀是呀。哇,你这身金灿灿的衣裳,在阳光下真耀眼,呀,还有好多红红的果子呢!

秋　树　奴拉,这都多亏了你呀。来,奴拉,欢迎你们品尝!(递过去两颗果子)

小　熊　(咬一口果子)啊,真好吃!又甜又脆!

秋　树　好吃你就多吃点。(又递过去几颗果子)

熊爸爸　谢谢了,谢谢了!

小　熊　爸爸,我们坐下来休息一会儿吧。

熊爸爸　行!(两人坐下)

【小猪拎着竹篮慢悠悠上。

小　猪　小猪我走累了,得找个阴凉的地方睡个香香的觉!

秋　树　小猪小猪,你来我这儿睡吧,我这儿又凉快又舒服,你睡醒之后还可以吃几个果子呢!

小　猪　那真是谢谢你啦——不过,我能先吃果子吗?看上去真让人直流口水呢!

小　熊　(站起来,转身向小猪)哈哈哈,你不是说你困了吗?

小　猪　(不好意思地)那,那还不是因为果子太诱人了吗?再说,我还没吃午饭呢,我饿了。

秋　树　没关系,你可以先吃几个。(递果子)

小　猪　(大口啃)实在是太好吃了!谢谢你!你可得给我留着点,不能等我醒来,都给小熊吃光了!(在树底躺下)

熊爸爸　奴拉,你看,来了好多小伙伴。

【众小动物上场。

小　熊　小伙伴们,你们好呀!

【大家相互打招呼问好。

秋　树　大家快来吃果子啦!

【纷纷从大树那里接过果子,坐在树下,相互寒暄。

小　猪　(伸懒腰)这是谁呀这么吵,把小猪我都吵醒了!欸,你们怎么都在吃果子呀,我还没吃呢。

小　熊　小猪,你怎么这么馋,你都已经吃过了!(向熊爸爸)爸爸,这么好的一树果子,咱们能不能不砍掉它啊?

众小动物　是呀,不能砍不能砍!

熊爸爸　(望望大家)好,奴拉说不砍,那咱们就不砍。咱们的小木屋就等到冬天再造。走吧,奴拉!

秋　树　好心的奴拉,再见!

小　熊　再见!

【小熊和熊爸爸走下。

第四场

【大风骤起,大树在风中摇曳。

【换上冬装的熊爸爸扛着斧头,在凛冽的北风中艰难走上。

熊爸爸　啦啦啦啦,啦啦啦啦,

　　　　冬天到啦,树叶凋啦。

　　　　树木光光,正好砍下。

　　　　砍回木头,建造新家。

　　　　(向后喊)奴拉!走快点!

【小熊无精打采地慢慢走上。

熊爸爸　你怎么了,奴拉?是太冷了吗?

小　　熊　　不是,爸爸,我不冷。我……我不想去了。我……我怕见那棵树倒下的样子。

熊爸爸　　孩子,你还是舍不得砍他?

小　　熊　　爸爸,那是多好的一棵树啊。如果砍掉了它,春天,我就再也听不到鸟儿姐姐的歌声了;夏天,我就再也看不到美丽的花儿和蝴蝶了;秋天,我就再也吃不到甜甜的果子了。要是我们毁了这棵树,就不会有小伙伴跟我一起玩耍了。

熊爸爸　　那……

小　　熊　　爸爸,难道咱们非住小木屋不可吗?

熊爸爸　　那倒不一定。咱们祖祖辈辈住山洞,不一样过来了吗?可是,没有大树,我们就不能建新房子,你就没有天蓝色的墙壁和明亮的窗子了呀。

小　　熊　　爸爸,住山洞就挺好的,奴拉还愿意住山洞。

熊爸爸　　奴拉,你真是个懂事的好孩子!爸爸都听你的,咱们不砍树了,咱们回家!

小　　熊　　嗯!(点头)

【熊爸爸和小熊欲下。

【幕后传来喊叫声:"奴拉!奴拉!"

小　　熊　　爸爸,谁在喊咱们呢?

【冬树载着一树小鸟,被松鼠、狐狸、白兔、小鹿等小动物推拥而上。

小动物们　　(纷纷向小熊献花)谢谢你们,好心的小熊奴拉、小熊爸爸!你们保护了大树,保护了森林,你们永远是我们的好朋友!

小　　熊　　谢谢你们了,大树爷爷!小伙伴们!谢谢你们!

【小熊、熊爸爸、大树和小动物们,跳起了欢乐的舞蹈——

啦啦啦啦,啦啦啦啦,

大树没砍,动物乐啦。

木屋木屋,去吧去吧,

小小山洞,美丽的家!

(剧终)

评析: 这篇课文的原文浅近易懂,通过四个季节的重复与变化,表现出小熊一家的善良与宽厚。对于低年级的孩子来说,小熊是什么样的,它与熊爸爸是怎么样决定不砍大树的,森林里的动物们又为什么会感谢他们,这些问题留给孩子们的想象和发挥空间很大。改编后的剧本通过在每一场开头使用朗朗上口的韵文,大量增加台词,添加衬托主题的角色等手段,使得剧本丰富立体起来,不仅儿童情趣浓郁,还充满了四季的变换感和孩子间的相爱相惜。作品第三场加入的角色,一方面使得剧情更富有变化;另一方面与第一、二场的小鸟和小花一起,将小动物这个群体具象化,在最后一场的群舞中得到充分展现,表达了万物和谐是一家的主题。不过,两个主要角色的塑造还比较扁平,台词在简洁与生动这两个维度上还可以做得更好。

探索·讨论·实践

1. 倘若你是本剧的导演,你打算如何强化矛盾冲突从而增加其亮点?请为其第三场和第四场画出舞台调度的简图并加以说明。

2. 你觉得通过什么样的方法和手段可以让主要角色小熊的形象变得更加鲜明?请你为他写一个较为详细的人物小传。

3. 请谈谈你为剧中各个角色所设定的演员挑选标准,说说为了帮助演员迅速抓住自己的角色特征,你有什么好的方法或者建议?

第七章　课本剧的表演要领与方法

"表演","戏剧表演",是一个专业性很强的专门学科,是一个表演学习者和实践者需要花费大量心力去终身钻研的课题,也是我们在应用课本剧这种形式时绕不开的一个难点。不过,在课本剧的范畴里讨论表演,由于应用对象和目的的特殊性,大家确实无须给自己定下过高的标准,把自己当作专业演员来要求。能在排演中学习相互沟通和自我表达,增强我们的综合素质,对课本和这种创新性的教学方式能有更深层的理解,我们的目标也就达到了。本章我们会介绍一些表演的基本原则和方法,以及演员创造角色的一些基本知识,从而帮助大家获得上台表演的勇气和信心,帮助大家教会小学生们更好地走近戏剧,最终获得畅游艺术世界的乐趣。

第一节　戏剧表演的素养与原则

戏剧艺术是一种特殊的集体艺术。一般来说,任何一个戏剧演出都离不开剧作家、导演、演员、灯光、舞台美术、服装和化妆、音响设计和舞台各部门的工作人员等等。在这样一个集体中,起领导作用的是导演,他一方面是组织与领导这一创作集体,另一方面是进行导演艺术的创造。而最终,是由在舞台上现身说法的演员去直接面对观众,他们借助于所有其他艺术家的创造,运用自己的表演艺术塑造出完美的舞台形象。因此,在一台戏剧演出中,演员总是占据着核心的地位,也就是人们常说的"演员是戏剧演出艺术的中心"。

一、表演所需专业素养

总的来说,一个戏剧演员的素养所涉及的方面是很广泛的。它既包括演员先天的形体与声音条件,长期的生活经历所形成的风度和气质,还包括演员本人的生活素养、思想水平、文化艺术修养、专业技巧,以及职业道德水准等诸多方面。一个演员是否具有魅力,往往与他在这些方面的水平优劣有着密切的关系。一般说来,要想成为一个称职的演员,在其专业素质上最起码应该具有"七力"。

1. 敏锐而细致的观察力

生活是艺术创作的源泉,因此,培养与发展自己观察生活的能力就是演员的最重要的一种基本功。而在对生活的观察中,对于人的观察尤为重要,因为表演艺术是表现人的艺术。一个演员要想在对生活的观察中有所收获,就必须具有十分敏锐的且细致入微的能力,以捕捉人物形象的外部特征和感受人物的心理特征。

2. 积极而稳定的注意力

在生活中,人们或者是自觉地去注意某一对象,或者是不自觉地被某一对象吸引过去。然而当演员进行表演创作时,情况就不一样了。斯坦尼斯拉夫斯基曾经指出:"在生活中,我们很知道,每一个瞬间应该看谁,怎样去看。但在剧场里就不是这样,在剧场里有观众厅和舞台框的黑洞,这妨碍演员正常地生活。"(斯坦尼斯拉夫斯基:《演员的自我修养》)在演员进行表演创作时,他是在观众面前当众表演。舞台框的黑洞里,坐着的是双眼注视着他的观众——他们往往能够左右演员的注意力。这些因素的干扰,再加上演员个人生活中的某些原因,如演员的私心杂念,或是演员遇上了什么不愉快的事情,都会使演员难以把注意力集中在表演创作上。这样就必然使表演失去真实性和有机性。由此可以看出,在表演创作中,积极而稳定的注意力,对于一个演员来说是十分重要的。

3. 丰富而活跃的想象力

任何一种艺术创作都离不开想象,戏剧演员的创作自然也是如此。尽管戏剧演员是在剧作家创造出来的文学形象的基础上进行再创造,但是要想把剧本中的文学形象再创造成为舞台人物形象,演员必须运用自己的想象把剧作者提供的情境、事件、人物等都变得具体和丰富起来,从而使剧本中简单的舞台提示、人物的动作和语言,都在演员的想象力的帮助下得到充实和深化。否则演员根本谈不上是一个创作者,顶多是剧作者的传声筒而已。

4. 敏锐而真挚的感受力

在生活中,人们接受外界事物的刺激时,总会产生某种感受并引发出相应的情绪上的变化,我们把这种能力称之为感受力。由于在表演艺术创作中,演员所接受的并不是像生活中那样的真正的刺激,而是一种艺术的虚构,再加上创作环境中一些因素的干扰,有的演员往往感受不到客观上所给予的刺激,因而也就无法创造出人物的情绪体验。这样的演员在表演中不能真正地动心、动情,结果只能以虚假的"表演情绪"的办法来搪塞。所以,在表演艺术中,演员的感受力是创造出人物的情绪体验最主要的保证。

5. 真实、准确而合理的判断与思考力

在表演创作中,真正地在感受的基础上对不断出现的情境产生判断的能力,应该说是演员所要具备的创作素质的又一个方面。因为在表演创作中,情境是一种艺术的虚构,而且剧情中所发生的事情的结果已经预定了,不像在生活中那样必须是由人们经过思考和判断才能做出决定。所以,有的演员在表演中不加思考地去直奔结果;而有的演员则是由于在表演中不具有判断与思考的能力,所以也就不去判断、思考。不论是哪方面的原因,其结果都是使人物的心理活动的过程失去了应有的环节,因而也就不可能达到表演上的真实。

6. 灵敏而细腻的适应力

在生活中,人们常常说"你有来言,我有去语""随机应变",这其中的"去语"和"应变"就是一种适应。在表演创作中,同样有一个适应的问题,那就是演员时时刻刻都要去适应规定情境所给予的刺激,适应表演中对手所给予的刺激,并且通过灵敏而细腻的适应去展现出人物的思想和情感。

7. 鲜明的形体与语言的表现力

演员在创造人物形象时所追求的理想境界,应该是既有真挚、深切、细腻的内心体验,又有准确、鲜明、生动的外部体现。只有这样,演员所创造出来的人物形象才能是表里如一、形神兼备、和谐统一的。演员在表演中用以表现出自己内心体验的手段主要是他的形体、声音和语言。因此,形体、声音和语言也就被称之为演员创造人物形象时的两大支柱。一个具有良好创作素质的演员,应该是经过不断的训练,使自己的形体、声音和语言具有充分的可塑性,达到"天然的完美"。而这要靠演员长期刻苦的锻炼才有可能发展起来,没有丝毫捷径可走。

二、表演应遵循的一般原则

编剧以生活为原型塑造出典型的人物形象,并为他们设置了独特的活动环境。导演为排演这个戏做出更精细的构思,融入自己对角色、主题、艺术风格的理解和情感。这时,演员就能够根据自己对剧本、角色的分析,从自身条件出发,进行刻苦的人物形象塑造了。光坐在那里研究剧本,总是有"纸上谈兵"的感觉。只有在剧场和对手一起进行活生生的排演,才是真正吃透了角色并赋予了角色以生命。

一个演员要演好自己的角色,依赖于自己的表演功底,倚赖于自己对角色下的功夫,倚赖于很多因素。在这里,我们就表演时务必注意的几个重点问题,提出一些可操作性的建议。

1. 体验"身临其境"

戏剧舞台呈现出来的时间、地点、场景，都是剧作家构想、并由舞台设计人员再创造出来的，都是假定性的。这要求演员在表演时必须追求"身临其境"的感觉，相信自己所在场景的真实。因为，舞台环境、场景的布置，即使再真实再细致，它也只能"像"是真的。即使像《茶馆》《天下第一楼》那样出色的写实布景，它也只能是"像"真的茶馆，"像"真的烤鸭店。更何况我们的戏剧舞台常常有许多不同风格、流派的布景设计，有的甚至完全是写意的、抽象或者干脆是虚拟的。这必然要求演员通过自己的信念和想象，赋予它某种符合美学原则的具象或抽象。

比如，在我们舞台演出中，有时会在场中央放几张桌子和椅子，告诉你这里是教室。那么演员来到这里，就要相信这就是教室。要能用自己的想象，把它具化成为有可感形象的墙壁、天花板、黑板，要相信发生在这里的事情就是发生在课堂或是课间休息的教室里。再比如，在任德耀的儿童剧《红头与绿头》中，桌椅被挪成弧形，它就成了小强嘴里的一排牙齿，扮演牙虫红头与绿头的演员就在桌椅间爬来爬去，钻进钻出。在表演者心中，他们必须执着地相信"桌椅就是小强的牙齿"这个想象，而在小强的"牙缝"里积极地寻找食物。此时，假如我们又告诉演员：这些桌椅现在不再是牙齿了，它是小河岸边，你们要来钓鱼。演员就得自行想象出"岸"的具体形状，想象出"岸"与水的距离。那里也许还有石头和泥，也许有人不小心脚下一滑，鞋子被打湿了。也许还有几朵小花，演员将采下的花扔进河里，花在河里漂过，漂远了，更远了……

在这里，"想象"和"信念"起着多么大的作用。正是"想象"和"信念"，使演员获得了此情此景中应该有的视觉形象和真实体验，也正是演员怀着这种真实的感受，活动在这些假定性的环境（布景）中，这些布景才具有了审美的意义。

2. 做到"以假当真"

同样的道理和要求，我们也要运用在人物关系和人物行动中，在情境和角色里做到"以假当真"，再一次真听、真看、真感受。

人们在平常生活中情感和行动的逻辑，都是真实、自然的，然而上了舞台，缺乏表演的训练，就很容易把许多具体的听、看等感觉丢掉，仅仅记住那些背熟的台词和规定死了的位置、动作。比如我们要表演走在灰烟漫天的路上，如果演员只记住了要捂鼻、要用手在鼻子前面扇，而没有找到灰烟呛人的感觉，没有产生对尘雾烟沙讨厌的真情实感，那么，她捂鼻扇灰的动作和表情都会是虚假、做作的，或者说是干巴巴的，没有血肉的。又如演出中由于各种原因，人需要表演动物，瘦弱的演员要出演大力士，年龄相当的演员需要表演父女，这都需要演员真正把自己当成那个角色，把演员彼此当成那层关系。只有在舞台上做到"真听、真看、真思考"，找到真实的感觉，才能使人物在舞台上的一言一行、一举一动都变得真实自然、合乎逻辑，才可能塑造出有血有肉的舞台形象。

要把舞台上虚构的人物关系、规定情境都接受过来,并且相信"这是真的",也并没有大家想象的那么困难。请回忆一下,在我们小时候做情境、角色游戏,相互扮演医生病人、老师学生、父母孩子时,不是都能很好地做到这一点吗?那么大家在演戏时,只需像儿童做游戏那样"假装是",赤诚地相信舞台上发生的一切,真挚地投入到剧中的情境中去,从"我就是他"的认知出发,把自己的真实情感注入人物身上,然后在舞台上活灵活现地去完成这个人物的一系列行动,达到他要完成的任务——这就会是好的表演。

3. 找到人物的独特表现方式

不同性格、不同经历、不同文化教养、不同思想和生活习惯的人,即使做同样一件事、同样一个动作,他们的做法以及表现形式都会是大不一样的。演员的任务之一,就是要找到自己角色所独有的做法和表现形式,并把它自然地呈现出来。

例如,有人不小心被椅子绊了一下摔倒了,膝盖流了血。他接下来的反应呈现在动作上是:搬开椅子,擦掉膝盖上的血。假如我们让甲、乙、丙、丁四个不同性格的孩子来做这两个反应动作,他们的做法就可能有很大的差别。

甲,随意地擦了一下流血的膝盖,再若无其事地把椅子挪到一边;乙,一边眼泪吧嗒吧嗒地掉,一边碰都不敢碰地似的擦了擦膝盖上的血,再一瘸一拐地把椅子拖到一边;丙,可能是粗鲁地擦掉膝盖上的血,连气带骂地把椅子踢了一脚;丁,也可能脱口而出"哎哟,我的妈哟",皱着眉头擦了擦血,操起椅子要摔,最后却又还是把椅子放在了一旁。

我们看,四个孩子,用四种不同的方式做同一件事,从侧面反映了四个孩子不同的性格和处事方式。所以,寻找角色"怎样做"是十分重要的。因为在考虑"怎样做"的时候,才是刻画人物独特个性、塑造人物鲜明形象的最重要的时刻。聪明的演员总是抓住这种时刻反复地琢磨,非找到一种准确的表现形式不可。

4. 充分借助生活经验

一个好的剧本离不开生活,同样演员表演的成功与否也取决于他们对生活的积累、对生活的体验。例如,一位女演员需要演孕妇,如果这位女演员没有怀孕的经历,她对孕妇怀孕时的走路姿势或其他言行举止等则会产生一定的情境创作障碍。我们经常可以在排练时,看到一些女演员身上要挂着大书包,是为了更真实、更深刻地去体验一个孕妇的状态,以此来训练自己的行为举止。又如,最为平常不过的挑水、砍柴,如果在现实生活中没有过这样的生活体验和经验,那演员在表演过程中一定不会有出色的表现,甚至会闹出一些小笑话。因此,演员的生活阅历、生活积累及其知识结构等积累得越多,越能更好地创设规定情境,从而更好地完成演出。对于小学生而言,需要他们日常多观察生活,多做思考,多和家长、老师、同伴做交流,多参与一些自己力所能及的劳动,多接触学习以外多姿多彩的世界,以便自己在塑造角色时能更轻松自如地借助到原有的经验。

第二节 课本剧台词呈现的要点与技巧

戏剧表演中,台词的呈现是非常重要的一环,也是表演技能中相当关键的一项。考查一个人的台词功底,着重观察他的气息、吐字、节奏、重音,以及对台词的艺术化处理。我们常见一些少年艺术中心及中小学表演的学校剧(包括现代儿童生活剧、童话剧、历史剧、小品等),本子不错,导演也下了功夫,小演员的表演也十分认真。但台词不清,声音不洪亮,与台词相配合的表演动作不讲究、不协调。其重要原因之一,便是台词呈现的要点与要领掌握不够,基本功训练不扎实。

台词,和我们生活中的说话有很大不同。

第一,生活语言没有规定性,它一般不是事先准备好的,也不需要排练和熟记。人们陈述想要表达的内容或抒发自己的感情,只要边说边想边自然地呈现就可以了。而舞台语言是由剧本规定的,是以书面语言形式出现的,它是演员语言的依据和要求。演员必须根据剧中人物的思想感情和说话目的,用个性化的声音、语调、表情来表达,所以,它需要经过排练和熟记,以达到准确、清晰、鲜明、生动的要求。

第二,生活语言只要对方能听清、听懂即可,一般说话距离较近,不需特意加大音量、提高音高。生活语言即便不大连贯表意未清也没关系,因为可以再重复,不受时间限制。而舞台语言是在舞台上进行的,是即时性的。除了同台演出的对手之外,演员还要考虑到观众的接受。这必然就要求演员要适当加强音量、提高音高、把清晰、明亮、圆润的语言声音送到剧场的每个角落。

所以,我们对演员进行训练时,要求他们记住"清、纯、远、美"这四字诀。"清",指语言清晰,不能发音含糊;"纯",指语音纯正,说标准的普通话;"远",指声音传播有穿透力,让最后一排的观众也能听见;"美",指语音优美动听,让观众获得较高的审美体验。要做到这些要求,需要长期艰苦的训练,更好的驾驭速度快慢、音量大小、音调高低、力度强弱等基本要素。而对小学生而言,更多的还是要求语音的标准清晰,和情感表达的充分与恰当。

一、用气发声

我们在日常生活中说话,一般只要把气吸到肺的上部,用这点气来推动声带的拨动从而发声就够了。声音不需要很大,说了一半需要歇息了,再吸一口气就可以。而在戏剧舞台上,需要音量足够大,气息足够长,才能更好地传递角色的语言。这时,只把气吸到肺的上部就不够了,必须使气息变得更深更长。

那么,要如何才能把气吸得深而且控制自如呢?我们可以尝试练习腹式呼吸法。也就是吸气的时候让气往下沉,把胸腔和腹腔之间横膈膜尽力向下压,使胸腔的上下径加长、扩大,让腹部鼓起来;呼气的时候,用腹肌控制出气的大小与力度,在小腹肚脐下三指处形成一个支点,推动横膈膜往上,使腹部凹下去。这种呼吸方法能很好地帮助我们改善肺部的呼吸功能,帮助我们扩大肺活量,增强气息控制能力。而要检测自己的气是不是吸得多、吸得深,可以在吸气后伴随声带震颤,从口中轻轻发出"嘶"声。如果你发出的"嘶"声能坚持20~30秒,说明你的吸气量还不错;如果你能坚持40~50秒,说明你气吸得足够深长;如果你只"嘶"了5秒、10秒就"嘶"不动了,说明你还得加强训练。

练习正确呼吸,扩大肺活量,掌握和运用"胸腹联合呼吸法",这既是演员的基本功,也是一个循序渐进的过程,大家不需要操之过急。以下两个气息绕口令,可以帮助我们在玩乐中训练自己的气息。

出东门

出东门,过大桥,大桥底下一树枣;拿着竿子去打枣,青的多,红的少。

一个枣、两个枣、三个枣……十个枣。十个枣、九个枣、八个枣……一个枣。

数葫芦

南园一堆葫芦,结得嘀里嘟噜。甜葫芦苦葫芦,红葫芦绿葫芦,好汉说不出二十四个葫芦。一个葫芦、两个葫芦……

这两个气息绕口令,既巧练气息,又可练口齿。第一个绕口令中的省略号,需要你从一个枣一直数到十个枣,然后再从十个枣数到一个枣,接着不换气,把绕口令的最后两句说完。第二个绕口令中间也不能换气,要从头说下来接着数"一个葫芦、两个葫芦……"一直说到"二十四个葫芦"。如果后边还有余力,当然还可以一口气数下去,比比看看谁的气息最长,谁数的葫芦最多。注意练习时一定要控制气息,千万别跑气。开始时腹部会出现酸痛,练过一段时间后便会感觉大有进步。

此外还可以进行托气断音练习。练习时,双手叉腰或护腹,吸一口气进入丹田,再由丹田托住这口气,到腭咽处冲出同时发声。声音以中低音为主,要有弹性,腹部及横膈膜要利用伸缩力同时弹出去。具体可用以下三种方法进行练习。

1. 一口气托住,嘴里发"噼里啪啦,噼里啪啦"(反复)的声音,到这口气将尽时再发出"嘣——啪"的断音,反复5~10次。

2. 一口气绷住,先慢后快地发"嘿—厚"音,加快到气力不支为止。

3. 爆发力断音练习,表演"哈哈哈哈哈哈"大笑,和"啊哈"与"啊咳"。

经过以上的练习,我们的气息量一定会越来越大,在台上读台词也必然会变得洪亮、持久。

二、吐字发音

考察台词水平高低,除了声音气息之外,语言是否清晰准确,也是相当重要的。这是表演者在台词方面应具备的第二项基本功。

所谓"清晰准确",首先要说一口标准流利的普通话,这是演员上台的基础。伴随国家大力推广普通话,以及各大媒体平台、学校机构对说好、用好普通话的落实,现在的青年学生普通话水平正在稳步提高。但依然有不少孩子受地方方言影响,普通话表达不够流畅地道,还需要长期刻苦的调整和修正。

在普通话标准流利的基础上,我们的台词还要讲究字正腔圆,发音厚实饱满。我们的汉字,一般由字头、字腹、字尾三个部分组成。字头就是声母,字腹就是介音,字尾就是韵母。有的同学说话,把字头吃了,比如把"大合唱"说成"大鹅让",把"故事"说成"故日"。有人说话字音归不到位,把字尾吃了,比如把"奶酪"说成"奶辣",把"香味"说成"虾味"。这一点在北京人身上表现得更充分,不但字头、字尾读不全,甚至把词句中的整个字吞掉了。比如把"中央电视台"念作"装垫儿台"、把"西红柿炒鸡蛋"读成"胸是炒鸡蛋"等等。这一方面由于是发音者对语音清晰重视不够,另一方面也是由于缺少训练口齿产生了惰性。

要想让自己口齿清楚,发每个字的音都做到齐整饱满,就必须要锻炼唇、舌、腭、齿、鼻等每一个发音部位,并重点练习双唇音、唇齿音、舌尖音、舌面音、舌根音和鼻韵母等的字音。做到吐字用力、归韵圆润、收音充分。

"吐字"也叫出字头,它是字音读得正确、清晰的关键。出字头时口、舌、唇要用力,要形成喷口,练的是嘴劲。"归韵"就是读字腹,它是字音中最响亮的部分,练习时除了口型正确外,还要讲究共鸣位置。"收音"便是收字后,控制好发音的每一个部位,一定要把字尾归到位。

中国戏曲、曲艺演员能做到字正腔圆,是与他们进行刻苦的"吐字归音"练习分不开的。通过练习,会发现自己发哪种音有毛病,哪个发音部位不灵活,然后抓住重点勤学苦练,才能练出个利索的嘴皮子。

三、重音、停顿和节奏、语调

有人说,一段好的台词,如同一首美妙的音乐。同是一段台词,有人把它处理得平铺直叙、催人入梦,也有人把它表达得有声有色、扣人心弦。这,便是台词功力了。演员,光有洪亮甜美的嗓音,清晰正确的发音,这是远远不够的。他必须根据作品和感情的需要,把台词表达得有起有伏、有快有慢、有紧有疏、有张有弛,这便是台词的抑扬顿挫。只有做到"抑扬顿挫",台词才能更清楚,更鲜明,更感人。

1. 重音

为了清楚地表达一句话的意思,为了更好表达这句话内包含的感情,必须重读或特殊处理这句话中的一些字或词,这便是语言中的重音。它又可分为"词重音"和"语句重音"。

有人认为,词或词组里,哪个字重读了,哪个字轻读了,没有什么大关系,不影响我们的理解。其实不然。由于普通话语意丰富,对重音要求严格,读错了重音,很可能会让人听错了意思。如"部分",会听成"不分";"凡人",会听成"烦人";"地里",会听成"地理";"报酬",会听成"报仇";"老师",会听成"老实";"电子",会听成"垫子"……还有的词,重读前后两个字,含意大不相同。例如,"大意"两字,重读第一个字"大意",是疏忽的意思;重读第二个字"大意",是文章的大概意思。"老子"重读第一个字,是对父辈的称呼,"我是他老子";重读第二个字,"老子"就变成了古代人名,指古代思想家老子。

而语句重音则更为复杂,又细分为逻辑重音和感情重音。

所谓"逻辑重音",是把能够突出句子主要思想或特殊含意的字、词重读(或特殊处理)。同一句话强调不同的意思时,要重读的字或词也一定不相同。例如:"我明天去学校"这句话,按说话者的意思,按语言逻辑,可做完全不同的重读处理。

我明天去学校。(重在"我",意思是别人不去我去)

我明天去学校。(重在"明天",今天不去了)

我明天去学校。(重在"去"谁说我不去呢)

我明天去学校。(重在"学校",不去公园或商店)

有的演员不懂得语句重音的道理,说台词或朗诵时,没有按照语意重点去确定重音,而是习惯性"上调儿",把不应该重读的字或词重读了,把应该重读的字或词反倒一带而过,就会让人听不懂他说的基本意思。

比如有同学朗诵《乌鸦和狐狸》这则寓言,是这样处理重音的——"一只乌鸦得到了(读 lē)一块肉,躲在一棵大树上,准备好好地(读 dì)享享口福了(读 lē)。"他这是在"唱"读,而不是在朗诵。正确的处理应该是:"一只乌鸦得到了一块肉,躲在一棵大树上,准备好好地享享口福了。"

一般来说,我们应该把说明"谁"(或"什么")、"在什么地方"、"做什么"(或"怎么样")的字和词重读。只要重音确定得正确,哪怕只把重音的字或词读出来,其他字不念,别人也可以大概了解你的意思。这种逻辑重音设定法叫作"设定主题词法"。

除了逻辑重音之外,台词或朗诵还有感情重音的问题。即为了表达感情的需要,对句子中的某些字或词加以强调、重读。只有正确地运用感情重读,我们的语言才会变得有血有肉、充满生气和力量。

还是上面那句"一只乌鸦"的段子,除了已经设定的逻辑重音之外,我们可以对"准备好好地享享口福了"这句话中的"好好地"三个字做感情重音处理,再配合上必要的表情动作,就能通过朗诵者之口,把乌鸦得意忘形的神态淋漓尽致地表现出来,增强了朗诵的生动性。

需要注意的是,感情重音需要建立在逻辑重音的基础之上,也就是说,首先要把话的意思说明白,再去考虑感情色彩的投入,不可偏废或把二者对立起来。而作为演员来说,引起观众注意的方法除了加强重音之外,还有很多。比如:突然将重音字词轻读法、突然放慢法、重读字拖长声法、重音字词前后停顿法、夸张声说法、节奏对比变化法(突然放慢或加快)、装饰音法(在重音字词上用笑音、哭音、气音、颤音等)等等。重音的确定与处理方法,既是语言学问题,又是艺术处理问题,一定要在老师指导下多练习,在练习中增长知识和才干。

2. 停顿

有的人说台词,生怕一停顿会使听众注意力分散,于是一字接一字、一句接一句,像放机关枪"哒哒哒"地不停。有的人则是慢条斯理,两字一停、六字一停,把台词或作品表达得支离破碎。这两种处理方式,没有看到停顿的重要性,缺乏有关停顿的知识。

停顿一般有三种情况。第一种叫作"语法停顿",这是由汉语普通话语法结构本身所形成的一种自然停顿。遇到标点符号一般要停顿,遇到一个段落结束,更要停顿。停顿的长短根据语法结构,大体上顿号、逗号较短,分号、句号、冒号、破折号适中,问号、惊叹号、省略号稍长,段落之间,特别是层次间的停顿应更长些。这种停顿,一般比较容易掌握。

第二种停顿叫"逻辑停顿",它是根据语言和思维逻辑需要而作的停顿,目的是把语句的意思表达得更清楚、更准确。它和逻辑重音相关联,一般也是在说明"谁"(或"什么")、"在什么地方"、"做什么"(或"怎么样")前后做停顿处理,让人听得更明白。所以,设置停顿一定先要把上下文理顺。如果你不做分析,想停哪儿就停哪儿,就会让观众越听越糊涂。

第三种停顿叫"感情停顿",它是由于激烈、复杂的感情冲击,使言语节奏发生了变化,因感情抒发的需要而设置的停顿。比如寓言《乌鸦与狐狸》中狐狸为了得到乌鸦嘴里的肉而说的那段话:

"哎呀,这是一只多么美丽的乌鸦啊,那眼睛、那脖子,简直像天堂的梦,那羽毛太迷人啦!"这最后一句"那羽毛太迷人啦",逻辑重音应该是"羽毛""迷人"。为了加重狐狸语言中拍马屁的感情色彩,朗读者可将"太"字处理成语调特殊的感情重音。而这样为了与"太"这个感情重音的字相配合,"那羽毛"之后,便可做感情停顿处理,变成"那羽毛,太迷人啦"。这样,便把狐狸那狡猾的嘴脸鲜活地展现在了观众面前。

和重音一样,停顿的表现手法也是多种多样的,有的停顿长些有的停顿短些,有的可采用连停法(声断气不断),有的可采用停顿前一个字拉长声法,还有喘气法、突停法、慢停法等等。不管用什么方法,都不能干巴巴地停,要做到声断、气断、意不断。

3. 节奏和语调

把握了重音跟停顿,并做了恰当的处理,台词就会在节奏和语调上发生变化了。节奏,指的是语言的疏密快慢;语调,指的是语言的起伏高低。

一般来说,紧张、激烈的地方,语速可以快一些,声音可以高一些。悲痛、神秘的地方,语速可以慢一些,声音可以低一些。但这种快与慢、高与低,都不应该是简单的、人为的,它应该取决于人物的心理情感:喜、怒、哀、乐、惊、恐、悲等等。这便是语言节奏与语调的内心依据。

请看这段话:"罗铮冲上去了。子弹在耳边呼啸,炮弹在四周爆炸。轰隆一声巨响,他倒下了。"

这段话的整体情绪是紧张、激烈的,需要较高亢、急促的语调节奏。但又不可一味追求快些、高些,需要有节奏语调的变化。处理时前边几句可以快些、高些,但到"轰隆一声巨响"之后,可以做一个较长时间的感情停顿(此停顿与语法停顿重叠),然后语速放慢、声调低沉地说出"他"这个字,后又做一个感情停顿,再一字一顿地道出"倒——下——了"三个字,语调越来越低,音量越来越小,但每个字都是从心底里说出来的,每个字都有千钧的力量。这样,才能把角色的感情充分表达出来,也才能扣动观众的心弦。

当然,节奏和语调还有个"一般章法",比如,从节奏上讲,性格泼辣、急性子人说话快些,所谓"快人快语";性格柔弱、慢性子的人说话慢些,所谓"慢人语迟"。儿童语言节奏快,老人说话节奏慢。从语调上讲,问话应是升调,肯定语应是降调。善辩、急躁、刚烈的人,语调都偏高;笨拙、阴险、老实的人,语调都偏低。总之,重音、停顿、节奏、语调,是舞台语言表现技巧的基本功。拿起一篇作品或一段台词,千万不要急于拿腔拿调地高声读,首先要下一番理解、分析、设计的功夫。对语言真正领会了,才能有效地提高自己的语言表现和控制能力。

四、台词的综合呈现

声音是语言的载体,任何一个人的语言总是要通过声音才能够传达出来。但是,每一个人的声音都不是完全一样的。演员在考虑角色的声音时,就要注意从角色的外形、气质、年龄、职业、经历等诸多方面去考虑,尽可能地利用声音的音色、音质、音量、音域以及力度等特点来展现出角色的性格。如一个外形魁梧、气质粗犷的角色,在声音处理上最好是运用浑厚的中音或者低音;如果角色是一个形象比较英俊、洒脱的年轻人,那么运用高音可能会更为合适一些。角色如果是老年人,在声音上往往会比较喑哑、低沉;一个长期在野外或者嘈杂的环境中工作的人,说话的音量相对会比较大。如果角色长期从事领导工作或者是担任军事指挥,在声音的力度上一定会比较强;如果角色是一辈子闲散无为的人,他的声音往往缺乏劲头。因此,如果演员在这些方面处理得当,就能够给观众一种声音与形象相一致的感觉。反之,则往往会使观众觉得很不舒服。

而说话的习惯,一般来说主要表现在说话时的速度节奏与语调的特点上。语调可以说是语言的旋律,主要表现在说话时音调的高、低、升、降、扬、抑和声音色彩的明、暗、圆、扁上。如果一个人说话时速度比较缓慢,节奏比较平和,往往显示出这个人在性格上是比较沉稳的;而一个人说起话来速度比较急促,节奏比较跳荡,那么这个人就会比较活泼、热情。一个人说起话来语调平淡无味,往往会使人觉得比较呆板;而一个人说起话来总是在语调的抑扬顿挫上做文章,会给人一种油滑的感觉。演员在体现角色时,要有意识地运用语言的速度节奏和语调特点,来塑造角色的性格特征。

语调与台词中的标点符号有着密切的关系。几乎每一种标点符号都有与它相应的语调。如果一个句子中间有逗号,那么在说到逗号时,由于它还没有表达出一个完整的意思,是希望人们能够继续听完这句话,那么除了应该有一个十分短暂的逻辑顿歇之外,在语调上一般都应该是上扬的,不稳定的。有的演员说起台词来给人的感觉句读不分,其中一个原因就是没有在语调上处理好升降的关系。如果在说一句话时不论是逗号还是句号都一律用升调,就会使人觉得每一句话好像都没有说完;如果在逗号的地方用的是降调,特别是在一句比较长的句子里,就会使人觉得他说出的话好像都是浮搁的,意思也就会不清楚了。再如,如果一个句子结束时是问号,就应该用上扬的升调来结束,给人一种期待对方回答的感觉。如果在一个句子中有几个顿号,那么顿号之间的词在语调处理上是等同的,给人一种并列的感觉。感叹号由于所表达的情感不同,在语调上可升可降,但它的声态应该是促使人产生同情、怜悯、赞成或者是抗议的。

由此可见,在每一个句子中,标点符号本身就要求有语调。演员在体现角色时,在语调的运用上,不能仅仅是完成标点符号所提出的要求,还应该通过语调准确地揭示出角色内在的心理活动与情绪体验。

在表演中,语言的速度节奏,是由人物的性格与人物当时所处的特定情境,以及内在思想情感所决定的。《雷雨》里,当周朴园发现繁漪并没有按照自己的要求把药喝下,他先是把心中的不满压下来,以近似规劝的语气让繁漪把药喝了。这时他的语言速度是缓慢的,但隐含着一定的力度。随着繁漪一次又一次地拒绝喝药,周朴园的内心对于繁漪逐渐失去耐心,态度也转而变成了威逼,他的语言节奏也就加快和增强了。这种速度节奏,既可以表现出人物的性格,同时也展现出人物当时当刻的心态。

此外,演员在体现角色的过程中,台词中正确语调的产生,和同演者之间的交流是分不开的。演员在细排时,自己和对手之间在形体与语言上都会有交流的机会。此时演员既要注意对手在形体上(包括表情)的细微变化,也要学会去听对手的台词,还要从对手的形体动作与语言动作中接受相应的刺激,敏锐地捕捉住那些能够引起自己心理感应的东西,在即兴的适应中说好自己的台词。

最后,演员在处理角色的语言时还需要很好地注意重音。在《雷雨》一剧中,鲁贵和四凤之间有这样一句台词——"你是谁家的小姐呀?"这句话是鲁贵知道了四凤和大少爷周萍的关系后,觉得无论是从身份、地位上,还是从周萍过去与繁漪的关系上,周萍都不可能真正地爱上四凤。为了打消四凤的非分之想,让她清楚自己的身份仅仅是一个供人驱使的丫头,演员在说这句话时的重音就应该放在"小姐"一词上。假如演员把这句话的重音放在"你"字上,这句话就让人感觉是专门想了解四凤是谁家的小姐;而如果是把重音放在"谁家"这个词上,就成为询问四凤出身于哪个姓氏的家庭,意思就都大变样了。由此可见,如果一句台词的重音处理错了,就会使角色的行动产生偏差甚至是错误,角色的思想也就不清楚了。

第三节　表演的形体表达及其入门训练

除了台词的呈现,戏剧表演大量地依赖演员的形体表达,也就是形体行动和动作的呈现。

一、形体表达的内涵

所谓形体行动,是指那种为了达到自己的目的,主要是消耗形体的(肌肉的)力量的行动。这类行动虽然有时会影响与改变对象的心理,但主要是对周围环境中某一个对象造成形体上的改变。例如体力劳动(挖渠、劈柴、打夯、挑水等等)、运动性的行动(打球、游泳、跑步、爬山、滑冰、做体操等等),还有各种日常的行动(洗脸、梳头、穿衣、打扫房间、熨衣服、做饭等等),此外还包括人与人之间的许多行动(拥抱、握手、爱抚、推开、追赶、搏斗、躲藏等等)。

形体行动,并非为了形体而形体。任何形体行动,都应该包含心理和形体这两个方面,二者是紧密的、不可分割的整体。

首先,形体行动可以作为完成某心理行动的手段。例如,为了请求某个人的帮助,你可能拉过一把椅子,请这人坐下,然后去给他沏茶,再递上一支香烟,帮他把烟点着。也就是说,在完成"请求"这个心理行动时,需要你去完成一系列相应的形体行动。在这种情况下,形体行动是从属于心理行动的。

同样是我们上面所说到的那一系列形体行动:拉椅子、沏茶、递烟和点烟等,其心理诉求可以是为了请求某人的帮助,也可以是为了解决某人思想上的苦恼。故而,形体动作的关键还是在于心理依据,否则,形体就失去了依托。但在另一方面,形体行动的完成也会对心理行动产生影响。例如在点烟时,打火机没有气了,总是打不着火,就会在表演者心里引起难堪的感觉,而这种情绪不可避免地会在完成其最基本的心理任务时反映出来。

其次,形体行动与心理行动之间是并行地进行的。例如,一边在做饭,一边在和同演者争论着某一个问题。也就是说,既是在完成着一系列的形体行动,同时还在完成着某种心理行动。做饭和争论这两种行动之间在内容上本身是没有联系的,但是,这并不是说它们相互之间就不存在彼此的影响。假若在争论的过程中,对方不能听从自己的意见,彼此争执起来,就有可能把做饭这个形体行动完全停下来,甚至把锅铲"当"的一声扔在菜锅里。这样一来,有可能吓得对方不敢再争吵下去了。或者也可能出现另外一种影响。比如在炒菜时发现炉子里的火不旺了,需要往里面添煤了,这时就可能会中止与对方的争执去搬煤球,对方也可能会来帮着搬煤球。而在重新开始争执的时候,火气也许已经差不多全消了。

了解了心理行动和形体行动的关系,演员在进行心理、形体行动时所依靠的手段,便是运用形体性动作(亦可称之为表情性的动作)和言语动作来展现目标任务。

形体性动作,包括眼神、表情、手势、体态等等。它与形体行动的区别在于,这些动作本身并不像形体行动那样去改变客观的物质环境,或者是造成对方的某种形体上的改变,而主要是影响对方的心理。例如:打某人一个耳光,就是造成对方形体上变化的形体行动;而斜着眼睛去看你的对手,或者是做一个侮辱性的手势,故意把脊梁冲着对方,这些眼神、表情、手势和体态的动作本身并不会使对方在形体上有所变化,却对对方的心理产生影响。

首先关于表情。表情在生活中是随着人们情感的变化自然而然地流露出来的。在表演中,表情是否丰富和具有表现力,与演员平时对于自己的面部肌肉、眼神等的训练是否有素有着密切的联系。当演员真正地在行动的过程中产生了情绪体验时,这种与之相适应的表情也就自行产生了。如果演员想要直接地运用表情的形式去表达情感,就会适得其反,落入表演艺术的死敌——匠艺和模式化表演的套子中去。因为情感的产生是不受意志支配的,人在真正的情绪体验中所出现的表情上的细腻变化,往往是不能用人为的做作的表情来替代的。

继而关于其他形体性动作。我们经常可以看到运动员在比赛时紧紧地攥着拳头挥动几下,目的是给自己鼓劲;我们还可以看到一个人在受到惊吓之后,用手拍拍自己的胸口,以便使自己的紧张心情能够平静下来。在表演中,演员同样应该注意运用形体性的动作去完成、改变自己的心理行动。而且一定要尽可能地避免那种模式化的司空见惯的动作,如用揉揉辫子或者是扭扭衣角来掩饰自己的尴尬或羞涩等。所以,演员要善于从生活中去观察,并在表演中努力去寻找与探索能够鲜明地展现出人物心理行动的形体性动作。

二、形体表达的训练

形体表达,在于对生活的观察和模仿,对情境和角色的用心体验,以及对具体的形体表达技巧的把握。为了更好地对角色进行形体诠释,我们可以尝试进行一些基本的入门训练。

(一)步态训练

行走是人们的惯常动作,也是舞台上展示最多的一种行动。不同的角色,不同的心理状态,不同的身体条件,会呈现不一样的行走姿态。学习用步态表现角色,是舞台表演入门的第一步。

1. 常规行走

(1) 尝试在众人目光之下,以不同的心理动机和状态,从台左走到台右:

你匆匆而行(为什么?)

你悠闲自在(为什么?)

你东张西望(为什么?)

你春风得意(为什么?)

你愁容满面(为什么?)

……

(2) 可以单独一个人,也可以几个人同时进行。各人尝试按自己的想法赋予行走不同的内在情绪和外部节奏。在进行到中途时,教师发出"停"的指令,每位同学立刻停止动作,保持一个静止的造型。接着教师再发出"走"的指令,学生继续前行,可以维持先前的方向和节奏,也可以改变。练习结束后,同学相互间阐述自己的行动及目的:你是谁? 去做什么?

(3) 重复以上训练,在多次练习中展开想象去丰富自己的行动,认真感受有目的的行走和无目的的行走,有真正的体验和虚假的装腔作势之间的差别。感受即可,无须评论,也无须批评。

2. 非习惯性行走

(1) 参加者徒步行走,要求改变自己惯有的全部行走节奏,与日常习惯行走动作区分开来。如:慢速走、跳跃走、瘸子步、八字步、老人步等等。同时要求全方位地变换行走方向:前进、后退、侧向等,来踏遍舞台的每一寸地面。

(2) 模仿伤员右腿打上石膏绷带后的步态;石膏绷带一直打到膝关节以上时的步态;石膏绷带一直打到髋关节以上时的步态;戴上颈椎护托时的步态;模仿负重行走时的步态(如两臂环抱极重物品行进,一只手负重行进,肩扛重物行进,头顶重物行进等)。

(3) 给每位学生至少5分钟的时间,使之感受和了解多长时间可以形成习惯动作。当习惯动作一形成,教师应立刻指出,并指令学生终止动作。这种训练既可以单独行走,也可以多人同时进行,但互相不要干扰。

(二) 眼神训练

舞台表演,切忌眼神空洞虚假。演员要学会控制自己的眼神,要能依据表演的规定情境和角色的性格身份,在眼神中呈现出不同的内容。

1. 对视

学生分两排面对面坐下,全身放松,轻轻闭上双眼,向左、向右、向上、向下转动,每转动一个方向停留3秒钟,再转向另一个方向。慢慢睁开眼睛互相平常对视片刻,然后轻轻闭上。教师发出口令"睁开",大家立即睁开眼,用力瞪视对方,瞪视片刻再慢慢闭上眼睛。

教师要求学生讲述对视时自己心里在想什么,瞪视时心里又在想什么,同时表述自己从对方眼神中感受到什么信息,心理反应是什么。

2. 眼中有物

看一本书(哪一类的书?),读一封信(谁给你写的信?)。

看从你面前来往的人,小孩、老人、女人或者狗。并用简单的语言形象地勾画出你看见了什么。

感受看到的不同内容或对象时你产生的情绪反应。可以多试几次对不同内容、对象的不同反应,再体会、区分虚假地看和真正地看到有什么不同。

3. 眼神信息传递

一位男生一位女生对坐,两人各自在低头看书。男生抬头注视女生。女生觉察了,抬头回看男生。男生迅速把视线调整为似在看远处。女生发现男生看的好像并不是她,而是她后面的什么,于是顺着男生的视线转头去看,但什么也没看见。她疑惑地瞪了男生一眼,无意中发现男生头上有个东西在动。男生发现女生正饶有兴趣地看着自己,以为女孩对他有意,刚要想有所表示,却发现女孩是在注视着自己的头发。他下意识用手摸了摸,摸下来两片纸屑,目光中透出尴尬和友好。两人又低头看书。稍停,两人同时抬头对视,后又低头看书……

做这个练习时,同学们可以先不商量做什么,而是即兴地当场产生想象和心理活动,但一定要注意不要挤眉弄眼地试图说明自己的意图。不一定有一个完整的情节,但要有真实的瞬间,双方要能够从对方的眼睛里读出他的想法。

(三) 手脚表现力训练

1. 手的表现力练习

练习以两个人为宜。在练习之前,先布置屏风把演员与观众隔开,只留一个观察口,让观众只能看到演员的双手。演出情境为:观察口内的桌子上放着两只杯子,一双男人的手在紧张地转动杯子,一只女人的手用调羹在杯中搅动着。少顷男人的手缩了回去,拿出一个首饰盒放在桌子上,并把它缓缓地推到女方的杯前。女人用手打开首饰盒,里面放着一枚戒指。女人的手稍停了一会儿,又把盒子轻轻地关上,并缓缓地向男方推去。当她的手刚刚推到桌子中间时,男人的手急忙伸过来挡住了推盒子的女人的手。这时,两个人的手碰到了一起,他们的手都停了下来。片刻之后,女人想抽回自己的手,男人却把她的手握住了。然后,男人的另一只手打开了首饰盒,把戒指拿出来,给女人戴上,并充满温情地抚摸女人的手。

这种练习在课堂开始时,同学们可以简单地商议后即兴地去做,教师根据学生所做的练习进行讲评。对于那些基本上合情合理,确实是以手来"表达"而不是用手来"说明"的,可以加以肯定。然后,教师可以让同学们在即兴练习的基础上进一步琢磨,更准确地用手进行交流,使手的每一个动作都会"说话",充满感情。

2. 双脚表现力练习

练习之前,如上先用幕布搭成一面可以挡住演员胯部以上的"墙",让老师和同学们只能看见进行表演的同学的腿部和脚。练习可二人或三人一起进行。在练习开始前相互商议一个情境。例如:父女二人去逛商店,女儿想让父亲给她买什么东西,父亲不同意,把女儿拉走了。演出时两个人走上来,走到台中时,跟在后面的人的脚停了下来,前面的那双脚也停了下来。然后后面那双脚把脚尖转向了台口,但是没有随着移动,只是在原地换了一个位置。这时前面的双脚挪向了后面的双脚,回身向原来前进的方向走去,但是后面的脚没有动,前面的双脚也就停了下来。后面的双腿和双脚在原地扭动着,接着前面的脚跺了一下,又向前走去,而后面的脚却是在地上拖动着。前面的脚停了下来,后面的双脚又扭了起来。前面的双脚毅然地转了过去,继续向前走,后面的脚无奈地跟着,并用脚尖踢着前面那人的脚后跟。前面的脚停了下来,转过来狠狠地跺了一下,又转身走开了。后面的脚一步一拖地缓缓走去。

(四)情绪训练

1. 笑声练习

练习可集体参加。教师先带领同学们做短促的呼吸练习,然后随着呼吸的节奏,在吸气时提起脚跟,呼气时落下脚跟。随着呼吸与身体的起落,在呼气时发出"哈、哈、哈"的声音。这时同学之间可以在笑声中相互嬉戏逗乐,使笑声得以自然延续,直到觉得腹部已经笑得很累时再停下来。休息片刻后,反复进行。

在做这个练习时,开始是从呼吸、发声的纯技术方面入手,但一定要引导同学们逐渐达到在内心中真正觉得有笑的欲望,而且能控制自己的呼吸使笑声连贯、响亮的目的。

同学们在基本上掌握了放声大笑之后,还可以练习由呼吸带动鼻腔发出"哼、哼、哼"的冷笑声,突然忍不住爆发出来的笑声等。

2. 由笑发展到哭的练习

这个练习是在放声大笑的基础上进行的。练习时,让同学们先放声大笑,笑到一定程度后,采用倒抽气的方式,即在吸气时发出呜咽的声音,而在呼气时又发出"哈、哈、哈"的声音。这样呜咽声与"哈哈"声相互交替,使"哈哈"声带上哭音,并逐渐地完全转化成哭声。

这个练习在解决了呼吸等技术上的问题后,一定要让同学们在内心中展开想象,心里活动要很具体。例如:想象你听到了有人造你的谣言,说得完全不着边际,因此你觉得非常可笑,但仔细一想,这个谣言又深深地伤害了你,使你觉得非常委屈,所以又不禁难过起来。总之,在做这个练习时不仅是外部技术的训练,同时还应该使同学们尽可能地做到内外部的统一。

3. 边笑边说的练习

做这个练习时,同学们可以先选一段台词或者是自己编一个故事。练习时,先以笑声练习为引导,当笑声与呼吸已经把握住之后,就可以在笑声中说台词或自己编的故事。对同学们的要求是:笑声要持续不断,语言要尽可能地清晰,感觉要真实。在同学们基本上掌握了技术上的要求之后,就可以先从说台词或讲故事开始,然后再把笑声加入进去,边说边笑。

需要说明的是,无论是台词还是形体表现力的训练,都不是让同学们掌握某种固定的模式,而是让同学们认识到自己的身体(包括声音)是创作的材料和工具,是表现自己丰富的内心体验的物质基础。因此,重视自己身体的可塑性的训练,同时不断地探索新鲜的、生动的、最有特色的表现方式,是表现力训练最主要的目的。

第八章　小学课本剧的演出达成

课本剧诞生的初始缘由和目标是为教学服务，所以，它最大的应用场景还是课堂。课堂上，时间有限，场地有限，配套有限，我们的课本剧运用便可以删繁就简，重编创，重教学难点的突破，象征性地导一导、演一演，尽量做到单纯凝练，让学生感受课本剧这种形式即可。但另一方面，由于课本剧具备戏剧的舞台演出特性，一出襁褓就决定了它可以放在更宽广的舞台上供更多的观众欣赏和解读。所以，很多时候，课本剧还会出现在学校的联欢会中、学校间的竞赛表演里。作为一台供舞台演出的课本剧，演员表演、舞台美术、角色造型等，是其不可或缺的重要组成部分，需要我们用心去打磨。

当然，对于课本剧的表演、布景、服装、道具等，教师首先需要明确的是，我们不需要去仿效专业剧院剧团的高标准，更不需要去追求豪华制作，因为无论是专业程度、制作人力、财力还是打造手法，学校都难与专业团体同日而语。我们需要做的是，在自己能力范围内最大限度地展现该课本剧的角色、情境和主题，不让表演、舞美或者其他元素变成整台剧的短板。

第一节　小学课本剧的表演

戏剧表演是演员在剧作家所创造出来的文学形象的基础上，再创造出有血有肉的、活生生的舞台人物形象的艺术。演员扮演角色就是把自身变为剧中人，在自己身上创造出另一个人物形象来。因此，演员创作的宗旨就是创造鲜明的人物性格，体现栩栩如生的人物形象。表演艺术就是要在艺术虚构的条件下再现人的行为，即由演员扮演角色，创造人物形象。这是表演艺术的根本。

小学课本剧的表演虽然对技巧的要求并没有那么高，但也需要在导演的指导下，按照表演创作的基本规律，一步一步实现对角色的刻画和对剧作的展示。

一、研究好剧本和剧中人物

初学表演者在拿到剧本以后，大多会先迫不及待地仅仅找好自己所饰演的角色的台词，认为只要将自己角色的台词背下来，再设计一下说哪句话时做个什么姿势和动作，就能把角色演好。这种脱离剧本的思路和方法是不可取的。试想，如果一个演员对自己将要扮演的角色在整个剧中的位置、他与周围人事的关系、他对整个戏剧发展的作用等没有足够的认识和了解，又怎么能演好这个角色呢？

所以，首先，我们要认真、仔细地研读剧本，要在阅读剧本的过程中弄清楚这样一些问题：

(1) 这个剧讲了一个什么样的故事？这个故事的主题是什么？给我们提出了什么问题？

(2) 这个剧中有没有对立的"阵营"？每个"阵营"中都有谁？他们各自有什么目的和目标？为了这些目的和目标，他们做了什么？

(3) 自己扮演的角色的身份是什么？他是怎样的装扮和外貌特征？他是什么样的性格？有怎样的思维方式和行为特点？他与剧中的其他人是什么样的关系等。

这些问题看似繁多，其实并不复杂。尤其是小学阶段的课本剧，原就浅易单纯，稍稍多读几遍剧本便能有答案了。这时，我们不妨把自己所扮演的角色以及关联紧密的角色的介绍说明用红笔勾记出来。它们就是编剧提供给我们的创作依据，要让它们引导我们逐步接近自己的角色。而且随着排练的进行，导演也会给我们一些解释和启发，我们自己还会从熟悉的生活中找到一些恰当的素材来充实自己的人物形象。渐渐地你会觉得，你要扮演的角色好像是你的一位老朋友，你一闭上眼他仿佛就在你眼前——这时，才到了你需要完全背熟台词、放手去展现你的角色的时候。

我们以较早的一个儿童剧《借手绢》中的片段来做示例说明：

任　珍　张小宝，今天检查手帕！

张小宝　我知道！

任　珍　拿出来看看！

【张小宝一边动脑筋，一边从鼓鼓囊囊的裤袋里掏出弹弓、弹子等，塞进书包，走至台中，两只手塞进裤袋。

任　珍　净带这些脏东西，把手绢拿出来检查！

张小宝　（灵机一动，掏出右裤袋的袋布）手绢在这儿！

任　珍　口袋布？口袋布当手绢？

…………

任　珍　又忘了？你老是不带手绢。

张小宝　尊敬的大队长，再宽大一次怎么样？

任　珍　老原谅你，不行！昨天检查杯子，你就说忘了。

张小宝　前天检查手指甲，我可全带来了。

任　珍　还能把手指忘在家里？你的手指甲又长又脏，还是我给你剪的呢。今天手绢又没带，非罚你回家拿不可！

我们分析这两段文本中张小宝这个人物形象。首先,剧本的舞台指示告诉我们,张小宝口袋里经常装满各种各样的玩具,说明他爱玩闹爱撒欢,不喜欢被约束死读书。其次,从小队长任珍的嘴里可以知道,张小宝不爱带杯子,也不爱带手绢,不注重个人卫生,遇上检查总想糊弄过去。最后,从张小宝自己的台词中我们可以看到,他脑瓜子活,反应快,爱耍小聪明,是一个精力旺盛、不循规蹈矩的高年级男生形象。在这个性格习惯的分析基础上,我们再去勾勒这个男孩子的穿着打扮、说话语调、眼神表情,是不是就更清晰一些了呢?

同时,在这段小戏中,"负责任地检查"和"弄虚作假地应付检查"是矛盾对立的两面:一面是小队长任珍,坚决要执行卫生检查,坚持要督促张小宝带好手绢;另一面则是"反抗"的张小宝,千方百计想把卫生检查敷衍过去,拒不实行学校的制度。在这种互不妥协的矛盾冲突中,人物各自的思想性格就都跃然纸上了,我们也就可以从这对立的两个面下功夫,去更好地演绎两个小同学的形象。

二、抓住角色的"思想线"和"行动线"

有了以上对剧本、人物的初步分析后,我们就可以进一步研究台词了。也就是演员相互之间通过"对词"来进一步理解剧本,从台词的表面以及台词背后的含义去寻找、挖掘人物的真实思想,弄清楚自己扮演的人物在全剧中思想活动的"线",也就是专业术语所称的角色的"思想线"。

角色的"思想线",是指剧中人物在和对手交往,与周围环境接触、碰撞中,头脑里不断地思考、判断、掂量、琢磨,在内心形成或强或弱的冲突。这些思维、情感的活动,一浪推一浪地在人物心中涌动,构成一条不断的"线"。舞台上的表演和我们的真实生活一样,人们总是在不断地感觉,不断地判断,不断地思考,不断地行动与相互行动。有时角色把心里想的通过台词说出来了,有时也许他什么也没有说,但他心里是有无声的语言的。演员要让自己扮演的人物在舞台上获得生命活起来,就需要理清和把握住人物在舞台生活中那条不停息、不间断的"思想线",从而理清由人物的思想、情感引发和推动而发展出的"行动线"。

所谓角色的"行动线",是指人物为了实现自己的某个目的而影响和作用于对手,或者为着改变周围的环境,在规定的情境中所进行的一个又一个有着清晰逻辑顺序的行动线索。比如,我们可以假定这么一个生活小片段:媛媛放学回到家,进门迎来一股呛人的烟味,她于是用手在鼻前用力扇着。她看看房里,爸爸一个人坐在桌前写字。她走到爸爸跟前,桌上摆放整齐,没有烟具。她抓过爸爸的手,翻过来覆过去地闻了又闻,确定没有烟味。她问:"爸爸,家里来客人啦?"爸爸很奇怪:"你怎么知道的?"媛媛看看爸爸,又在屋里四下巡视,发现了茶几上残留的烟灰。她指着烟灰说:"这儿有证据。"

我们看这段行动描述的背后,媛媛回到家闻到烟味,知道家里有人抽了烟。看到爸爸一个人在家,怀疑是爸爸又在偷偷地抽烟。在桌子上没有找到证据,爸爸的"嫌疑"

稍稍排除,于是想是不是家中来了客人。得到爸爸很快的肯定答复后,相信了爸爸,在家中找到了客人抽烟的证据——全部行动一气呵成。所以,我们任何人都是通过自己的视觉、听觉、嗅觉、触觉等接收外界的信息,进而产生判断和分析,产生具体的思想和真实的感情,从而引起一连串的行为和动作的。并且,不仅角色的思想线引发和推动人物行动,角色不断的行动线也会翻过来又激发起人物新的思想和情感。就像上述媛媛的行动线源于她不喜欢闻烟味,她想要阻止爸爸抽烟,而她进门后的一系列反应和最后的结果,会让她认识到自己的爸爸的不信任也许是不合适的,由此修正自己对爸爸的看法。

所以,我们研究角色的深层,是要发掘出角色那样说那样做有什么样的心理依据,或者角色在这样那样的心理动机下会不会产生接下来的言语和行为,这样的人物理解和设计,才是符合人的现实生活逻辑的,这样表现出来的角色才是鲜活且可信的。

又如,《雷雨》第一幕中繁漪有一句台词:"这屋子怎么这样闷气,里里外外,都像发了霉。"对于扮演繁漪的演员来说,这句话可以理解为繁漪对她的生活环境的最真实的感受。如果要真正地掌握繁漪的这种感受,就必须展开想象:她曾经是怎样生活的?怎样来到这个家里的?她和周朴园究竟是一种什么样的关系?后来她和周萍又有着什么样的关系?现在每天又是怎样生活的?她每天什么时候起床?什么时候睡觉?她和周朴园在一起时都在谈论些什么?周朴园让她喝的是什么样的药?她每天是怎样消磨这难耐的时光的?……由于角色的思想逻辑与他所处的时代、他的出身、生活环境、所受的教育等有着密切的联系,因此在分析角色的思想逻辑时,演员应该根据剧本所提供的事实,利用自己的生活积累与想象,给自己所要扮演的角色编出一个生活小传。这种小传,将使演员能够比较具体地感觉到角色思想逻辑的形成过程。演员只有展开想象回答出这一系列的问题之后,才会感觉到这种"闷气"和"发霉"的生活状态,也才有可能真正地获得人物生活环境与心理状态的实感。只有在把握住了人物的生活环境和心理状态的实感的基础上,演员才有可能捕捉到人物的思想,把握住人物的行动。

三、建立真实的"交流"和"适应"

在导演的理论部分,我们已经阐述过,任何一个行动都是由以下三方面有机地组合在一起的:做什么——任务;为什么做——目的;怎样做——适应。这三者就是行动的三要素。

做什么和为什么做,它们都是可以受意志支配,是可以预先确定的。但是,在行动中要怎样做,即如何去"适应",就不同了。尽管演员可以在事先确定某一种"适应",但是这种事先的确定往往会面临许多的不确定性。一方面他不能完全地推理出在行动中他会遇到些什么样的意外,他在表演中,他的同演者会给他什么样的没有想到的反馈。另一方面,在与同演者接触的中,他自身往往会不由自主地产生出各种各样的情绪情感,这些情绪情感又会反过来在他身上呈现出各种难以预料的反馈。这样,演员原先所设想的"怎么做"、如何去"适应",就可能完全改变了。因此,在专业术语中,把怎么做称之为"适应",就是说在行动的过程中,本身就带有一种根据外界与同演者的变化而随机应对的意思。

在生活中,如果一个人去找另一个人借钱,他当然知道自己要做的是什么,同时也知道自己借钱的目的是什么。但是,应该怎样去做,尽管他在事先做了各种各样的准备,在真正的接触过程中,事先准备的那些做法却可能完全没法用上。例如,你为了换一个大点的房子到一个朋友家去借钱,去之前你想好了要怎么说和怎么做,但是当你见到这位朋友才刚刚开口,他就开始哭穷,诉说自己最近做的一笔生意如何赔了本,自己的日常开销多么大等等,结果你根本没法继续向他借钱,且在心中产生了对这位朋友的反感,于是你决定不再向他借钱告辞出来了。另一种情况可能是,你准备好了如何向你的朋友去诉说你多么需要这一笔钱,而且一定会按期归还。当你刚刚提到你需要这笔钱时,你的朋友便毫不犹豫地答应把钱借给你,而且说什么时候还给他都可以。这样,你原来想说的许多话都用不着说了,你对这位朋友充满了感激,说了特别多感谢的话。上述例子证明,在生活中,"怎么做"即"适应",总是要根据外界与对象的情况来决定的。

自然,演员在表演时也是如此。演员在自己准备角色时,完全可以寻找出角色行动的任务和目的,但如果他在自己事先的准备工作中就完全确定了要怎样去做,准备好了在说台词时要用什么样的语调和语气,行动时用什么样的手势和表情,然后不管客观环境和同演者有什么变化,都只是按部就班地去表演,效果往往就会适得其反。因为这些完全脱离了客观实际的关于人物怎样做的准备,在排演的过程中,在和同演者相接触时,常常会阻碍演员真正的创造,成为演员与演员之间活生生的即兴交流的障碍,而且会使演员的表演变得非常生硬和机械。真正的创造要求演员必须和同演者在行动中建立起一种真实的交流过程,并且在这种交流的基础上创造出有机的"适应"——"怎么做"。

在具体的表演中,我们可能无法想要冷的感觉就立马有冷的感觉,但是,我们可以抓住取暖的行动,如使劲地搓搓手、跺跺脚,用嘴往自己的手上哈气,或者是用双手捂着自己的耳朵这样一些行动,来唤起冷的感觉。斯坦尼斯拉夫斯基指出,如果演员想要表现"无聊"的感觉,就不能直接去演"无聊",而应该找到摆脱"无聊"的行动。如拿起一本书看看,觉得没有意思,就把它扔下;然后想哼支曲子,但也觉得没劲,就停了下来;接着又拿出一副扑克牌,洗了洗牌,想给自己算个命,刚算了一会儿,又把牌扔到一旁去了。这一系列的行动,就会产生出百无聊赖的感觉。总之,如果演员在表演中真正做到了有机的即兴的适应,就会有下意识的动作在这种适应中出现,从而在这些下意识的动作中产生人物的准确的自我感觉。

而且,演员在完成任何一个行动时都应该真正地去感觉。这里所说的感觉,是指演员要用自己的感觉器官去感知剧本中发生的事件和事实,去感知你的同演者的行动中一切微妙的反应,绝不能因为剧本把一切都写出来了,演员就可以不去感觉。我们经常看到有的演员装模作样地看了一下手表,然后说"他怎么还没有来"之类的话。如果你问他刚才看表时是几点钟,他可能瞠目结舌地回答不出来,因为他根本就没有真正地去看表,只是做了一个看表的动作。交流与适应,在表演中就意味着永远是一种此时、此地的即兴创作,失去了即兴性,也就谈不上有什么真实、有机的交流与适应了。真听、真看、真正地去感觉、真正地去思考。看,要看到人家心里去;听,要听出话里的味道来,才能够真正地发现和感觉到环境与同演者所给予的刺激,从而引发出自己心灵的感受,并且产生出相应的心理的和外部的适应。

第二节 课本剧的舞台美术

舞台美术是戏剧舞台上除演员以外的一切造型因素的总称。具体地讲,它包括布景、道具、灯光、服装、化妆以及舞台空间的处理,它们之间既有分工,又相互关联,形成一个不可分割的艺术整体。一般来说,布景、灯光担负着表现戏剧环境的作用,服装、化妆担负着表现人物的作用。同时,灯光直接渲染人物,布景间接表现人物,人物塑造有时又间接表现环境。所以,现代舞台美术虽然可以区别出布景、灯光、服装、化妆等,但塑造戏剧环境与人物的全部任务是由舞台美术综合体共同承担的,它是个有机的艺术整体。

舞台美术是随着科学技术的发展而不断进步的,技术性较强是舞台美术的特性之一。16世纪欧洲剧场使用蜡烛和油灯照明,到了19世纪初煤气灯出现后,开始改用汽灯,直至发明了电光源,舞台灯光技术才发生了一次突变。19世纪末20世纪初,舞台上添加了转台、升降台和推台等各种混合机械。此后由于微机控制系统和激光技术的发展,更加开拓了舞台灯光的新领域,从而丰富了戏剧演出的舞台技术手段。近些年的晚会节目在舞台演出对新型媒体设备的应用,使舞台美术在内容和设计上焕然一新,得到了广大民众的认同和喜爱。许多歌舞类节目在引入新型媒体设备后,让大家在场景的变换和动静结合中如身临其境般感受着四季的变换,移动的山丘和蒙蒙细雨,享受着视听盛宴,这都归功于LED视频技术以及许多现代新科技的强大功能。

正式演出的戏剧,舞台美术设计都要经历一个较长的过程。首先研读剧本,体会编剧的意图;然后与导演交流,了解导演想要的效果;同时,对导演说明自己的想法。在达成共识后,把设计想法落实在草图上;在与导演交流之后,画出正式的设计图。图纸交舞台技术部门研究制定方案,再交创作部门创意制作,在演出前进行安装、调试,直到演出结束。当然,由于课本剧并非专业性很强的演出,有些步骤不必要或者没有条件操作,但有几个关键的地方还是必不可少的:读剧本——出方案——制作搭建。

对于舞美设计来说,读剧本主要是了解基本的环境。从这个角度出发,读的时候要首先读好舞台提示部分,把时间、场合、基本的物体(山、石、路灯等)记录下来。其次,了解大致的故事情节,把握启(开始)、承(发展)、转(高潮)、合(结尾),以便根据这些关联进行舞美设计编排。在色调运用上,写实性的布景色调,需要尽量接近于我们真实的生活环境,使观众有强烈的代入感。而非写实的布景设计,可以进行夸张、抽象、扭曲,把人们原有的熟知的一些规律给打破,重新进行组合。同时在舞台设计时要充分考虑到道具色彩与整个大色调的关系,不能因为某一个道具过于突出,而导致整个舞台不和谐的情况出现。另外,如果布景的颜色是冷重色,那么前边的道具应是浅色,花色的底幕适合颜色单调的道具,反之,单调的底幕,适合色彩感强的道具。

我们用以下几个剧来做简要说明。

1. 生活剧《板凳上的钉子》

《板凳上的钉子》是日本作家永井鳞太郎创作的一部儿童哑剧。该作品讲述的是发生在同学间的一则小故事——菊子清早来到教室,被板凳上的钉子扎了一下,于是她把凳子换给了小民,小民被扎了又换给了百合子,百合子又换给了明明;明明被扎后,主动把钉子敲进去把板凳修好;其他三人看到后觉得很羞愧,大家一起把教室里有问题的桌椅都修好了。剧本的开头是——

人物　菊子(女)、小民、百合子(女)、明明
时间　早晨
环境　教室里,没有一个人

舞台提示中所提供给我们的时间是早晨,环境是教室里,演员活动的基本环境也没有离开教室。这样,我们就有了一个基本的认识:时间和环境在这个戏里要求得很具体。但仅仅知道这点是不够的,舞台提示中并没有提供有关情调和气氛的文字。因此,有关这两方面的信息我们还得在剧本中寻找。

剧本的第一部分:开始(启)

时间　早晨
地点　教室
情节　菊子发现凳子有颗钉子露出来,并把凳子和邻座调换

第二部分:发展(承)

时间　早晨
地点　教室
情节　小民坐上有钉子的凳子;菊子偷偷地观察小民;小民把凳子和邻桌的调换

第三部分：发展（承）

时间　早晨
地点　教室
情节　菊子、小民等着看百合子的窘态；百合子被钉子扎了哭了起来；在菊子和小民的唆使下，百合子把凳子和邻桌的调换

第四部分：发展（承）

时间　早晨
地点　教室
情节　明明走进来，菊子、小民和百合子窃笑，希望看到明明的窘态；明明被钉子扎了；明明仔细检查凳子并跑出教室

第五部分：高潮（转、合）

时间　早晨
地点　教室
情节　明明找来一块石头把露出来的钉子敲进去；其他三人认识到自己错了并认错；四人共同修好凳子

通过对作品的分析，我们看到，整部剧虽然场景没有变换，但情节层层推进，整体节奏明快，表现夸张，带有喜剧色彩。这就要求我们在舞台设计上也要追求简明、夸大，突出一个漫画式的环境。所以，我们如果在教室里演出，可以以讲台方寸为演出空间，黑板、桌子、凳子都有现成的，稍加改装即可呈现较好的效果。如果在剧场演出，可以使用颜色明快的布或其他色彩明快的材料作为背衬，还可以把小学生的五颜六色的书包架成一面墙，再用蓝色衣服穿插，构成一个窗子，加上桌椅的摆设，小学课堂的感觉就会很强烈。在演员服装方面，普通的衣服即可，校服最佳，只是在颜色上要注意与背衬区分，不要太近。在灯光上，因为场景一直是早晨，所以用普通的照明灯就行，如果在白天演出，用自然光即可。所以这一类的生活场景小剧，舞美设计还是比较简单的。

2. 童话剧《红头和绿头》

《红头和绿头》是剧作家任德耀创作的一部童话剧。红头和绿头都是主人公小强口里的牙虫，因为小强爱吃糖又不爱刷牙，所以他们跳出来在牙齿上钻墙凿洞，小强牙疼得受不了，只能去医院看牙医，从此学会了爱护牙齿，好好刷牙。

我们简单分析一下这部童话剧的脉络——

主　题　希望同学们讲究口腔卫生
风　格　轻松明快
场景一　地点未明确（大约在马路上或者教室外走廊边）
场景二　小强的口腔里
场景三　医院
场景四　小强的口腔里

依据我们对《红头和绿头》场景、主题和风格的分析，我们分别按教室演出和舞台演出两种情况来做舞美设计。

首先，如果是在以教室为演出场地，我们可以在教室里挂上暗色的窗帘；其次，用桌椅围出一个圆形或方形的表演区域，并留出一个或者两个出口让演员上下场用。观众则全部坐在表演区外。

第一场主要是主人公出场，不是情节发展的重心，场景又在路上，所以基本不需要做特殊的舞台设计，演员穿日常生活服装在舞台的一侧表演即可，窗帘此时全都拉开，呈现日间的光线。

第二场的情节发生在小强的口腔里。我们可以用白色的硬纸壳做成若干个方形的纸盒，下面做好肉粉色的底托，围成椭圆形的一圈来模拟牙齿的样子。而表演红头和绿头的演员就戴上红绿两色的头套，妆面可以略夸张漫画一点，在"牙齿"中间活动。由于这一场是情节的亮点，所以窗帘需要都拉上，灯光可配合做成多彩的（将教室里的灯用彩纸包好即可），营造一个牙虫嚣张骚动的气氛。

第三场是在医院里。我们需要把窗帘拉开用自然光，把上一场用到的牙齿盒摞起来做牙医诊室的背衬；再搬出课桌和椅子铺上桌布做出工作区，医生穿上白大褂。医院的场景就有几分像了。要说明的是，虽然这场戏是全剧的高潮，但在舞台设计的时候不能"抢戏"，不要让观众的视线过多地分散到舞台布景上，而要以演员的演出为重，以戏剧冲突为重。

第四场与第二场一样，场景又回到了口腔内，窗帘再次拉上。由于这是全剧的收尾，展现红头、绿头的"溃败"和小强的转变，所以灯光适合用暖色调。其他的舞台布置基本和第二场一致，起到一个强调的作用。

如果有条件在剧场演出《红头和绿头》的话，可以这样进行舞台美术设计：第一场在路上，可以做一些花草树木做点缀，背景可以选择林荫路、蓝天的图片投影在舞台屏幕上，营造轻快、美好的环境。舞台灯光要打出层次，突出表演区弱化其他区域。第二场在小强的口腔里，牙齿可以用加大号的模型，做弧形状摆在舞台的两侧；舞台中央为强追光的表演区域，背景可以用漫画式的大嘴的图片；演员在造型上可以多一些设计，服装可以走小丑的路线。第三场在医院,可以用屏风围成一个小的空间作为诊疗室,里面摆设躺椅、工作台以及简单的医疗器械。模仿医院里的环境,找到最具代表性的道具就可以了。第四场基本同第二场,背景投影可以换得简洁素雅一些,道具摆放可以不用像第二场那么紧凑。

总之,童话剧,因为它本身的幻想色彩,给舞美设计人员的发挥空间还是比较大的。我们一方面需要投合儿童的喜好,另一方面也要尽力地还原原作品的风格和基调。

3. 历史剧

在小学阶段,由于并未开设专门的历史课程,所以一般并没有由历史课本出发编演的历史剧。不过在小学语文教材里,还是选入了一些比较典型的历史故事,如《完璧归赵》《田忌赛马》《扁鹊见蔡桓公》等。这些作品,为孩子们走近古代的生活,了解古代人们的智慧和胆识,提供了很好的渠道。然而历史剧的创编,相对是难度最高的。它不像生活剧那样可以在现实中抓取原型,也不像童话剧那样能够任由我们天马行空去想象,历史剧一定有它诸多的历史限定。比如故事发生在什么样的朝代,那个朝代不同身份的人穿戴什么样的服饰,他们说话做事、生活起居、日常相处是什么样的方式和状态……这些在剧本中较好地体现已是不易,一旦落实到具体的服装、道具、化妆上,即便是专业剧团也要花费大量人力物力财力去研究、创造、制作。所以,如果是小型的课堂展示,注意演员的表演风格不要跟剧情年代太隔阂,服装打扮不要太花哨时尚、尽量素雅古朴一些即可。如果是舞台演出,则需要对所在朝代做较精细的资料搜集,一方面要找到和剧情年代一致的场景图片做大背景;另一方面还是去租借合适的服装,做好人物的造型,避免出现原则性的服饰、道具错误或者闹出笑话。

第三节 课本剧的道具与造型

观众观看舞台剧时,同舞美道具之间建立的是视觉上的联系,所以道具的设计和制作,需要考虑到的是给观众带来的视觉感受,并通过演员表演出的触感加以渲染,使其发生视觉上的欺骗性。而人物造型是戏剧的重要元素之一,主要包括服饰造型和化妆造型。二者是一个整体,互为补充,密不可分。它们在创作过程中既有明确的分工,各自独立;又在美术设计师的总体统筹下合二为一,共同为完善戏剧美术服务。

一、课本剧的道具

凡在舞台剧、电影、电视等表演艺术中所使用的器具,包括场景中的陈设,演员手中拿的和身上携带的用品都可称为道具。道具有大道具和小道具之分。大道具是指大件物品，如：桌、椅、床、柜、车、船等。小道具主要是指小型物品，有摆设品如花瓶、吊灯、画框、文房四宝等，有随身物品如香烟、钢笔、围裙、拐杖等。从道具风格特点上看，有的写实，来自对生活与自然的模仿；有的抽象，是对事物的认识与再创造；有的具有装饰性，对物品进行了规范和美化；有的夸张，可产生对比与喜剧效果。可见，道具包括的范围很广，形式多姿多彩，是戏剧等综合艺术中的重要组成部分。它对烘托时代背景、舞台气氛，表现人物身份、性格，突出戏剧主题，辅助演员表演等都能起到关键作用。

舞台上的道具，大多数可以通过购买或租借的方式获得，但仍然有一些情况，我们需要自行制作道具。一是剧情发生在某些特定的历史年代或者某些特定的环境，为了让道具与时代、环境、人物相吻合，不超出剧情的规定，就需要我们按照剧本、导演的要求对道具进行制作。二是有些道具很重很大，如柜子、桌子等，为了搬动、运输的方便，我们便可以用轻些的材料代替厚重的，用空心的代替实心的，或者做成拆装式的、折叠式的。三是有的道具很贵重价值很高，购买或者租借花费都很大，有的东西易碎不好保管，如玉器瓷器、玻璃制品等，我们可以用成本很低的材料以假乱真。四是一些童话神话等幻想类作品，往往需要添加神奇的效果，会出现一些现实生活中没有的场景和事物，这些都需要我们去设计制作相应的道具。

一件道具，从设计制作到搬上舞台，必须符合三个条件。第一，符合时代背景。《雷雨》中的周朴园很富有，但再富有那时也用不起落地电风扇；《霓虹灯下的哨兵》里的菲菲很洋气，但再洋气也没有见过气体打火机。第二，符合地区特点（包括民族风俗）。新疆的鼓舞就不能借用朝鲜族的长鼓，西藏牧民的藏剑就不同于蒙古族的马刀。第三，符合人物身份。像年代剧里，穿西装打领带的阔老板往往抽的是雪茄烟，披长袍套马褂的土老财往往吸的是水烟斗。如果将他们的烟具换一下，那就会感到滑稽和别扭了。

艺术的源泉是生活，道具设计也离不开生活。只有设计者对剧中反映的生活有深入细致的了解，才能设计出准确生动的道具来。所以，平时除了要常深入各个领域、地区参观了解，还要多看戏剧电影，参观各种展览，以便积累生活，吸取养料。要注意的是，道具设计与工艺美术有所不同。工艺美术要求精工细雕、形象逼真、玲珑剔透。舞台道具则只要求"远看似真"，如果制作的过分逼真，不仅费时费工，而且会把舞台上别的景物比假。道具制作者需掌握一些竹编、脱胎、造型的基本技术，最好再学一些电工、木工、纸工、粉工、油漆工的起码知识，这样对制作道具非常有益。

制作道具的材料有很多，可以说各类材料都有可能用到。过去常见和常用的材料是草版纸、纸浆、木材、金属等成本低、易成型、重量轻的材料。随着科技的发展，材料也在不断更新，现在更多使用的材料是聚苯泡沫板。另外塑料、有机玻璃、毛线、麻织物、金属、竹木等常用。甚至很多东西，只要开动脑筋，都能找到代用品去制作。课本剧演出，受开销预算和演出规模的限制，不可能投入太多资金来购买材料，所以，只要能做出道具的造型和质感来，就可以就地取材，在身边的废料中去寻找合适的材料。比如在日常生活中我们使用过的包装纸箱、木箱、防震用的聚苯泡沫板、废沙发、塑料管、可乐瓶、药盒、锡箔纸、礼品袋、旧衣服、旧毛线等,可以发动同学们尽量收集、运用起来,其余再准备一些乳胶、万能胶和一些锯子、刀子、钉锤、颜料等工具,就可以用最少的钱,办更多的事。

  比如道具花瓶。造型漂亮做工精致的花瓶不仅价格较高,而且万一保管不好摔碎了非常可惜。我们可以选用喝完的各种造型的啤酒瓶,用绕彩绳麻绳、刷彩胶或者白胶再绘图贴图的方式再造,或者直接用透明的玻璃瓶营造简单森系的风格。花瓶里的插花,用价格较低的鲜花亦可,但更好地是用缎带、绒布、彩纸、鸡蛋壳、开心果壳、毛线、吸管、铁丝等各种材料自行制作,此类的教程网络上或者许多书籍中都有。

  又如在戏剧中演员需要拎一只鸭子。如果用真的活鸭子,一来在后台饲养很不卫生,二来上了舞台该叫不叫不该叫乱叫,非常不好驯服。如果用一只毛茸茸的卡通玩偶鸭,在日常情景剧中又不够和谐,容易引起观众笑场。这种情况下,我们也可以自行制作。我们可以先用碎布、纸团做好鸭身的毛坯,用一节软弹簧代替脖子,再将头和身子连接起来,用雪白的棉花包贴成形,最后做好鸭嘴和眼睛,把"鸭子"放在竹篮。如此上了舞台,配上音响效果,鸭子会动会叫,效果比前面两种选择都要好。

  此外演出中常用的桌子凳子,面板可以用泡沫板或者多层硬纸壳,腿可以用旧的易拉罐、饮料瓶或者轴心纸筒,然后在表层粘贴上原木纹或其他花色的装饰纸。茶壶,我们可以用颜色较深大小合适的橘子,将顶部小心地切出一个平整的圆盖,将橘瓣取出填充上较硬的物品保证其形状,圆盖部分加上茶壶帽,橘身部分加上茶壶嘴,远看和旧式茶具非常相像。

  在具体的课本剧活动中,我们可以有意识地将一些日常使用过的干净的废弃物品收集起来,不仅环保,指不定什么时候还能够派上大用场。同时,还可以与学校的美术小组或者美术社团多交流,由美术老师或者美术专业的学生指导我们一些日常用品的基本制作流程和方法。总之,只要大家愿意发挥创造性,充分发现,积极学习,大胆动手,道具的制作并没有想象中那么复杂和困难。

二、课本剧的造型

  创造戏剧中人物的鲜明形象,要依靠演员的表情、举止、表演技巧。但演员离不开化妆师、服装师的帮助,需要通过服饰和化妆求得人物外在的形似,进而表达人物的内在属性以求得神似。服饰与化妆是人物造型的两个方面。服饰通过衣着的式样、色彩、质料等塑造形象;化妆通过油彩、发型、装饰等刻画人物。二者都以人物所处的时代、地域及人物的身份、年龄和性格特征为根据,并结合演员的具体生理条件来设计和装扮。设计者还须考虑到同时出现的若干人的服装差别,在群众场面中要突出主要人物,又要表现全场色彩样式的层次与和谐。

1. 服饰造型

戏剧角色的服饰造型,主要包括衣着、发型、头饰以及佩戴的饰品等,除了稍大件的衣、裤、裙之外,可具体细化到鞋袜、颈饰、首饰、发饰等等。它往往能很好地展现角色的身份,突显角色的性格特点。

微信扫一扫
查看人物服饰造型

造型要素的划分,从具体造型分为款式、配色与面料三要素;从抽象造型分为点、线、面、形、体、色、质、光等;从部件分为鞋帽、上衣、下衣、外套、内衣、装饰品等。我们需要依据角色本身的特点,演出舞台的大小,观众的心理喜好以及经济预算来很好地进行设计和搭配,力求展现出最好的舞台效果。

济南儿童艺术团演出的儿童戏剧《列那狐传奇》中的列那狐,以火红色作为其服装造型的主色调,突出红狐鲜亮惹眼的毛色,给人一种热烈奔放的感觉。配饰上,火红外套上嵌入的补丁,腰上系的粗犷皮带,蓬乱的红白相间的头饰,都表现出列那狐机敏同时又充满野性的特点。

《东海人鱼》源自中国传统民间故事,首演于1981年,由著名艺术家黄宗江、阮丹娣担任编剧。故事中善良的彩萍姑娘走出大山到海边生活,却被龙太子捉到了海底,用熔岩将她的双腿炼成了一条鱼尾……2015年,中国儿童艺术剧院全面复排《东海人鱼》,在尊重原作的基础上融入全新的二度创作。剧中人鱼姑娘这个角色,在造型设计上颇具中国古典韵味,发髻简洁没有其他缀饰,服饰突出人鱼这个设置,鱼身鳞光闪耀,鱼尾鲜活剔透,加上摇臂配合人鱼姑娘在空中回荡,犹如在深海游弋,让人过目难忘。

课本剧的排演上,服饰造型难以像大型戏剧那般考究,但也可以依据具体情况精心调配,通过租借、购买、制作等多种方式,强化角色形象。

2. 化妆造型

演员演戏通常在多变的舞台灯光下进行,舞台和观众又有一定的距离,如果演员不化妆,脸色就会显得灰暗,五官会模糊不明,观众就看不清演员面部的表情。同时,演员在演戏时常常需要扮演各类不同的人物或形象:男女老少、中国人、外国人、各个历史朝代的人物或者一些动物形象。这些形象千差万别,光靠演员的表演往往还不能说明问题,

微信扫一扫
查看人物化妆造型

需要借助演员面部的化妆和整体的造型,来帮助观众更好地理解剧中人物。因此,舞台化妆是戏剧演出必不可少的一环。

化妆一般有两种方法,包括粉妆(淡妆)和舞台妆(油彩妆)。

粉妆是一种比较简单的妆,一般适合日光下的演出活动。如集体舞、游园会、体操、武术表演、各种小型的说唱节目等。

粉妆的工具主要有粉底、腮红、睫毛膏、眉笔、蜜粉、口红、化妆纸、粉刷等。

化粉妆前要先洗净脸,涂抹好护肤品,用粉刷或粉扑将粉底自然均匀擦抹在脸上。

再用一把小刷子,把腮红轻轻地抹在颧骨的周围,腮红的边缘要和粉底自然地糅合在一块,越自然越好。儿童的眉毛大多短粗,日常粉妆下眉毛画得要淡而自然,用尖细的眉笔轻轻地用画线的画法一根一根画出来即可。有的孩子眉毛长得很重很浓,就不必再画了,像柳叶眉、大刀眉,都不适合画到儿童的脸上。如果演员鼻梁太低,可用浅棕色眉笔在两眼之间的鼻梁骨两侧画些棕色(要画出两个面而不要化成两条直线),使鼻梁显得凸起,注意颜色与脸上其他的颜色调和,万不可突出一个深色鼻梁。眼睛的画法很重要:一般粉妆眼睛特别大的就可以不画,只需在上眼睑上用些大地色系的眼影就可以了;如果眼睛很小的可用黑色眼线笔沿着上睫毛的位置上画一条细细的线,再均匀地刷上睫毛膏。儿童脸小,嘴小,画口红时不要夸大儿童的嘴形,更不要画唇线,口红颜色要清淡,不能用血红色,最好用粉红、淡粉红,讲求效果的柔和自然。脸上各个部位画完后,检查整个的妆面是否完整、自然,没什么问题了就可以定妆,把蜜粉扑在整张脸上,然后用粉刷轻轻地刷匀,以防止妆面过于发亮或者演出时脱妆。

如果演员只化日常妆,在专业舞台灯光下面就是整一张大白脸。所以舞台妆所有的颜色及线条均比平常彩妆加重数倍,一定要很重很浓很强调,突出轮廓和五官。追求一种离近了看起来很夸张,但是上台打上灯后刚刚好的效果。专业的舞台化妆技术性较强,要把色彩、明暗幻觉效果与塑型、毛发粘贴等实物造型结合起来,成为真假结合、平面与立体并用的特殊综合性造型手段,需要大量的学习和训练。课本剧的演出中,工具使用正确,妆容能基本体现角色特质即可。

一般舞台妆的步骤是粉底液的使用、眉毛的处理、眼影的画法、腮红的处理、唇部涂抹等,外加特殊造型的油彩使用。在小学的课本剧表演中,孩子们常常需要扮演一些非儿童的角色,如小动物、精灵、老年人等。除了以上化妆的基本方法和步骤之外,需要用油彩做一些特殊的勾勒和处理。

比如化老年妆,老年人皮肤较深,可打深色粉底,特别是眼窝和脸上笑肌以下,要着重变深。老年人皮肤松弛,年轻人的脸部轮廓都要从下向上刷修饰色,老年人应从上向下刷,以造成皮肤下坠的效果。老年人唇色较深,嘴角下垂,还有法令纹。此外人的气质主要体现在眼睛上,眼角下垂是老年人的特色,还有眼袋与眼肿都可以造就年老形象。还可以加上染白眉色、鬓角及头发,戴假发套、假胡须等老年特色的修饰。

第四节　课本剧的组织、实施与评价

我们了解了课本剧的编演理念,知道了课本剧从剧本创编到走上舞台的要素和大致流程,那么,一个编演合一的完整的课本剧,该如何策划、分工、组织、实施和评价呢?

一、师范院校课本剧的实施策略

我国师范院校学科门类众多,和中小学联结密切,在鼓励师范专业学生发展课本剧、应用课本剧方面具备了天然的优势。一方面,课本剧的编创需要学生对中小学教材架构的充分认知,对教学重难点的精准把握,对课堂全局的高度了解和把控,符合师范专业鲜明的教学性。另一方面,课本剧的完成还需要具备较为系统的戏剧理论知识,一定的舞台美术、音乐设计和多媒体、新媒介运用的基础,较强的阅读鉴赏能力和文字驾驭、表现能力,出色的诵读、讲述、表演能力和沟通、协调、组织能力。因此,以中小学课本剧编演为媒介,既能帮助师范生学习文化知识技能,形成正确的兴趣、动机、态度,又能锻炼其运用知识技能、解决现实课题所必需的思考力、判断力、表达力及其人格品性,是值得大力推广的一种师范学生专业素养培养方式。

具体而言,师范高校的课本剧应用,可以有多种途径贯彻渗透:一是开设专门的课本剧编演课程,选修课或者必修课皆可,由专业教师手把手地指导学生学习课本剧编演的基本策略,组织课本剧编创比赛,发掘学生表演人才,带领学生创作剧本、排演剧目。二是成立课本剧的专门社团,除开学生自行组织交流、观摩、演出等活动外,教师定期给学生开展团体辅导,搜集中小学各学科知识要点和课本剧素材,帮助他们更好地理解课本剧应用的精神与内涵,并争取学校支持,推动学生社团精品课本剧的校内校外公演。三是与实习中小学基地联合,在确定课本剧的基本标准之后,由小学专任教师挑选教学篇目并指出其重难点,由实习学生团队展开具体的创编工作,再由高校教师指导把关,从而形成更适合自身校情学情的剧本库。而课本剧的排演,师范院校可以提供导演、表演、美术、音乐等方面的专业指导,小学则需要更充分地发动教师和学生,实习学生可以承担一些策划、组织等工作。总之,在合理配备好各自资源的基础上,能够找出一条最简约、最通畅的课本剧编演道路。单就高校师范专业内部而言,可尝试与科学类、文史哲类专业充分交流,在整合该专业中小学知识要点的基础上,由语言类和教育类专业进行剧本创编,由艺术类专业和教育技术类专业展开音乐、舞蹈、造型、化妆、多媒体辅助等方面的设计,形成专业优势的整合,充分发挥师范学校的资源优势。

如若师范院校有条件开设专门的课本剧编排课程,首先,需要教师讲授戏剧、课本剧的相关知识,进行课本剧改编的示范与训练,培养好学生的戏剧感觉。接着,需要安排学生分组查找中小学教材,选取好适合改编成戏剧的素材或文本。选定材料之后,组内讨论改编后的结构安排,确定剧本角色、情节走向、主题和风格基调,并以报告的形式各组间充分交流,互相修正,最后由组内文字功底最强的同学起草初始剧本,再交由老师指导修改直至基本确认定稿。

接下来,到了舞台演出编排的环节。我们可依照改编剧本所需的演员人数,再结合剧组各单位所需人员以及小组组员特长,由教师与学生一起将全组任务具体落实到人。

一般情况下,在高校编排较大型的课本剧汇演,标准的人员配置大致如下:

单个剧组——导演(1人):负责研究剧本、确定戏剧风格、舞美基调,挑选演员、指导演员表演,以及负责排演现场各项事务。编剧(1~2人):除开创作脚本外,在排练时还要由原剧本创编者继续负责剧本的修订工作,在第一时间根据排演状况和演出需要对剧本做出必要调整。摄影(1~2人)：负责实时拍摄排演与彩排的具体情况，以供剧组成员，尤其是演员回放打磨演出。多媒体背景及音乐素材(1人)：负责依据剧情、情境选择恰当的舞台背景配图，配乐、歌曲和音效，以渲染舞台效果，烘托舞台气氛。服装(2人)：负责根据演出需求确定服装风格，并负责租赁、购买和保管服装。化妆(1~2人)：负责演员的妆面与发型、配饰等的设计造型。道具布景(2~4人)：负责道具的设计、制作、购买或租赁，以及舞台的现场布景与撤景。演员(若干)：依据剧本要求设置，有需要时同一演员可以扮演多个角色，也可以由导演之外的其他人员兼任。除开导演与主要演员外，教师应该鼓励同学们多承担任务，多学习本领。

整场演出——主持(男女各1名)：负责汇演的主持串场互动工作。现场统筹(2~4名)：负责协助各剧组导演统筹各部门、各人员的衔接、协调，同时组织好观众席的秩序，确保表演有序进行。外联(1~2名)：负责与兄弟系部、周边其他院校或者企业商铺联系，寻找演出的合作及赞助伙伴，寻找排演需要的一切人力、财力资源。宣传(2名)：负责整场演出宣传的文案设计与美术设计，制作宣传海报，搭建宣传平台，扩大演出影响。当然，这些人员也还是需要视情况加入各个小的剧组，负责其他具体事务。

以上各项人员安排均需要考虑编演的实际需求以及学生的具体情况，尽量做到妥帖周到、人尽其才。一个剧的灵魂人物是导演，需要有很强的组织能力、沟通能力以及行事魄力，还需要很强的责任心和奉献精神，作为教师一定要挑选最有力、最放心的人选。编剧的创编是一切的基础，教师必须严格把关，从初始构思到每一稿的修改，都要做到字斟句酌、精益求精，充分体现教学目标和创作意图。剧务方面，最复杂的是道具和布景。学校不比专业剧团，经费和人力有限，很多东西需要就地取材，自行制作。教师要指导学生利用互联网和学校周边各类平台，或仿制或租借或购买，尽量提高舞台布置的美感和艺术性。在各项工作的开展中，教师一定要注重综合平衡和整体协调，避免学生各司其职而造成的舞台效果花哨、混杂。

舞台演出的关键是演员的表演。一方面，导演要不怕烦琐不怕得罪人，充分考虑同学的身形、气质、语言表现力、肢体调控力等，把最符合角色要求的演员挑选出来。另一方面，教师要跟导演、演员讲戏，把每个角色要呈现出来的特点清楚明白地告诉大家，把表演时彼此配合搭戏的要点传授给大家。有条件的情况下，要聘请专业的导演或戏剧演员来进行一对一的指导，以便让演员更好地发挥潜能，投入角色中，演出他们能力范围内最完美的状态来。

经过较长时间艰苦的排演，剧本终于可以走上舞台。这个结果的实现，需要教师去协调场地、设备、嘉宾等，尤其对场地的灯光、音响、幕布、屏幕、后台控制等要求都比较高。这就需要学校技术部门的大力支持，也需要相关其他部门的尽力配合。到最终演出的那一刻，主持、串场、衔接、后勤、秩序维持，都是教师需要一一考虑并妥善安排的问题，总的来说是一个相当繁复的工程。但我们要相信，只要前期投入足够

微信扫一扫
查看师范院校
课本剧演出剧照

多的心血和汗水，一定会在演出圆满闭幕之时响起的观众的掌声里得到应有的回报！

二、小学课本剧的组织与评价

课本剧演出效果的好坏，课本剧对教学是否达到补益作用，与其前期的准备与排练直接相关。前期准备充分，排练紧凑高效，演出必然能顺利圆满。一般而言，大型的课本剧排演有以下几个环节，我们在小学阶段要酌情加以处理和运用。

1. 目标告知

由于课本剧演出不仅仅是一场戏剧表演，同时是一场课堂的延伸和深化，我们就需要在排演之前向小学生明确我们的排演目标和最终任务。比如，这场课本剧对于原课文做了哪些大的改动和处理？它主要是想突出哪个人物或者哪段情节？在主题的表现上它是否更加明晰或宏大？通过参与演出你们体会到了哪些课堂上未曾体会到的意义或情感？只有让全员明确目标，带着思考去展开各自的工作，课本剧教学的意义才能得到真正的落实。如果缺少效果目标的要求，学生无的放矢，凭借自己的随意发挥、甚至是不规范的语言和哗众取宠的表演，即便演出氛围异常活跃，热闹过后学生也无法从剧中得到与课本相关的价值信息，浪费的不只是课堂的时间，还有投入的课外精力。

2. 从粗排到细排

对于学生演员来说，熟悉剧情和角色，进而能够以最恰当的方式展现剧情和诠释角色，需要一定的时间和过程。所以我们的排演要由粗到细，慢慢过渡。粗排阶段，需要演员对剧本初步了解，熟记人物与人物的关系，熟记自己的台词，同时导演要向演员讲解整个课本剧的整体布局，使学生有一个宏观感受，知道自己所扮演的角色的出场顺序，做到心中有个整体的印象。到了细排阶段，学生就需要着力处理好台词、表情和肢体语言，做好与其他演员的配合，确定自己在舞台的走位，熟悉彼此间的衔接与交替。而导演也需要就情感的传达、细节的展现做更精细化的指导，使得表演本身尽量具备较高的观赏性和感染力。

3. 联合排演

这一阶段，便是需要音乐、道具、布景、灯光、背景PPT等多环节全部到位，共同撑起课本剧的全程。导演要做好局部和整体的共同把控，让演出的前后衔接流畅，台词与调度传神精准，同时剧务配合演员的表演，及时切换背景，播放音乐，控制好灯光道具。这一过程中，导演的作用非常重要，要对每一个环节出现的问题及时纠正和调整，在多次的联合排演形成顺畅和谐的演出效果，最终指导完成课本剧的正式演出。

虽然课本剧的排演需要学生主体作用的体现，但教师即导演的有效指导是课本剧成功的重要因素。课本剧排演时，即便到高年级，教师也绝不能不闻不问，要对现场的情况做好记录,并随时解答学生的问题。而对于学生自己无法解决的难题,比如排演场地的借用,道具的制作,资金的筹集和运用等等,教师要亲自介入和解决。此外,在排演课本剧的时候,学生可能过于兴奋,整个场地内气氛热烈以至于一时失去控制,教师就要敦促大家调节好场地内的节奏,控制好排演的秩序,以免影响其他班级或同学的学习。教师还要对学生排演的安全负责,一方面提高学生的安全意识,另一方面保证学生排演课本剧时的人身安全,使学生远离危险的场地和潜在的冲突环境。总之,教师要有全局的整体意识,要将每个细节想好,对排演的每一个环节做到有效的指导。

4. 演出评价

课本剧公开演出的结束,并不是课本剧活动的最后一环。为了更好地实现课本剧活动的价值,我们必须对整个活动做出公允的、有借鉴性的评价,以便让学生有更多的收获。进入到评价阶段是整个课本剧在教学中的收尾阶段,也是衡量课本剧成功的关键所在。评价既包括对剧本、演员的评价,也有对观众的评价。教师要制定好评价的标准,做出定性和定量的评价体系,以便在今后的课本剧实施和改进中有所突破。而评价的维度,主要有以下几个方面。

(1) 是否较好地体现了原教材的要义和重点

课本剧根植于教学,任何脱离原教材要义的改编和处理都是有悖于课本剧活动的初衷的。课本剧演出从教材中来,要能回到教材中去,所以我们要以教学的眼光来批判性地看待最后的课本剧演出。优秀的演出,能活化人物,突出主题,升华主题,是原教材重难点的拓展和延伸。

(2) 演员的表演是否生动流畅

小演员的表演是整个戏剧的重中之重。演员台词表达是否流畅,动作衔接是否连贯,情绪展现是否真实,表演的状态是否可信,都是我们判断一出课本剧是否成功的关键点。越是年龄小的演员,越需要表现出孩子的童真童趣,年纪越长的同学,越要展现出角色的个性与气质。其中主角与次要角色的配合,演员间的即时互动,也是值得我们用心关注的。

(3) 课本剧的舞美和音乐是否能较好地与剧情融合

舞美和音乐作为戏剧演出的辅助手段,不能脱离剧本与主题,需要自然地融入戏剧呈现当中,起到锦上添花的作用。布景、道具、服装、化妆,不在多、靓,而在精、巧。尤其是音乐部分,切忌杂乱无章,缺少情绪的转折和过渡,以至于喧宾夺主,破坏戏剧的整体性。

(4) 各部门的配合是否默契

一场课本剧的演出,需要各个部门的密切配合,从导演到演员,从音乐到背景,从场记到统筹……都要花费大量的心思，并且时时沟通，刻刻跟进，确保演出的圆满开展。尤其是正式演出，一场即过，容不得半点差池，需要前期长时间艰苦的排练。而最终呈现出的效果，就是检验各部门是否充分磨合、全力支撑的佐证。

对于课本剧演出的评价，首先，教师可以鼓励观众学生进行小组的讨论。同学们通过合作学习一起发现问题，通过讨论得出初步的答案，再由每个小组派出代表进行发言。这样一方面锻炼了他们的观察分析能力和语言表达能力，另一方面能促进大家在今后的演出中有所突破。这既是检验场下观众是否看懂了课本剧，是否能够从中发现问题，以培养学生评价问题的能力，又能通过评价使参演学生获得更多的肯定与鼓励，增强学生的自信心。

其次，是参演学生的自我评价，主要指的是作为组织策划的导演，参与编剧的"剧作家"，以及参与演出和筹划的全体演员与幕后人员的评价。由剧组人员做自我评价，一方面是为了让学生们懂得演员是如何将课程标准和教学目标落实在课本剧中，哪些地方是为了解决问题而合理创设的环节；另一方面也是为了让演员发现自身的不足，能够结合课本剧编创的经历，谈一下课本剧给他们带来的切身感受。

通过以上两个层次的评价，台上台下，教师学生，都能够从中积累经验，改善不足，从课本剧活动中获益匪浅。

 探索·讨论·实践

1. 作为课本剧的导演兼小学班主任，戏剧排到半场你发现主要演员的基本素质有欠缺难以胜任，你是选择替换演员还是继续磨合？请说明原因和具体做法。

2. 舞台灯光是舞台美术的重要一环。由于小学课本剧排演的场地较难具备专业的灯光条件，故而在现实操作中只能因地制宜尽力而为。请结合课本剧《中彩》，根据你所在院校或者实习小学的现实条件，拟定一个舞台灯光的使用方案。

3. 布景、服饰、道具是在实践中运用课本剧的难点，受经费、审美、创造性、动手能力等多方面的限制。作为一名课本剧的编排组织者，你可以通过一些什么样的途径去突破这些难点？你本人又需要在哪些方面去做有意识提升？

4. 课本剧活动中对于个体的评价是一个较为复杂的问题。不同的人在剧中承担不同的角色，展开不同的工作，其评价标准是完全不一样的。请大家依据自己对课本剧分工的认识，参考查找到的专业资料，给出较为科学的评价方案。

5. 请组建一个小的课本剧编导团队，尝试与小学沟通对接，利用课余时间在小学排演一出课本剧，并做出翔实的记录和分析报告。

第九章　小学课本剧编演实训

第一节　台词基本功训练

一、用气发声训练

成语接龙巧连环

一箭双雕、二龙戏珠、三人成虎、四通八达、五光十色、六神无主,七嘴八舌、八面玲珑、九霄云外,十拿九稳。十恶不赦、九牛一毛、八仙过海、七上八下、六月飞雪、五体投地、四脚朝天、三思而行,二仙传道、一干二净。一心一意、二满三平、三顾茅庐、四面楚歌、五花八门、六亲不认、七窍生烟、八面威风、九曲回肠、十万火急。

京剧数板

昨天晚上我做了一个梦,梦见一位寿星老儿骑着风筝。他左手抓住风筝的翅,右手抓住风筝的绳,蹭蹭蹭,升上了半天空。我抬头看是满天星,低头看是燕刨的坑。坑里看,冻的冰,冰上看,有棵松,松上看,站只鹰,屋里看,有盏灯,灯前看,有个僧,僧前看,有本经,墙上看,有颗钉,钉上看,挂着一张弓。忽然间,西北角下起了怪风。刮散了满天星,刮平了燕刨的坑,刮化了坑里的冰,刮倒了冰上的松,刮飞了松上的鹰,刮灭了屋里的灯,刮走了灯前的僧,刮烂了僧前的经,刮掉了墙上的钉,刮翻了钉上的弓。只刮得星散、坑平、冰化、松倒、鹰飞、僧走、经烂、灯灭、钉掉、弓翻,他是一场空。

粉红女和女粉红

正月里正月正,姐妹二人去逛灯,大姑娘名叫粉红女,二姑娘名叫女粉红。粉红女身穿一件粉红袄,女粉红身穿一件袄粉红。粉红女怀抱一瓶粉红酒,女粉红怀抱一瓶酒粉红。二人找到无人处,推杯换盏饮刘伶。女粉红喝了粉红女的粉红酒,粉红女喝了女粉红的酒粉红,粉红女喝了一个酩酊醉,女粉红喝了一个醉酩酊。女粉红揪着粉红女就打,粉红女揪着女粉红就拧。女粉红撕了粉红女的粉红袄,粉红女就撕了女粉红的袄粉红。姐妹打罢松了手,自己买线自己缝。粉红女买了一条粉红线,女粉红买了一条线粉红。粉红女缝反粉红袄,女粉红反缝袄粉红。

高高山上有个小庙儿

高高山上有个小庙儿,里边住了一个神道儿,头上戴了一顶乌纱帽儿,身上穿了件蓝布罩儿,腰里头系着一根草药儿,足底下蹬着那双靴皂儿,眼睛好像铜泡儿,耳朵好像扇套儿,鼻子好像钉吊儿他的小嘴像个火灶儿。四个小鬼儿抬轿儿,前边来了一个胡闹儿,一跪跪在了当道儿,说人家都有了那怀抱儿,怎么我就没有这怀抱儿,三天给了我怀抱儿,我化斋精心修庙儿,三天不给我的怀抱儿,我拆了你的小庙儿。这才吓坏了神道儿,正了一正乌纱帽儿,抖了一抖蓝布罩儿,紧了一紧草药儿,蹬了一蹬靴皂儿,叽咕叽咕铜泡儿,呼扇呼扇扇套儿,呱嗒呱嗒钉吊儿,叭叽叭叽火灶儿,吓得那四个小鬼儿不敢抬轿儿。

前门楼子九丈九

前门楼子九丈九,四门三桥五牌楼,出了便门往东走,离城四十到通州。通州倒有个六十六条胡同口,里边住着六十六岁的刘老六、六十六岁刘老刘、六十六岁刘老头这老哥仨。他家有六十六间好高楼,楼上有六十六瓶桂花油,桌上摆六十六匹绿绸绸,绸上绣着六十六个狮子滚绣球,楼外有六十六头大青牛,牛上驮六十六只大马猴。刘老六、刘老刘、刘老头这老哥仨,坐在门外啃骨头。打南边来了一条狗,这条狗好眼熟,好像那大大妈家,大大眉毛、大大眼睛、大大耳朵、大大鼻子、大大口,大大妈家鳌头狮子狗。打北边又来一条狗,那条狗更眼熟,好像那二大妈家,二大眉毛、二大眼睛、二大耳朵、二大鼻子、二大口,二大妈家董头狮子狗。这两条狗抢骨头抢成仇,撞倒了六十六座好高楼,碰洒了六十六瓶桂花油,油了六十六匹绿绸绸,脏了六十六个狮子滚绣球。楼外头碰倒了六十六根檀木轴,吓惊了六十六头大青牛,吓跑了六十六个大马猴。刘老六、刘老刘、刘老头这老哥仨,打死了狗,重盖起六十六间好高楼。

二、音色语气训练

1. "妈妈,再见!"
可爱的小姑娘,娇声娇气地向妈妈告别。
任性的小男孩,拧声拧气地向妈妈告别。
不幸的孩子,哭着向妈妈告别。
顽皮的孩子,笑着向妈妈告别。
2. "快,快快,快把这个人给我抬走。"
用指责埋怨的语气说。
用提醒建议的语气说。
用指示命令的语气说。
用恐吓威胁的语气说。
用十分喜悦的语气说。

用十分悲痛的语气说。

3. "放开我,放开我,哎呀,你放开我!"

用一种撒娇的语气说。

用一种愤怒的语气说。

用一种开心的语气说。

用一种义正词严的语气说。

4. 根据要求,设计不同的语气。

热情地肯定:"我认识你。"

冷静地揭露:"我认识你。"

冷嘲热讽地:"我认识你。"

冷淡犹豫地:"我认识你。"

亲切安慰地:"我认识你。"

三、重音停顿训练

1. 我不会唱歌。(他会唱歌)

我不会唱歌。(谁说我会唱歌)

我不会唱歌。(不是我不愿意唱歌)

我不会唱歌。(但我能唱快板)

我不会唱歌。(我会跳舞和主持节目)

2. 你要去哪呀?(别人我不想知道,我只想问你去哪呀)

你要去哪呀?(你到底要去哪呀,跟我说实话吧)

你要去哪呀?(我没问你别的,我是问你要去哪呀)

你要去哪呀?(我是问你究竟想去哪呀)

3. 我知道你会唱歌。(不用问别人)

我知道你会唱歌。(你不要瞒我了)

我知道你会唱歌。(不是别人)

我知道你会唱歌。(你怎么说不会)

我知道你会唱歌。(别的会不会我不知道)

4. 老师——我的太阳

　　您只是淡淡地一笑,/第二天/您又来了,//第三,/第四天,//开始/您还和我父亲说我上学的事,/后来/就什么都不说了,/只是在油灯下给我补课。//

　　这个时候,/老师您/笑了。//笑得那么美,/那么甜/那么灿烂,//这笑容伴着我小学毕业,/中学毕业,直到今天。//

5. 军礼

"快,给我找军需处长!"//警卫员哇的一声哭了出来,//"报告军长,/他,/就是刚任命的军需处长。//棉衣不够了,/每人发的御寒辣椒,//他都没舍得吃一口。"//

人们不知道这位需处长的名字,//可是/永远也忘不了/他留给我们的/那只鲜红的/辣椒。//

四、独白台词训练

(1)"哎哟、哎哟、哎哟,可疼死我啦!"(对痛苦的排遣)

(2)"天呐,这简直不是要人的命吗?"(对不幸的呐喊)

(3)"我真想找把快刀把他给杀了!"(对情绪的宣泄)

(4)"我的天呐,这个世道也太不公平了吧,简直是不给人一条活命的路。"(对遭遇的一种批判)

(5)"唉,想当初,我来到咱们班的时候,那时候,唉,别想它了……"(对往昔的回忆)

(6)"哎,要是叫我看,这事可绝对不会那简单,这其中一定是会有些缘故的吧。"(对事物的一种判断)

(7)"咳,都是我不好,都是我不好。当初要不是我让他去这么干,也不会出今天这么大的事。"(对行为的追悔)

(8)"噢,我的天哪,我到今天才知道自己原来是天底下最幸福的人,我可简直太幸福了……"(对幸福的咏叹)

(9)《一个陌生女人的来信》

你,从来也没有认识过我。

我的儿子昨天死了。为了这条幼小的生命,我和死神搏斗了三天三夜,在他身边足足坐了四个小时。此刻,他那双聪明的大眼睛刚刚合上了,他的双手也合拢来搁在他的白衬衣上面。现在,在这个世界上我只有你一人,而你一无所知。你从来也没有认识过我,而我要和你谈谈,第一次把一切都告诉你。我要让你知道,我整个的一生一直是属于你的,而你对我的一生一无所知。要是我还活着,我会把这封信撕掉,继续保持沉默,就像我过去一直的沉默一样。可是如果你拿到这封信,你就会知道,这是一个已死的女人,在这里向你诉说她的身世。

看到我这些话,你不要害怕。一个死者别无祈求,她既不要求别人的爱,也不要求同情和慰藉。只对你有一个要求,那就是请你相信我所告诉你的一切,请你相信我所说的一切,这是我对你唯一的请求。

(10)《日出》黄省三片段

好,我起来,我起来,你们不用打我!(慢慢立起来)那么,你们是不让我活了!(疯狂似的又哭又笑地抽咽起来)哦,我太冤了。你们好狠的心哪!你们给我一个月不过十三块来钱,可是你们左扣右扣的,一个月我实在领下的才十块二毛五。我为着这可怜的十块二毛五,我整天写。整天给你们伏在书桌上写;我抬不起头,喘不出一口气地写,我从早到晚地写;我背上出着冷汗,眼睛发着花,还在写;刮风下雨,我也跑到银行来写!(作势)五年哪!我的潘经理!五年的功夫,你看看,这是我!(两手捶着胸)几根骨头,一个快死的人!我告诉你们,我的左肺已经坏了,哦,医生说都烂了!(尖锐的声音,不顾一切地)我跟你说,我是快死的人,我为着我的可怜的孩子,跪着来求你们。叫我还能够给你们写,写,写,——再给我一碗饭吃。把我这个不值钱的命再换几个十块二毛五。可是你们不答应我!你们不答应我!你们自己要弄钱,你们要裁员,你们一定要裁我!(更沉痛地)可是你们要这十块二毛五干什么呀!我不是白拿你们的钱,我是拿命跟你们换哪!并且我也拿不了你们几个十块二毛五,我就会死的。(愤恨地)你们真是没有良心哪,你们这样对待我,——是贼,是强盗,是鬼呀!你们的心简直比禽兽还不如——你说我疯了,(哭着)你才疯了!我现在不怕你们啦,我不怕你们啦!我太冤了,我非要杀了——(突然咳嗽不止……躺倒在地)

五、配乐朗诵训练

1. 雪花的快乐

——作者(徐志摩),朗诵(丁建华)

假如我是一朵雪花,
翩翩的在半空里潇洒,
我一定认清我的方向——
飞飏,飞飏,飞飏——

不去那冷寞的幽谷,
不去那凄清的山麓,
也不上荒街去惆怅——

飞飏,飞飏,飞飏——

在半空里娟娟的飞舞,
认明了那清幽的住处,
等着她来花园里探望——
飞飏,飞飏,飞飏——

那时我凭藉我的身轻,
盈盈的,沾住了她的衣襟,
贴近她柔波似的心胸——
消溶,消溶,消溶——
溶入了她柔波似的心胸!

2. 天狗

——作者(郭沫若),朗诵(罗京、康辉、刚强)

一

我是一条天狗呀!

我把月来吞了,

我把日来吞了,

我把一切的星球来吞了,

我把全宇宙来吞了。

我便是我了!

二

我是月底光,

我是日底光,

我是一切星球底光,

我是 X 光线底光,

我是全宇宙底 Energy 底总量!

三

我飞奔,

我狂叫,

我燃烧。

我如烈火一样地燃烧!

我如大海一样地狂叫!

我如电气一样地飞跑!

我飞跑,

我飞跑,

我飞跑,

我剥我的皮,

我食我的肉,

我嚼我的血,

我啮我的心肝,

我在我神经上飞跑,

我在我脊髓上飞跑,

我在我脑筋上飞跑。

四

我便是我呀!

我的我要爆了!

3. 秋天的怀念

——作者(史铁生),朗诵(董浩)

双腿瘫痪后,我的脾气变得暴怒无常。望着望着天上北归的雁阵,我会突然把面前的玻璃砸碎;听着听着李谷一甜美的歌声,我会猛地把手边的东西摔向四周的墙壁。母亲就悄悄地躲出去,在我看不见的地方偷偷地听着我的动静。当一切恢复沉寂,她又悄悄地进来,眼边红红的,看着我。"听说北海的花儿都开了,我推着你去走走。"她总是这么说。母亲喜欢花,可自从我的腿瘫痪以后,她侍弄的那些花都死了。"不,我不去!"我狠命地捶打这两条可恨的腿,喊着,"我可活什么劲儿!"母亲扑过来抓住我的手,忍住哭声说:"咱娘儿俩在一块儿,好好儿活,好好儿活……"

可我一直都不知道,她的病已经到了那步田地。后来妹妹告诉我,她常常肝疼得整宿整宿翻来覆去地睡不了觉。

那天我又独自坐在屋里,看着窗外的树叶"唰唰啦啦"地飘落。母亲进来了,挡在窗前:"北海的菊花开了,我推着你去看看吧。"她憔悴的脸上现出央求般的神色。"什么时候?""你要是愿意,就明天?"她说。我的回答已经让她喜出望外了。"好吧,就明天。"我说。她高兴得一会坐下,一会站起:"那就赶紧准备准备。""哎呀,烦不烦?几步路,有什么好准备的!"她也笑了,坐在我身边,絮絮叨叨地说着:"看完菊花,咱们就去'仿膳',你小时候最爱吃那儿的豌豆黄儿。还记得那回我带你去北海吗?你偏说那杨树花是毛毛虫,跑着,一脚踩扁一个……"她忽然不说了。对于"跑"和"踩"一类的字眼,她比我还敏感。她又悄悄地出去了。

她出去了,就再也没回来。

邻居们把她抬上车时,她还在大口大口地吐着鲜血。我没想到她已经病成那样。

看着三轮车远去,也绝没有想到那竟是永远的诀别。

邻居的小伙子背着我去看她的时候,她正艰难地呼吸着,像她那一生艰难的生活。别人告诉我,她昏迷前的最后一句话是:"我那个有病的儿子和我那个还未成年的女儿……"

又是秋天,妹妹推着我去北海看了菊花。黄色的花淡雅,白色的花高洁,紫红色的花热烈而深沉,泼泼洒洒,秋风中正开得烂漫。我懂得母亲没有说完的话。妹妹也懂。我俩在一块儿,要好好儿活……

六、小学课文表演训练

1. 陶罐和铁罐(部编版三年级下册)

国王的御厨里有两个罐子,一个是陶的,一个是铁的。骄傲的铁罐看不起陶罐,常常奚落它。

"你敢碰我吗,陶罐子!"铁罐傲慢地问。

"不敢,铁罐兄弟。"陶罐谦虚地回答。

"我就知道你不敢,懦弱的东西!"铁罐说,带着更加轻蔑的神气。

"我确实不敢碰你,但并不是懦弱。"陶罐争辩说,"我们生来就是盛东西的,并不是来互相碰撞的。说到盛东西,我不见得就比你差。再说……"

"住嘴!"铁罐恼怒了,"你怎么敢和我相提并论!你等着吧,要不了几天,你就会破成碎片,我却永远在这里,什么也不怕。"

"何必这样说呢?"陶罐说,"我们还是和睦相处吧,有什么可吵的呢!"

"和你在一起,我感到羞耻,你算什么东西!"铁罐说,"走着瞧吧,总有一天,我要把你碰成碎片!"

陶罐不再理会铁罐。

时间在流逝,世界上发生了许多事情。王朝覆灭了,宫殿倒塌了。两个罐子遗落在荒凉的场地上,上面覆盖了厚厚的尘土。

许多年代过去了。有一天,人们来到这里,掘开厚厚的堆积物,发现了那个陶罐。

"哟,这里有一个罐子!"一个人惊讶地说。

"真的,一个陶罐!"其他的人都高兴得叫起来。

捧起陶罐,倒掉里面的泥土,擦洗干净,它还是那样光洁,朴素,美观。

"多美的陶罐!"一个人说,"小心点儿,千万别把它碰坏了,这是古代的东西,很有价值的。"

"谢谢你们!"陶罐兴奋地说,"我的兄弟铁罐就在我旁边,请你们把它掘出来吧,它一定闷得够受了。"

人们立即动手,翻来覆去,把土都掘遍了。但是,连铁罐的影子也没见到。

2. 穷人(部编版六年级上册)

渔夫的妻子桑娜坐在火炉旁补一张破帆。屋外寒风呼啸,汹涌澎湃的海浪拍击着海岸,溅起阵阵浪花。海上正起着风暴,外面又黑又冷,这间渔家的小屋里却温暖而舒适。地扫得干干净净,炉子里的火还没有熄,食具在搁板上闪闪发亮。挂着白色帐子的床上,五个孩子正在海风呼啸声中安静地睡着。丈夫清早驾着小船出海,这时候还没有回来。桑娜听着波涛的轰鸣和狂风的怒吼,感到心惊肉跳。

古老的钟发哑地敲了十下,十一下……始终不见丈夫回来。桑娜沉思:丈夫不顾惜身体,冒着寒冷和风暴出去打鱼,她自己也从早到晚地干活,还只能勉强填饱肚子。孩子们没有鞋穿,不论冬夏都光着脚跑来跑去;吃的是黑面包,菜只有鱼。不过,感谢上帝,孩子们都还健康,没什么可抱怨的。桑娜倾听着风暴的声音,"他现在在哪儿?上帝啊,保佑他,救救他,开开恩吧!"她自言自语着。

睡觉还早。桑娜站起身来,把一块很厚的围巾包在头上,提着马灯走出门去。她想看看灯塔上的灯是不是亮着,丈夫的小船能不能望见。海面上什么也看不见。风掀起她的围巾,卷着被刮断的什么东西敲打着邻居小屋的门。桑娜想起了傍晚就想去探望的那个生病的女邻居。"没有一个人照顾她啊!"桑娜一边想一边敲了敲门。她侧着耳朵听,没有人答应。

"寡妇的日子真困难啊!"桑娜站在门口想,"孩子虽然不算多——只有两个,可是全靠她一个人张罗,如今又加上病。唉,寡妇的日子真难过啊!进去看看吧!"

桑娜一次又一次地敲门,仍旧没有人答应。

"喂,西蒙!"桑娜喊了一声,心想,莫不是出什么事了?她猛地推开门。

屋子里没有生炉子,又潮湿又阴冷。桑娜举起马灯,想看看病人在什么地方。首先投入眼帘的是对着门的一张床,床上仰面躺着她的女邻居。她一动不动。桑娜把马灯举得更近一些,不错,是西蒙。她头往后仰着,冰冷发青的脸上显出死的宁静,一只苍白僵硬的手像要抓住什么似的,从稻草铺上垂下来。就在这死去的母亲旁边,睡着两个很小的孩子,都是卷头发,圆脸蛋,身上盖着旧衣服,蜷缩着身子,两个浅黄头发的小脑袋紧紧地靠在一起。显然,母亲在临死的时候,拿自己的衣服盖在他们身上,还用旧头巾包住他们的小脚。孩子呼吸均匀而平静,睡得正香甜。

桑娜用头巾裹住睡着的孩子,把他们抱回家里。她的心跳得很厉害,自己也不知道为什么要这样做,但是觉得非这样做不可。她把这两个熟睡的孩子放在床上,让他们同自己的孩子睡在一起,又连忙把帐子拉好。

桑娜脸色苍白,神情激动。她忐忑不安地想:"他会说什么呢?这是闹着玩的吗?自己的五个孩子已经够他受的了……是他来啦?……不,还没来!……为什么把他们抱过来啊?……他会揍我的!那也活该,我自作自受……嗯,揍我一顿也好!"

门吱嘎一声,仿佛有人进来了。桑娜一惊,从椅子上站起来。

"不,没有人!上帝,我为什么要这样做?……如今叫我怎么对他说呢?……"桑娜沉思着,久久地坐在床前。

门突然开了,一股清新的海风冲进屋子。魁梧黧黑的渔夫拖着湿淋淋的被撕破了的渔网,一边走进来,一边说:"嘿,我回来啦,桑娜!"

"哦,是你!"桑娜站起来,不敢抬起眼睛看他。

"瞧,这样的夜晚!真可怕!"

"是啊,是啊,天气坏透了!哦,鱼打得怎么样?"

"糟糕,真糟糕!什么也没有打到,还把网给撕破了。倒霉,倒霉!天气可真厉害!我简直记不起几时有过这样的夜晚了,还谈得上什么打鱼!谢谢上帝,总算活着回来啦。……我不在,你在家里做些什么呢?"

渔夫说着,把网拖进屋里,坐在炉子旁边。

"我?"桑娜脸色发白,说,"我……缝缝补补……风吼得这么凶,真叫人害怕。我可替你担心呢!"

"是啊,是啊,"丈夫喃喃地说,"这天气真是活见鬼!可是有什么办法呢!"

两个人沉默了一阵。

"你知道吗?"桑娜说,"咱们的邻居西蒙死了。"

"哦?什么时候?"

"我也不知道,大概是昨天。唉!她死得好惨啊!两个孩子都在她身边,睡着了。他们那么……一个还不会说话,另一个刚会爬……"桑娜沉默了。

渔夫皱起眉,他的脸变得严肃、忧虑。"嗯,是个问题!"他搔搔后脑勺说,"嗯,你看怎么办?得把他们抱来,同死人待在一起怎么行!哦,我们,我们总能熬过去的!快去!别等他们醒来。"

但桑娜坐着一动不动。

"你怎么啦?不愿意吗?你怎么啦,桑娜?"

"你瞧,他们在这里啦。"桑娜拉开了帐子。

第二节 表演基本素养训练

一、松弛训练

创作中的松弛状态,是和创作方法的掌握紧密相关的。例如:有目的的行动,往往可以排除不必要的紧张;真正地相信并且深入规定情境之中,心理上就会自然地松弛下来。作为演员的专业素质,必须在长时期的有意识的训练中去培养。这种训练可以说是解放演员的创作天性的第一步。

1. 同学们间隔 2 米以上自然站立,闭上眼睛,浑身舒展,双臂自然下垂,将注意力集中在身体的重量上,渐渐放松每一个支点。注意呼吸,但不要干涉它。然后,将注意力集中到面部,慢慢放松面部肌肉,感觉到面部非常舒适。随后,让身体各个部位,脖颈、胸部、背部、臀部、四肢、脚踝……一点一点完全放松,进入安详平和的状态。

2. 让大家慢慢躺在地板上,闭上双眼,教员发出简单的词组,如"森林""海浪""雪山"等,教师对上述场景用富有感情的语音轻声描绘(最好伴以音乐),帮助学生脑海中浮现出相应的景象,让真正的情景和虚幻的场景融为一体,使大家在练习中始终保持一种宁静、安全的状态。完成情境进入后,稍停,教师让学员们轻轻地活动,手指做弹琴状,转动眼睛,一切都慢慢地复苏了,重新返回现实。

3. 教师和同学们一起围坐成一个圆圈。由教师先做一个鬼脸,然后面向他身旁的同学,要求他注意观察教师的样子和感觉并模仿下来。在他觉得自己已经模仿下来以后,根据自己的想法改变成为另一个样子的鬼脸,然后传递给另一个同学。以此类推,一个接一个地传递下去。开始做这个练习时,同学们一定会发笑。这时教师不必硬性制止,而应该观察哪些同学在旁人的哄笑声中仍然自信地坚持做,对于缺乏自信和不愿意做的同学,要加以鼓励和诱导。在做完一圈后,教师可以提出一些要求,也可以询问同学们心理上的感受。这样反复几次,直到同学们基本上不再发笑,大家都能模仿别人的鬼脸和创造出自己的鬼脸时为止。

二、空间感训练

剧场空间是一种虚拟的、象征性的。树木都不是真的,树根没有深扎在土壤里;天空也不是真实的,它只是一种光;房屋、田园也都是虚拟的,一碰就歪,一靠就倒。正因为剧场空间的这种特点,演员才能凭借想象,凭借真实的信念感,演绎出人物角色的真实情感。

演员登台表演的场地环境有剧场、舞台、展示台、摄影棚、道具布景圈等,在这些演出空间里,演员必须迅速了解和熟悉整个演出环境,让有限的道具和布景与戏剧融为一体,准确地揭示人物的内心活动和社会背景的特点。

1. 全体学生在"开始"的口令下迅速占领整个舞台。假定此时每人都变成了一棵树,全部树木要均匀栽满整个舞台,使之成为树林。突然一位同学移动位置,破坏了树林的规律性排列。旁边的同学一个接一个跟着移动,试图恢复规律性排列。每一次移动都会形成一个需要补上的空白漏洞。训练要有条不紊地进行,让学生充分理解队形的意义。

2. 两人一起从场地某一点共同走到另一点,要跨大步,同时大声报出步数:1,2,3……一直数到 9。到达预定地点后,两人要同时转身按原路线返回,大声报出步数,从 1 数到 8。然后转身再走,数到第 7 步。再转身走 6 步……如此反复,直到只走 1 步完成。需要两人一组共同练习,动作要一致,尽可能做到像"镜中人"一样。

3. 假设舞台中央有一个圆柱,所有上场的表演者需要或绕过它,或利用它,要保证这个圆柱是不可逾越的。首先由 AB 两名同学从对角线往圆柱走,在临近时或擦身而过,或略加停顿然后再继续向前走,或绕圆柱转一周再朝各自的方向走……表演者可以根据自己的临场感觉来处理。在前一组同学即将下场时,第二组同学也从对角线向圆柱前行,第三组再上。不同组别的同学相互间可能产生各种不同的刺激和反应,结束后大家可以一起谈谈各自的感受。

三、交流与适应训练

互动是戏剧艺术的第一要素,在表演过程中,没有真正的交流,就不可能有适应,没有适应就无法推动戏剧进展。只有真正的交流,才能唤起内心的真实感,引发出人物心灵深处的秘密,从而产生矛盾冲突。

1. 同学 A、B 走进场地,A 面向观众,双手藏到身后。B 藏到 A 身后把双手伸向前,扮演 A 的双手。A 和 B 的位置距离应恰到好处,姿势要美。准备工作做好后,A 开始讲述故事,而 B 作为 A 的双手配合表演。B 的手势不能与 A 的台词冲突。A 说台词时不应受 B 手势的干扰。

故事范例:

早晨,一位老奶奶在公园练完扇子舞,神情愉快地坐下来休息。她伸伸胳膊、摇摇腿。她感到有点热,解开外衣扣子用扇子轻轻扇。她惦念着刚学的那几个动作,自言自语地道:"哎,人老啦,记性也不好了,刚才那个老师怎么比画来着?"她试着用扇子边比画边舞,又觉得不对。她回忆着,反复地比画着,还是不对。她用扇子敲一下自己的脑袋:"嗨,我怎么就这么笨。过去我也不是这样呀。"突然,她有所悟,动作一下子对了,她高兴地一拍大腿。她兴奋地向远处的老姐妹招手:"喂!过来呀,我会啦!"

在这个练习中,老奶奶的自我交流表现在什么地方?老奶奶与想象中的对象交流体现在哪里?老奶奶与她的直接对象——扇子的情感交流又怎么表现的?

2. 感觉的记忆:同学们站成两个圆圈:内圈和外圈,一对一互相面对。彼此通过嗅觉辨别对方的味道,用手触摸对方的着装、面孔,相互握手,再低声对话,感受对方的音色。这个过程可以持续进行 3 分钟左右。接下来,全体闭上双眼,内外圈同时向左运行。教师喊口令"停!"待同学们站定后,让他们再次伸手触摸感受对方,确认是不是刚才结对同一个伙伴。如不是,立即放下手,垂手站立。如果是,就可以说:"就是你。"然后睁开眼睛。进行这种面对面的交流训练,注意力要高度集中,动作要缓慢,避免发生不愉快。训练中最好播放舒缓的音乐,让同学在音乐声中去牢记伙伴的特点。

3. 教师请一名同学站在舞台中央当模特,其余的同学对他进行细致的观察。他的身材、五官、服饰、表情、习惯动作等。3 分钟的静止姿势后,他在舞台上自由行走,时间是2分钟。之后这位同学离场,教师让同学仔细地描述对这位学员的印象,再让这位"模特"出来站在中间,让同学们仔细发现与之前有什么不同。这个表演练习,看似简单,实则不易,一个人在众目睽睽的注视下3分钟,难免会紧张、会不自在、会不知所措。要想做到镇定自若,他需要找到注意焦点:舞台前方的某个点、观众中某个人,或想象中的某个情景、某个声音等。

四、想象训练

戏剧表演是在舞台时空中进行,能否全身心地投入到假定的情境中去?能否对假定的人物关系信以为真?能否真实、有机地生活在假定情境之中?能否创造出具有一定性格特征的人物形象?能否比较准确地体验及体现出人物的情感?这些都要依靠演员的观察力、理解力、想象力、感受力和信念感、真实感与形象感等创作素质,否则就很难创造出一个真实的人物形象。

1. 教师让同学们闭上双眼后,对同学们描述红、橙、黄、绿、青、蓝、紫的色彩变化和象征意境。"首先,不论眼前出现什么景象,都将它转换成红色:一枝红玫瑰、一颗红宝石、一条红色的丝巾……夺目的红色,象征着活力与朝气。接下来是橙色:一筐橘子,一片柿子林,生意盎然。现在是黄色:满山满园的迎春花,金灿灿的麦田,黄色代表着生活的喜悦和欢笑。黄色消失,取而代之的是绿色,想象刚刚被修剪的草坪,雨后的森林,你们可以闻到那清新的草木香,绿色象征着生命力。此刻,你们的思想是清晰的、平静的、安详的……绿色又变成了蓝色,想象头顶上是蓝色的天空,没有一丝的云彩,蓝色的大海,一望无际,蓝色代表自由,是无尽的灵感。接着是如同成熟前的李子般的青色,青又变换成紫色,请逐渐扩大紫色的范围,渐渐地充满了整个想象空间,这是丰满、安逸和谐的色彩。"同学们随着教师的描述展开想象,在想象中应该使自己的心理、情绪、躯体达到一定程度的兴奋。这种兴奋,能激发起学员的创作冲动,从而产生激情。激情火花的闪现,恰恰是表演的精髓所在。

2. 学生围坐,教师拿着一个小板凳,把它交给一个同学,说:"你看,这只小猫多可爱!"这时,接过板凳的同学必须用对待小猫的态度来对待它。然后他再把它交给下一个同学,并说:"这只乌龟爬不动了,你看怎么办?"这样,练习就如此一个接一个地做下去。在做这个练习时,教师要注意提示同学们使物体在想象中活起来,除了要注意物体哪部分是头哪部分是脚之外,还要去想象所设想的动物或其他事物的表情和反应等。如果需要,还可以适当地加上一些声音效果,如婴儿的哭声、小猫的叫声等,以进一步唤起同学们的感觉,并要求同学们在练习中即兴适应。

3. "大人物"与"小人物"练习。每个同学把自己想象为一个"大人物",这个"大人物"可以是皇帝、大力士、贵妇人、大明星,也可以是一个很有权威的教授,或者是在家中一切都说了算的主妇,还可以是独霸一方的土匪等等。总之,在同学们从想象中产生这个"大人物"的形象,并且运用自己的身体给"他"塑型以后,就可以通过一些行走与活动,把这个"大人物"形象的感觉固定下来。当同学们对这个"大人物"在想象中已经活跃了起来,在形体与姿态上有了感觉之后,就可以用同样的过程去寻找一个"小人物"的形象,如侍臣、害怕老师的学生、受气的丈夫、手无缚鸡之力的小个子、乞丐、侍候人的丫头等等。同样,要求同学们在想象中使这个"小人物"活跃起来,在形体与姿态上也产生相应的感觉。

五、逻辑与反应训练

1. 同学们围坐成一个圈,教师宣布开始讲故事。方式是每个人只许说一个词,这个词必须与前一句合理地连接。如"昨天""早晨""我""下楼""突然""看见"……顺序是从左到右,一个词接一个词地讲下去,最后构成一个故事。注意接词时需要及时迅速,不要过多地思考。

2. 一位学员按照自己的想象开始讲故事,大家注意倾听。他讲到中途,教师拍手让其停止,由他右边的同学接力讲下去,故事不要偏离原有的主题,但要有自己的想象发展。以此类推,一直到形成一个完整的故事。注意故事要生动,要有一定的悬念和矛盾冲突。教师最好把接力讲故事的过程录下来,以便让同学自己来评判并从中受益。

3. 学生们分散坐在舞台上的各个点,不同方向地面向观众。假定面前有一台电视,电视里正播放自己喜爱的电视节目:武打片、科幻片、足球赛转播、历史片、流行歌曲大赛等。每个人都在专心致志地观看,每个人对电视里播放的节目都有各自不同的心理和身体的反应。比如看球赛的,可以为踢进精彩的一球激动得跳起来欢呼;看武侠片的,看得紧张入神,可能跃跃欲试;看缠绵的爱情片,又让人情不自禁洒下同情的泪水;一支支熟悉的流行歌曲,禁不住随着音乐唱起来、舞起来;惊心动魄的恐怖片,紧张得让人连呼吸都要停止;喜剧片又让人开心地笑得前仰后合……同学们可以完全放松地把自己的情绪释放出来,因为你是在自己家里看电视。你可以换台;可以拿点东西吃;可以去接电话;可以接待朋友来访,然后一起看电视……总之一切都出自生活形态,完全是自由的。过程注意力要集中,做到真看、真想,情绪反应要由衷。练习结束,教师向学生提问:看见什么?具体内容?

六、声音、呼吸与语言训练

声音很像一种有魔力的乐器,它具有无限的"调色"能力。我们需要随角色的不同来调整语调的轻重缓急:金属般的声音、热情的声音、生硬的声音、嘶哑的声音、悲痛的声音……

演员的声音除了先天的音色外,必须经过声音松弛和控制的训练,包括说话、歌唱、窃窃私语、喊叫等。掌握好声音和呼吸的运用,才能使台词语言节奏鲜明,才能把人物对客观世界和自身命运的态度充分展现。

1. 全体同学在场地内行走。教师下令后,全体立定,闭上双眼,把自己想象成是一只飞鸟。大家轻展双臂,当臂上举时深缓地吸气,双臂下落时慢慢呼气。在这种简单而平静的模仿飞鸟的过程中,呼吸逐渐放松,心情更加舒畅。动作可以反复多次,然后发出简单的声音:"呵——""吗——""么——",想象声音传向云霄。之后,教师可提议让他们以最大音量呼喊一个同学的名字,并说一句话,如:"你好吗?"被呼喊的学员也喊出对方的名字,并回答:"我很好。"或问:"你在哪儿?"对方答:"我在天上。"各式任意的问话和回答。鸟,飞远了,飞高了;问答的声音也随着逐渐减弱,直到用气音在呼喊……教师要力求训练气氛愉快,声音要放松,吐出的每个字都要清晰,悦耳,让对方明白。

2. 一个人行进在山谷里,他开始大声地、愉快地呼喊"喂!"其他3个同学分别扮演回音甲"喂!"乙"喂、喂!"丙"喂、喂、喂!"一声比一声弱,一声比一声远,一声比一声短。他又再喊:"我是山大王!"回音甲:"是山大王……"乙:"王、王、王"丙:"……"宁静的山谷,渐渐让他产生了一种恐惧,他无助地大喊:"喂!别丢下我!"回音甲:"丢下我!"乙:"我、我、我"丙:"……"他鼓足勇气给自己壮胆,但声音中带着哭音:"我不怕你!"回音甲:"不怕你!"乙:"怕你!"丙:"你、你、你!"模仿要逼真,回音要有山谷的真实感和距离感。在大喊时,不能用身体帮忙,不要踮脚,想象自己的脚像大树的根,已深深扎入土壤之中,仰头望着星空,让声音从胸腔自然流出。

3. 同学们分散在舞台上推销产品,叫卖、讨价还价,此起彼落……卖羊肉串的、卖皮包的、卖CD光盘的、卖服装的……突然有人喊了一声:"警察来啦!"全场立即鸦雀无声,停顿的造型。紧接着,有人"哈哈"大笑起来,更多的人跟着笑……有人在大笑时,突然,倒吸一口气大哭起来,哭得很伤心。众人开始一惊,停止了笑。原来这个人刚才听见喊声,吓得把一碗面倒在身上,样子很狼狈。大家见状笑得更厉害,笑得前仰后合,笑得说不出话。叫卖声要有远、有近,有高、有低。笑声要连贯、响亮、由衷。

七、一句话命题练习

台词:"真是太棒了。"要求:由演员构思一个生活小片段,在行动中合理地说出这句话。限时两分钟。

这是演员训练中由无声交流到有言交流的过渡性练习。训练演员在假定情境中正确接受对方刺激,继而又能主动地刺激对方,从而形成鲜活的、真实的交流,并理解语言产生的心理动机和目的。

以上"一句话命题"的表演练习,可以有以下参考:

1. "我好像在哪见过你?"
2. "谁把这本书放到我这了?"
3. "我为什么不能有自己的空间?"
4. "行,你真牛!"
5. "天黑了,怎么办?"
6. "唉,真倒霉。"

7. "都怪我不好。"

8. "我来接你啦。"

八、"做什么的"的练习

在做练习时，教师要把同学们分成三至五人为一组。各组同学可以在做练习之前先共同商量布置出一个环境，如候车室、宿舍、医院候诊室、图书馆、四合院、客厅等等。练习可以在各组同学自己设计的环境中进行。

1. 简单的"做什么"练习

尽可能地去找生活中我们经常要做的事情，如刷牙洗脸、对镜梳妆、晾晒衣物、打水擦桌椅、失手打碎一瓶香水、挤公交、整理杂乱的背包等等。在做这些事情的时候必须是认真地去做，而且是为自己去做，而不是演给别人看。此外，尽量使你所做的事情与所设计的环境有联系。

每个组的同学做完练习之后，可以大家来评议：你是否看明白了台上的同学做的是什么事情？谁做得真实？为什么？最后，教师可以根据同学们的练习与评议，提出以下几个问题，让同学们在反复进行这个练习时逐步做得更好。

① 你是否真正地在完成自己所提出的任务？如擦皮鞋的是否真的把鞋擦干净了？

② 以生活中的行为逻辑为标尺，检查一下自己所做的事情是否符合逻辑？如有的同学在缝扣子时，穿上线后忘记在线头处打一个结。

③ 在做练习时，你是否调动起了自己的想象？例如，即使是缝纽扣，你也应该想象纽扣是什么样的，它有多大，是金属的还是塑料的，缝到什么样的衣服上去，是衬衣、西服，还是棉大衣，衣服是什么颜色的？如此等等。

④ 在做练习时，你是否注意到了分寸感？同学容易出现的倾向往往是过分地用劲，或者是有意地夸张。过分用劲与故意夸张都是学生急于想要表现而引起的，教师可以提醒同学们尽量为自己做，千万不要想着是做给别人看的。

2. 在"做什么"时找一点障碍

教师在前一组练习的基础上提出新的要求，让同学们在完成某个简单的"做什么"时为自己设置一个小的障碍。例如，你要擦皮鞋，可是发现皮鞋上粘了一块泥，而且粘得很结实，你就要想办法抠掉它。可是抠掉之后，又发现上面留下了一个黄渍，你要想办法把它擦干净，或者是用鞋油把它给盖上。之后，你又发现鞋面与鞋底的缝隙间还有很多的泥，你又要擦干净。如此等等。教师要求同学们不一定事先把所有的障碍都设计好，而是尽可能地在做的过程中即兴地展开想象，不断地发展。

3. 边做边说练习

由两个同学各自选定一个形体行动，并商定一个谈话的题目。例如，一个同学整理床铺,另一个同学打扫房间卫生,同时争论最近看过的一部电影的优劣,而且要尽可能说服对方认同自己的观点。假如练习中他们的形体行动或者是争论失去了逻辑,教师可以让他们先停下来,帮助他们进行分析,找出问题后再继续进行下去。

九、规定情境练习

演员认识与感受剧本的规定情境,是为了真正地感觉到人物是在什么样的状态下生活。因此,一方面要认真地发掘出剧本中所提供的事实;另一方面还应该在剧本所提供的事实的基础上运用从直接和间接的生活中积累的素材展开想象,使规定情境更加丰富、更加具体。为了使同学们明确认识到舞台行动总是要受到规定情境的制约,怎样做往往是和规定情境密切地联系在一起的。在教学中,可以将采用递增式来进行训练:

① 在何地——你是在什么地方为了某个目的去做一件事;
② 在何时——你是在什么时间、什么地方,为了某个目的去做一件事;
③ 谁在做——你是个什么样的人,在什么时间、什么地方为了某个目的做一件事;
④ 发生了什么事——你是个什么样的人,在何时何地为了某个目的做一件事,而在做这件事的时候发生了什么问题。

1. 上场练习(从哪儿来?)

教师在室内的一侧布置一块挡片,要求同学们按顺序从挡片后走出来。但是在走出来之前必须想象门后或者是挡片后面是什么地方?你在里面干了些什么?当你走出来时,要通过你的行动让观众看明白你是从什么地方出来的。

例如,把门里想象为宾馆的客房,自己作为清洁人员在里面刚刚做完了清扫工作,正提着清扫工具从门里走出来。出来后,把挂在门把手上的牌子翻到"请勿打扰"一面,然后走下。

又如,想象门里面是公共浴室。自己刚洗完澡,穿着拖鞋,一手拿着毛巾,另一只手端着放有肥皂和脏衣服的脸盆从门里走出来。出来后,用手里的毛巾继续擦拭着头发上的水,然后把毛巾放进脸盆等。

每位同学做完之后,教师可以问问其他同学是否看明白了他是从什么地方出来的。如果没有,他就要再去想,然后等其他同学做完后再做一遍。

2. 下场练习(到哪儿去?)

教师可以在教室的另一侧布置一块挡片,然后要求同学们想象挡片后面是什么地方,你进去要干什么?尽可能地通过进去前的行动让观众看明白你要去哪儿。同学们可以根据教师的提示,自己充分展开想象,按顺序进行这个练习。凡是练习做得让人看不明白的同学,必须再做一次。

例如,拿着病历和挂号单,边走边把挂号单别在病历上。走到门口,见门关着,先是侧耳听了听里面有没有人声,听不见,就试着轻轻地把门推开一条缝,往里面看了看,并把病历举了举,然后走了进去。

又如,提着行李上,把行李放在门旁的传送带上,然后从口袋里掏出钥匙等金属物品,放在门口小桌上的托盘里,整理一下衣服,从门口走了进去。

3. 布置环境练习

同学们可以分为三至五人一组。教师让每组同学商定一个地点,然后利用教室里的布景和大小道具,布置成他们所商定的环境,如卧室、办公室、候车室、饭馆、商店、公园、海滨、河岸、码头、山坡等等。这个地点与环境设计得具体与否,往往会直接影响同学们在舞台上的行动。因此,要求同学们在环境的设计上要用写实的手法,要真实、具体,注意细节。这样才能让同学们比较容易产生信念,能够有效、有机地在这个环境中去做一件事。

同学们商定好地点之后,教师要求同学们认真地进行讨论,充分展开想象,把所商定的环境布置得非常真实,尽可能在所有细节上都具有特色。例如,车站的候车室,是像北京站那样的大车站的候车室的一角呢,还是偏僻小站的候车室的一角?假如是个偏僻的小站,那么是东北的小站呢,还是南方的小站?是山区的小站呢,还是平原上的小站?总之,要调动同学们的生活积累,充分展开想象,使所布置的环境具有生活的气息与氛围。

4. 何时、何地、谁在做一件事的练习

这个练习以三至五个同学为一组,每组先由一个同学设计出一个环境,并在这个环境布置好以后,自己确定一个目的和一个身份,然后在这个环境中做一件事。当这个组的任何一个同学看明白了第一位同学是在什么地方做的是什么事之后,他就可以上场,同样在这个环境中为了某种目的也去做一件事。第三、第四、第五个同学都可以在看明白了前面的同学所做的事后上场去做自己要做的事。

例如,第一位同学扮演的是一个小保姆,设计的地点是在她所服务的主人的家里,时间是傍晚,做晚饭之前。她所做的事是先从阳台上收拾已经晾干的衣服,然后打开冰箱,从中取出晚饭时要做的菜,坐下来择菜。第二位同学可能扮演的是一名中学生,当他看清楚第一位同学所创造出来的情境时就可以上场。在第二位同学刚上场时,第一位同学会有一个判断过程。如第二位同学一上来就把书包往沙发上一扔,跑过去打开电视机,坐在沙发上看电视。第一位同学如果感觉到了第二位同学所扮演的人物,就可以与第二位同学进行交流。如先放下手中的活,从冰箱里拿出一罐饮料送到自己的小主人面前,这时他们二人可以在相互接受对方所提供的信息的基础上即兴地适应下去。如果一时还没有判断出第二位同学所演的是什么人,也可以先不去适应,仍然继续自己原来的行动。第二位同学可以按照自己的想法不与第一位同学交流,如他没有找到自

己感兴趣的电视节目,就把电视关了,拿起书包,走到桌前,打开书包去做自己的作业。他也可以向第一位同学提供一些信息,如他坐在沙发上时,可以对第一位同学说:"阿姨,给我拿一罐可乐来!"这时两位同学就可以在相互提供信息的基础上进行交流与适应。第三位同学如果看清楚了这一切,特别是要注意前两位同学在表演中所创造出来的情境,就可以根据自己所观察来的人物上场。同样,他可以是自己去完成自己的行动,也可以在相互提供的信息的基础上进行交流与适应。以此类推。

在做练习的过程中,相互之间也可能产生矛盾,这就要求同学们相互适应,但必须注意符合生活的逻辑。只要同学们的表演是真实可信的,教师就可以让同学们继续表演下去。如果所发生的矛盾变成了吵架、争执,同学们只是在那里说话,或者不太合情合理了,教师就可以让同学们先停下来,然后尽可能地引导同学们把注意力放在自己所要做的事情上。当一个组的同学做完练习之后,其他组的同学可以进行评议,看谁做得真实、有机,谁做得还有不足之处。

第三节　小学课本剧创编案例实操

(一) 晏子使楚

人教版语文五年级下册课文

春秋末期,齐国和楚国都是大国。

有一回,齐王派大夫晏子去访问楚国。楚王仗着自己国势强盛,想乘机侮辱晏子,显显楚国的威风。

楚王知道晏子身材矮小,就叫人在城门旁边开了一个五尺来高的洞。晏子来到楚国,楚王叫人把城门关了,让晏子从这个洞进去。晏子看了看,对接待的人说:"这是个狗洞,不是城门。只有访问'狗国',才从狗洞进去。我在这儿等一会儿。你们先去问个明白,楚国到底是个什么样的国家?"接待的人立刻把晏子的话传给了楚王。楚王只好吩咐大开城门,迎接晏子。

晏子见了楚王。楚王瞅了他一眼,冷笑一声,说:"难道齐国没有人了吗?"晏子严肃地回答:"这是什么话?我国首都临淄住满了人。大伙儿把袖子举起来,就是一片云;大伙儿甩一把汗,就是一阵雨;街上的行人肩膀擦着肩膀,脚尖碰着脚跟。大王怎么说齐国没有人呢?"楚王说:"既然有这么多人,为什么打发你来呢?"晏子装着很为难的样子,说:"您这一问,我实在不好回答。撒谎吧,怕犯了欺骗大王的罪;说实话吧,又怕大王生气。"楚王说:"实话实说,我不生气。"晏子拱了拱手,说:"敝国有个规矩:访问上等的国家,就派上等人去;访问下等的国家,就派下等人去。我最不中用,所以派到这儿来了。"

说着他故意笑了笑,楚王只好陪着笑。

楚王安排酒席招待晏子。正当他们吃得高兴的时候,有两个武士押着一个囚犯,从堂下走过。楚王看见了,问他们:"那个囚犯犯的什么罪?他是哪里人?"武士回答说:"犯了盗窃罪,是齐国人。"楚王笑嘻嘻地对晏子说:"齐国人怎么这样没出息,干这种事?"楚国的大臣们听了,都得意扬扬地笑起来,以为这一下可让晏子丢尽了脸了。哪知晏子面不改色,站起来,说:"大王怎么不知道哇?淮南的柑橘,又大又甜。可是橘树一种到淮北,就只能结又小又苦的枳,还不是因为水土不同吗?同样道理,齐国人在齐国安居乐业,好好地劳动,一到楚国,就做起盗贼来了,也许是两国的水土不同吧。"楚王听了,只好赔不是,说:"我原来想取笑大夫,没想到反让大夫取笑了。"

从这以后,楚王不敢不尊重晏子了。

《晏子使楚》的故事角色鲜明,情节生动,是很多小学语文老师选择进行课本剧改编的素材。但是要较好地达到其教学目标,较好地凸显其"戏剧性",或者在演出上能真正地吸引观众,还是有一定难度。阅读以下改编版本,谈谈你们的看法。

改编课本剧:晏子使楚

道　具　①用硬纸板做一扇城门(城门旁还设有一个小门)
　　　　②古代国王、大臣、卫士的衣冠头饰

人　物　晏子及侍从2人、楚王及卫士2人

【幕启。从幕后传来古筝演奏声,舞台上立着城门,城门里楚王正饮酒,卫士站立城门两侧。

晏　子　(同两名侍从上)奉大王之命,今日出访楚国。侍从!

侍　甲　有。

晏　子　前去通报。

侍　甲　是。(向楚王卫士)请禀报大王,我齐国使臣晏子要拜见大王。

卫　甲　(面向楚王,单膝下跪)楚王殿下,齐国使臣晏子求见大王。

楚　王　(边饮酒边慢条斯理地)让他从旁边的小门里钻进来见我。

卫　甲　是。(起立,转向城门,打开小门)请使臣进城!

晏　子　(看着小门,面对卫士)这是狗洞,不是城门,我要是访问"狗国"当然得钻进去,你们先问个明白,楚国到底是什么样的国家,我在此等候。

卫　甲　遵命,请使臣稍候。(转向楚王)禀报大王,晏子说,如果楚国是狗国,他就从小门钻进来。

楚　王　(捻着胡须,倒吸了一口气)这个晏子好厉害呀!那就打开城门叫他进来。

卫　甲　打开城门,请晏子拜见大王!

【晏子带两名侍从进城门。

楚　王　（上下打量晏子一番，冷笑）嘿嘿，难道齐国真是没有人了吗？

晏　子　（走近楚王，严肃地）大王此言非理也。我齐国首都临淄城里住满了人，大伙把衣袖举起来就能连成一片云，如果每个人都甩一把汗，那就像下一阵雨，街上的人摩肩接踵，大王怎么说齐国没有人了呢？

楚　王　（狡辩地）既然你们国都有那么多人，为什么偏偏打发你来呢？哈！哈……

晏　子　（上前制止）大王先不要狂笑，您这一问，叫我怎么回答呢？

楚　王　（得意的样子）怎么样，我看你也是无话可说啦。

晏　子　（很为难的样子）唉！如果我要撒谎吧，怕犯了欺君之罪，我要实话实说吧，又怕……

楚　王　（欲站起身，急不可待地）怕什么，快说出来！

晏　子　（戏弄地）又怕您生气。

楚　王　（立刻坐下，装出宽厚的样子）哎，实话实说，我不生气。

晏　子　（向楚王拱拱手）谢大王。既然如此，我就实说了吧。（走着台步）我们国家有个规矩，访问上等国家，就派上等人去；访问下等国家，就让下等人去。因为我最不中用，就到您这儿来了。哈……

楚　王　（只好陪笑）哈哈，这种说法听着倒很新鲜。（吩咐左右，并使眼色）拿酒来。

【楚王、晏子正饮酒时，卫士二人押着一个囚犯从堂下走过。

楚　王　（抬头见囚犯）慢着，那个人犯了什么罪？

卫　甲　回大王，是个强盗。

楚　王　（慢条斯理地）是哪国人哪？

卫　乙　（加重语气）是齐国人。

楚　王　（故作惊讶，轻蔑地）齐国人怎么这样没出息，竟然做起强盗来了！

【楚王及卫士齐声大笑。

晏　子　（站起身来，彬彬有礼地）大王您可知道，淮南的柑橘又大又甜，可是这种树种到淮北，就只能结出又小又苦的枳啦！

楚　王　（认真地）那是为什么呀？

晏　子　还不是因为水土不同吗？同样的道理，齐国人在齐国能安居乐业，一到楚国就做起强盗来了，也许是两国的水土不同吧！（拂袖走开）

楚　王　（恍然大悟，见晏子要走，忙站起身连连招呼）使臣慢行，使臣慢行！

【晏子走远。

【幕落。

（刘玉贤改编）

1. 分析原课文中楚王和晏子这两个角色的言行动机和性格特点，指出课文的主题思想，并由此概括出该课文的教学重难点。

2. 根据以上分析，指出以上改编剧本在场次安排、舞台说明语言、角色形象表现等方面存在的问题，并提出修改建议。

3. 查找相关资料，了解《晏子使楚》这个故事的时代背景和人物身份、特点，在网上找到与之匹配的服饰、妆容造型图片，并做出造型部分的开支预算。

（二）白头翁

人教版二年级语文下册课文

从前有一只美丽的小鸟，想学点本领。

一天，它看见喜鹊在大树上搭窝，觉得很有意思，决定跟喜鹊学搭窝。开始它学得很认真，可是没过多久就厌倦了。它说："天天衔树枝，太累了！"它不再学搭窝了。

一天，它听见黄莺在唱歌，唱得很好听，决定跟黄莺学唱歌。开头它学得挺认真，可是没过多久又厌倦了。它说："学唱歌要天天练嗓子，我可受不了！"它不再学唱歌了。

以后它又跟大雁学飞行，跟老鹰学打猎，也都是有始无终，没有一件事情能够坚持下去。日子一天一天地过去，直到头发全白了，它还是什么本领也没学到。

从此，它把一头白发传给子孙，让它们世世代代记住这个教训。后来，人们叫它们"白头翁"。

改编课本剧：白头翁

人　　物　　喜鹊妈妈及小喜鹊、白头翁、黄莺、大雁及小雁甲、小雁乙、小雁丙

场　　景　　台上有树木、山石及花草，一片美丽自然景致

【幕启。小喜鹊搬着一截木头上。

喜　　鹊　　妈妈，我又搬来了木头。

喜鹊妈妈　　好孩子，只要你勤快，妈妈准能教会你盖房子！

【喜鹊妈妈教小喜鹊盖房子，如何支架子，如何铺草，十分耐心。

【白头翁懒懒散散上，见小喜鹊盖房子很吃惊。

白 头 翁　　哎呀！（不解状）这么点儿大的小喜鹊还要学盖房子？

小 喜 鹊　　（发现了白头翁很惊喜）妈妈，您快瞧，这是一只多美丽的鸟呀！

喜鹊妈妈　　孩子，你说什么？

小 喜 鹊　　您瞧呀，您瞧！它尖尖的嘴巴，美丽的羽毛，还有一双漂亮的大眼睛呢！

喜鹊妈妈　　（欣赏白头翁）是呀，这只鸟非常漂亮！

白 头 翁　　（极自得）所有的鸟儿都夸我漂亮！

小 喜 鹊　　（对白头翁殷切地）美丽的鸟儿，你能跟我做朋友吗？

白头翁　（不解地）跟你做朋友？

小喜鹊　是的，跟我做朋友，咱们一块儿学盖房子！

白头翁　（点一点头）我愿意跟你做朋友，我也想学学盖房子！

喜鹊妈妈　（高兴地）学盖房子？好，我一块儿教你们！

【白头翁与小喜鹊跟喜鹊妈妈学着，喜鹊妈妈不时指点着。

白头翁　（悄悄退至一旁）唉……房子看着是好看，可盖起来，就那么难那么累呀！……唉，我的腿发软，胳膊酸，真难受呀！（捶胳膊，捶腿）

小喜鹊　（扭头看白头翁）咦，朋友，你怎么不干了？

白头翁　唉，太累啦，太辛苦啦，嗨——早知道我就不学盖房子啦！

小喜鹊　妈妈说了，做任何事情不付出辛苦，不付出代价，都是做不好的！

白头翁　（嘟哝着）话是这么说……可我受不了呀！我先歇歇吧。

喜鹊妈妈　唉，它是没常性的。（拉一把小喜鹊）咱们走吧！

【喜鹊妈妈及小喜鹊退下。

【白头翁在一旁坐下。随着轻快音乐，美丽的黄莺上，舞蹈。

白头翁　（站起惊呼）哇——噻！黄莺的歌声真迷人，黄莺的舞蹈真好看！（追逐着黄莺，紧跟后面欣赏着）

黄　莺　（发现白头翁，止住动作）怎么，想跟我学吗？

白头翁　（点头）好呀，请你教吧！

黄　莺　那好吧，我教你！你先跟我学练声，啊——

白头翁　啊——

黄　莺　咿——

白头翁　咿——

黄　莺　（声音悠长）啊——咿——

白头翁　啊——咿！咿！

黄　莺　（奇怪地）你在干吗呀？

白头翁　啊—咿！（嬉皮笑脸地）嗨，不是让我叫阿姨、阿姨嘛！

黄　莺　什——么！这是练声，懂吗？练声！不是让你叫"阿姨"呢！

白头翁　（不悦地）唱歌就唱歌呗，干吗还要练声呀？

黄　莺　练声就是吊嗓子，不吊嗓子怎么能唱好歌呢？

白头翁　（蹲下，泄气状）哎——哟！唱歌还要吊嗓子呀，我才知道！真是费劲儿呀！连唱歌也这么辛苦！唉……不练啦！不学啦！（起身）对不起，小黄莺，咱们拜拜吧！（又坐下，活动着脖子）

黄　莺　（一撇嘴，鄙视）真没出息！

【黄莺随着音乐伴奏飞下，歌声渐远。

【白头翁百无聊赖地抱住脑袋。

【又一种热情的音乐中,大雁带着三个孩子飞上。

大　雁　孩子们,抖臂!(示范动作)

众　雁　抖——臂!(集体动作)

大　雁　孩子们,伸脖子!(示范动作)

众　雁　伸——脖子(集体动作)

大　雁　别撅屁股!(拍一只小雁一下)

众　雁　别撅——屁股……(拍各自屁股)

白头翁　(觉得有趣,悄悄站起观看)你们在干吗?——

众　雁　学飞翔呀。

白头翁　学飞翔有什么好?

众　雁　当然好!学会了飞翔,我们就能飞到大江南北、长城内外,欣赏江南春色,领略塞外风光……

白头翁　(有所悟,跃跃欲试)学飞翔好!我也学,我也要学!

大　雁　那好呀,你们一块儿学吧!

众雁及白头翁　好——喽!

大　雁　一、二!抖臂!(示范)

众雁及白头翁　一二!抖——臂!(三只小雁排成队,白头翁在最后,做同一动作)

大　雁　伸脖子(示范)

众雁及白头翁　伸——脖子!(动作)

大　雁　别撅屁股!

众　雁　别撅——屁股!

【白头翁沮丧地又蹲下,抱住脑袋。

众　雁　你这是怎么啦?

白头翁　抖臂、伸脖子、别撅屁股……唉!真烦人,真没意思!就这么学飞翔呀,哪辈子才能学得成?

大雁及众雁　接着学,就能学得成。来吧、跟我们一块儿学吧!

白头翁　(不耐烦挥一挥手)不学啦,不学啦!你们飞你们的吧!我可不愿意把一辈子的青春都浪费在这些无聊动作里!

众　雁　那好吧,拜拜!(众雁飞下)

小喜鹊　(手托漂亮的小房子与喜鹊妈妈上场)哈,我的小房子盖好啦!

黄　莺　(飞上场)啊,我的歌也唱得更响亮动听啦!

众　雁　(随大雁飞上场)噢!我们终于学会飞翔啦!

【鸟儿们互相祝贺。一片兴高采烈。白头翁尴尬地站一旁。

小喜鹊　(冲白头翁)哦,美丽的鸟儿,你学会了什么本领呀?

白头翁　我?(摊开双手)是呀,我学会了什么本领呀?

小喜鹊　请问,你会盖房子吗?
黄　莺　请问,你会唱歌吗?
众　雁　请问,你会飞翔吗?
白头翁　(难过状)我……我……除了会吃饭,我什么也没有学会!
大　雁　好可怜的孩子!
鹊妈妈　孩子呀,你错过了学本领的时机啊!
白头翁　我……(无意中一撩脑袋,却从脑后撩起一撮白毛)呀!我的头发?啊,怎么变白啦?我老啦,我都变成白头翁啦!
众　鸟　(感慨状)一年之计在于春,一日之计在于晨,人生大计要从少年开始!
白头翁　(对观众)真后悔呀,我都变成了白头翁,才明白了这个道理!
众鸟们　(齐诵)黑发不知勤学早,白首方悔读书迟!
白头翁　(对观众)同学们呀,你们可要早点儿明白这个道理呀!
【幕落】

(北京市朝阳区黄杉木店小学　吴海潮)

评析: 为了照顾低年级孩子的识字与阅读水平,原课文《白头翁》是一个相当浅显的故事,谈不上生动有趣,也缺少情感的参与。改编后的版本应该说很好地补足了原文的缺点,既丰满了角色形象——给了我们一个懵懂贪玩、虎头蛇尾、缺少耐心与恒心的白头翁,一群叽叽喳喳、热热闹闹却踏踏实实在付出、在用功的小鸟,又添加了富有儿童情趣的、有着生活气息的台词,并在最末概括性地指出了"黑发不知勤学早,白首方悔读书迟"的主题,既做到了教育性与审美性的有机融合,又对欣赏这部剧的孩子起到了有益的熏陶作用。此外,在儿童文学中常见的三段式的叙述模式,也很好地符合了小读者的阅读期待,增添了欣赏的乐趣。

探索·讨论·实践

1. 本剧是群鸟戏,请为演员设计有差异性的形体动作,来体现不同鸟类角色间的长幼区别及性格差异。

2. 进行多轮多组的台词表演与训练,注意台词的气息、发音、节奏、重音及语调等,表现出角色的情绪情感。

3. 请为本剧各情节段落选定几段符合戏剧氛围的配乐,添加必要的效果音,并做出本剧公演的宣传文案与海报。

第十章 优秀儿童戏剧及舞台剧鉴赏

课本剧的编演,务必秉承戏剧的原则与精神,而小学课本剧与儿童戏剧的关联最为密切,故而向优秀儿童戏剧学习和借鉴,是我们提升剧本创编水准,摸索戏剧演出门道的最佳途径。《回声》短小精悍,虽然没有复杂的人物关系和矛盾冲突,也较难在舞台上展现出特别绚丽宏大的场面,但是能以幼儿天真无邪的童趣博得所有阅读者的会心一笑。《"妙乎"回春》以温和善意的嘲讽给孩子们展现了不学无术和自作聪明会闹出的笑话,戏剧风格活泼明朗,舞台呈现充满儿童元素。《小王子》和《皮皮·长袜子》虽然都改编自童话,但在风格上,《小王子》利用现代声光电的科技手段和无与伦比的想象力,为我们打造出奇幻瑰丽的太空世界和沙漠场景;而《皮皮·长袜子》则遵循现实主义的创作手法,实景打造了皮皮居住的维拉·维洛古拉城堡和令人眼花缭乱的马戏表演场,加之或原创或经典的美妙音乐的穿插,相信任何一个孩子或成人在观赏后,都会浮想联翩,沉醉不已。

第一节 剧本《回声》

【对面是高山,山旁一户农家,一个孩子和母亲到这里过暑假。

大郎 (五六岁。高高兴兴地跳出来)真高兴!真高兴,妈妈叫干的活儿都干完啦,这回光剩下玩儿啦。(说着,高高兴兴地,这儿那儿地跑跳着。)

大郎 万岁!万岁!

【山那边响起了回声。

回声 万岁!万岁!

【大郎吃了一惊,奇怪地望着。

大郎 (自语)哎呀!这是谁呀!(大声地)谁在那儿呢……

【山那边重复着。

回声 ……在那儿呢!

大郎 (自语)哎呀!山那边也问啦!(大声地)你是谁呀?

回声 你是谁呀?

大郎 我呀,是大郎!

回声　我呀,是大郎!
大郎　我才是大郎哪!
回声　我才是大郎哪!
大郎　不!你不是大郎。
回声　不!你不是大郎。
大郎　是大郎!
回声　是大郎!
大郎　哎呀!你真讨厌!
回声　……呀!你真讨厌!
大郎　讨厌!
回声　讨厌!
大郎　去你的!
回声　去你的!
大郎　你!小狗。
回声　你!小狗。

【妈妈从窗里探出头来。

妈妈　大郎!你跟谁那么粗声粗气的……
大郎　(要哭的样子)妈妈!山那边有个坏孩子,净这个那个地学我。
妈妈　那,你跟他说什么啦?
大郎　我跟他说:"讨厌!去你的!小狗!"
妈妈　你好好跟他说说试试,他也就跟你好好说啦。可别像刚才那样粗声粗气的啦!啊?
大郎　(向山那边)噢依……
回声　噢依……
大郎　别生气啦!刚才我不对啦!
回声　别生气啦!刚才我不对啦!
大郎　咱俩做朋友吧。
回声　咱俩做朋友吧。
大郎　你来这儿玩吧。
回声　你来这儿玩吧。
大郎　到这儿来!
回声　到这儿来!
大郎　我过不去!
回声　我过不去!
大郎　那!咱们就这样说话吧。

回声　那！咱们就这样说话吧。

大郎　行吗？

回声　行吗？

大郎　好吧。

回声　好吧。

【妈妈又从窗口探出头来。

妈妈　大郎，吃饭啦，快回来吧。

大郎　唉！（向山那边）我吃饭啦，不说啦！

回声　吃饭啦，不说啦！

大郎　再见。

回声　再见。

妈妈　大郎！快点呀，你还在那儿磨蹭什么哪！

大郎　妈妈，刚才我照你说的那样，和和气气地，跟他说话，那孩子就跟我好啦。

妈妈　嗯，你看是不！你跟人家好好的，人家也跟你和和气气的吧？可得好好记住点。来吧，来吧，快回来吧。

【作者介绍】　坪内逍遥（1859—1935），日本明治时代伟大的文学家，早年毕业于东京大学，先后致力于小说创作、戏剧文学及演剧运动，27岁时奋然写下的理论著作《小说神髓》，被人们称作近代小说的启蒙教科书，他的创作理念对日本近现代小说的发展产生了深远影响。

【赏析】　这是一个绝妙的儿童小话剧，融艺术性、思想性、知识性于一炉。

剧中的主人公大郎和妈妈来到山乡的农家过暑假。这天，他在村前的空谷地玩儿，他的叫喊引起了山谷的回声，而他误认为那是山那边的另一个小孩子的声音。全剧的情节全由大郎的叫喊和他的回声组成。其间，妈妈的教导使大郎懂得了礼貌待人的道理：粗鲁的叫喊得到粗鲁的回声；温和的呼唤得到温和的回声。剧情真是够简单的了，然而富于哲理、意味深远。这主要应该归功于精妙的构思。回声，是一种十分普通的自然现象。然而作家恰恰在这一极为普通的自然现象中发现了象征性的哲理和美妙的诗意。同时，剧作家又按照幼儿的幻想特征，巧妙地将回声拟人化为一个爱学话的调皮孩子，构成了充满幼儿情趣的戏剧矛盾。戏剧冲突的出现是由于大郎的叫喊引出了"回声"的学话，又由于学话致使双方矛盾的激化，出现了粗鲁的拌嘴，而大郎听从了妈妈的教诲，改变了语气，又使对话变得和好，矛盾冲突趋于缓解。最后，水到渠成地得出结论："你跟人家好好的，人家也跟你和和气气的。"可见，剧情的展开、转折和结局都顺理成章，浑然天成。

由大郎和"回声"之间的矛盾冲突结构成剧，矛盾的出现始于大郎对"回声"的好奇，慈爱母亲的出现则对矛盾的化解起到了关键性作用。她的那句"你好好跟他说说试试，他也就跟你好好说啦",从表面上看,揭示了一个浅显的生活常识,其内在却包含着一个深邃的哲学命题,这正是该剧最见功力之处。大郎与"回声"之间的矛盾冲突,不仅仅是他要求别人礼貌对待自己的这种心理,同自己并未养成礼貌对待别人的行为习惯之间的矛盾冲突,更是一种付出与回报之间的二元对立,生活就像一面镜子,你对它哭,它绝不会对你笑,只有勤勤恳恳地付出,才会有苦尽甘来的回报。

这个剧本的语言艺术也是十分高超的。它不但简洁、明白、生动,而且完全符合人物的性格和身份。大郎的语言天真活泼,充满稚气,完全是五六岁幼儿的语言,即使是"讨厌!去你的!小狗!"之类粗鲁语言,也具有幼儿情趣,与大郎的天真、好奇、憨厚的性格相符合。而妈妈的语言又是那样温存慈爱,她对待儿子既不是大声呵斥,也不是枯燥说教,而是亲切开导,循循善诱,生动地刻画出教育有方的慈母形象。

第二节 剧本《"妙乎"回春》

人　物　猫大夫(著名的动物界医生)
　　　　小猫"妙乎"(猫大夫的儿子)
　　　　小兔、小牛、小鹅

时　间　早晨

场　景　"动物医疗站。"一间芭蕉叶盖的屋子:墙上挂着写有"妙手回春"的锦旗。猫医生的椅子像只倒放的灯笼辣椒,病员坐的是扁豆荚形的长凳。床、桌等各有特色。幕启时,只见小屋外戴眼镜的猫大夫在打太极拳。远处公鸡叫,一会儿,他侧耳听听屋里,见没动静,摇摇头,向树林跑去。不一会儿,躺着的"妙乎"翻过身蒙头大睡。猫大夫回来,敲窗。

猫　妙乎,该起来了!唉!还想当名医呢!

妙　(又翻了个身)呜……呜……

猫　(进门)妙乎,妙乎,怎么不响啊?(掀开被,拎妙乎耳朵)

妙　喵——呜!喵——呜!爸爸,您不知道我在背书吗?

猫　背书?我看你连书都不翻,还背什么书?

妙　您在家,我跟您学!您不在家,我才念书!

猫　好了,我没空和你斗嘴。我要去出诊了,有谁来你就记下来。有急事,你打电话来,号码三六九。(拿起电话拨号,听筒和话筒是苹果形,柄是香蕉形)喂,喂!嗯,没人接电话,一定病得很重,我得赶快去了。

妙　(起床坐到桌边)爸爸,您去好了。有谁来看病,我给看。

猫　你还没学会,好好看书,将来我教你。(匆匆忙忙下)

妙　(边吃东西边翻书)ABC,CBA,看书真想打瞌睡,当个医生谁不会?胡说八道

信口吹！哎哟,好累呀!（伏在书上睡着）

【小兔挎着草莓篮上。

兔　猫大夫！猫大夫！

妙　（抬起头）妙呜妙呜！（开门）喂,你是谁?

兔　我是小兔。猫大夫在吗?我请他看病。

妙　不在家。

兔　您是他的儿子吗?

妙　我不回答你。不过我告诉你,我是大名鼎鼎的妙乎医生。

兔　真的吗?我怎么没听说过?

妙　我才当医生,你当然不知道。不过,有句话你该知道。

兔　什么?

妙　人家赞扬我医术高明,是"妙乎回春"!

兔　好像只有妙手回春……

妙　不对,你记错了,我这儿有书为证。（翻书）翻不着,反正是你错了。

兔　我不跟您争了。妙乎医生,今天猫大夫不在家,请您给我看看好吗?

妙　行,小事一桩,坐下吧。（给小兔按脉,看面色）哎哟不好！你生大病啦！

兔　（吓一跳）什么什么?

妙　你生一种出血病,出血病,危险透了！

兔　（吓坏了）啊！

妙　（拿起镜子）你看,你的眼睛都变红啦！

兔　（松了一口气）我们从小就是红眼睛,我爸爸妈妈,爷爷奶奶,哥哥姐姐,弟弟妹妹……生来就是红眼睛,不是出血。

妙　生来就这样?那就是遗传性的毛病,非看不可。

兔　（糊涂了）那,那猫大夫怎么从来没讲过?

妙　（一本正经）你到底听谁的?

兔　那请您给看看吧。

妙　这是红药水,一天吃三顿,还用它滴眼睛,也是一天三次。（拿一大瓶红药水给小兔）

兔　（不敢接）红药水能吃,能滴眼睛吗?

妙　你不照照你的眼睛,都红成什么样了！坐着马上吃,马上滴!

【兔怀疑地接过,坐着犹豫不决。小牛上。

妙　还磨蹭什么?谁不知道我"妙乎回春"!

牛　哞——,谁的喉咙这么大呀?

兔　（如获救）小牛快来,妙乎医生让我吃红药水,还要用红药水滴眼睛。我有点害怕。

牛　从没听说红药水能吃呀！

妙　妙呜妙呜，你是谁，来这儿大发议论？

牛　哞——，我是小牛，您是医生吗？

妙　我是得过"妙乎回春"锦旗的医生妙乎！

牛　什么？"妙乎回春"？

妙　对。

牛　（反刍，胃里的草回上来，用口嚼着，没有能接话）

妙　你怎么啦？不作声光努嘴？

牛　（咽下草）哞——，不是，刚才我胃里的东西回上来，得嚼一嚼。

妙　（拍拍小牛背）得了，又是一个病号！

牛　怎么啦？

妙　你呀，生了大病啰！

牛　什么病？

妙　吃的东西要回上来，那是胃病；经常回上来，那就是胃癌。

牛　癌？

妙　对，这非我看不可！

牛　我们从小吃东西都要回上来嚼嚼，我爸爸妈妈、爷爷奶奶、哥哥姐姐……

妙　得了，跟小兔一样，遗传的病。你可得开刀才行！要不半路上倒下去，我可不会救啰！

牛　（害怕地）那我怎么办呢？

妙　躺到那床上去，我来磨刀，给你做手术。

【妙乎拿起一把大菜刀，在门槛上磨起来。小鹅上。

牛　（慢腾腾躺上去）真害怕呀！怎么拿菜刀给我动手术……

兔　（坐立不安地）真害怕呀！红药水吃下去肚子不疼吗？

鹅　（鞠个躬）吭——，请问，谁在里面叫害怕？

妙　（抬起头）是小兔、小牛，我给他们治病。喔，你也是来看病的？

鹅　我没生病。

妙　不，很明显，你生了大病。

鹅　（镇静地）什么大病？

妙　脑瘤。脑子里的瘤直长到外面来了！非开刀不可！

鹅　（笑）吭吭吭，我们生来就这样……

妙　那你和他俩一样，得了遗传病。

鹅　（继续笑）吭吭吭，你这样的医生我也会当。

妙　乱讲！我可是得了"妙乎回春"的锦旗的！

鹅　吭吭吭，只有妙手回春，没有"妙乎回春"！

妙　你们三个都一样地读白字！

鹅　（端详着他，灵机一动）好吧，就算你对。（看看发抖的小兔、小牛）不过，我也学过一点医，我看你也生了大病。

妙　（有点儿紧张）别骗人！我生了什么病？

鹅　吭——，你生了未老先衰病。

妙　（不明白）怎么讲？

鹅　你小小年纪就衰老得不行了，不医好马上得完蛋。

妙　（更紧张，凑近他）你，你有什么根据？

鹅　自然有。（拿起镜子给他）你自己瞧瞧，瞧你的胡须有多长！

妙　（照着）胡须？这胡须一生下来就……

牛　（疑问地）哞——，那也是遗传病？

妙　啊！我？

鹅　是吧？你爸爸妈妈，爷爷奶奶，哥哥姐姐，弟弟妹妹，生下来都有胡须……

妙　（害怕起来）难道我也是遗传病，那我当不了名医了！妙呜呜呜……（哭起来）

鹅　（推推小兔、小牛）有一个办法可以治好。

【这时猫大夫回来了，在门外拄着手杖听。

妙　只要能救我，用什么办法都行。

鹅　我先问你：小兔和小牛到底得了什么病？

妙　天知道他们生什么病。

兔　你不是说我生了出血病，眼睛都变红了吗？

牛　哞——，不是说我得了胃癌，走不到家半路就会倒下去吗？

妙　我是随便说说。

牛　哞——，随便说说？我差点没让你用菜刀宰了！

兔　嘿，我差点没把红药水吃掉！

鹅　（笑）吭吭吭，他俩没病，你倒是真有病啊！

妙　（又紧张起来）怎么办？

鹅　小兔、小牛帮个忙。（拿出一根细绳，在墙上一个铁环中穿过，一头交给兔、牛，另一头拿着）来，"妙乎回春"大夫，把胡须结在这一头，拉它七七四十九次，胡须掉下来就好啦！

妙　不疼吗？

鹅　有一点儿，可是要病好哪。（用绳子扎住他的胡须）

兔、牛　（开心地用力拉）嗨哟，嗨——！

妙　（怪叫）哎哟！妙——乎！妙乎！妙——乎！……

鹅　（一本正经）一下、两下、三下、四下……

妙　哎哟、哎哟，哎哟哟！（全身跟着细绳一上一下）

兔、牛　哈哈,哈哈!

妙　(忍不住)几下啦?

鹅　十三,十四,十五……妙乎大夫,还有二十几下就行啦!

妙　什么大夫不大夫,我连书都没好好看过一本。(把绳子从胡须上取下,抓起电话拨号)三六九,喂喂!

【猫大夫出现在门口。

兔、牛、鹅　大夫好!

妙　爸爸!您可回来了……

猫　我早就在窗外边,瞧你吹得晕头转向的!(搂住小鹅肩)孩子,你今天帮助了妙乎,我谢谢你,也谢谢小兔、小牛!(小动物们摇头表示不必)

妙　爸爸,(摸摸胡须羞愧地)我今后一定老老实实学习,不吹牛了!

鹅　到时候啊,我送你一面锦旗,就写上"妙乎回春"四个大字!

【众笑。幕落。

【作者介绍】　方圆,原名方选之,江苏无锡人。1979年,他发表了第一篇儿童小说《阿花》之后又陆续发表了诗歌、独幕剧本、童话多篇。《"妙乎"回春》曾获得儿童时代1980年独幕剧征文奖、儿童文学园丁奖上海1980—1981年优秀作品。

【赏析】　《"妙乎"回春》写一个爱吹牛而又粗心大意的小猫妙乎,自以为是,不肯刻苦学习,闹了许多笑话,最后,被聪明的小鹅用计捉弄了一番,它认识到自己的缺点并下决心改正。

《"妙乎"回春》剧的舞台布景设计,很富有童话意味:芭蕉叶盖的房子、灯笼辣椒形的椅子、扁豆荚形的长凳、苹果和香蕉拼成的电话,把小观众带到了有趣的童话世界。墙上挂一幅"妙手回春"的锦旗,用这样一句成语,形容猫大夫的医术高明,可被小猫妙乎读成"妙乎"回春。一字之差,写出了小妙乎幼稚又自大的可笑形象,为它不学无术、乱吹牛,以致最后狼狈不堪地受到小鹅的惩罚,起到了画龙点睛的作用,也构成了此剧的喜剧效果。

《"妙乎"回春》剧情节单纯有趣,很富于戏剧性,有层次,有起伏,类似情节多次反复,直至推向戏剧高潮。小兔来看病,妙乎说他得喝红药水;小牛来了,妙乎又说他得开刀。作者没有直截了当地说出用红药水治病、用菜刀开刀是错误的,而是让剧情发展下去,打上了一个个"结",使小观众等待着看这些"结"怎样解开:小兔有没有真的把红药水喝下去啊?小牛会不会让妙乎给他开刀啊?当小兔正准备喝红药水,小牛正准备上"手术台"时,小鹅来了,妙乎又"诊断"小鹅长了"脑瘤"。这时剧到了高潮,小观众会想:大概也要给小鹅开刀了吧?可是作者出乎意料地来了个反转,让小鹅指出妙乎也有病,处于主动地位的妙乎,一下又转为被动了。剧情自然而然地把小猫妙乎引到了十分矛盾的处境中,被小鹅牵着鼻子走,不得不承认自己看病是"随便说说"的。这个"随便说说"又表现出妙乎自以为是、不负责任的性格。剧发展到这儿,小鹅以其人之道还治其人之身,想出了"治病"的妙计,以前一层层戏所打的"结"也就解开了。小猫妙乎受惩罚的情节令人发笑,点出了"说大话终究要受惩罚"的主题,既出人意料,又在情理之中。

《"妙乎"回春》的情节安排和台词表现了剧中角色的性格,使拟人化了的动物具备物性,而不是生硬地"人化"了。剧一开始,妙乎在睡懒觉,通过他醒来和父亲猫大夫的一段对话,揭示了他懒惰、不爱学习、爱说空话的性格。猫大夫出诊去了,妙乎勉勉强强地念书时的一段独白:"ABC,CBA,看书真想打瞌睡,当个医生谁不会?胡说八道信口吹……"一段顺口溜,生动地表现出小猫妙乎的性格。小兔来看病,妙乎吹牛说自己有"妙乎"回春的本领。小兔指出他错了,他要找书上的话作证又找不到时,强词夺理地说:"反正是你错了……"把妙乎自以为是的性格写得活灵活现。在现实生活里,像妙乎这样的表现是存在的。这些话出自一个可笑而又可爱的小猫口中,引起小观众的观赏兴趣,引起小观众的联想,达到以物喻人的作用,作品夸张性的喜剧效果出来了。它可以使小观众问一问自己:"我是不是这样的呢?"

同时,这个剧抓住了小动物的特点做文章,不仅富有儿童情趣,还包含了知识性。兔子眼睛是红的,妙乎就说小兔生了"出血病";牛有反刍特点,妙乎就"诊断"小牛得了"胃癌";鹅头上有肉瘤,妙乎说小鹅得了"脑瘤";反过来,小鹅如法炮制,用猫长胡子的特点,用计拴起妙乎的胡子来惩罚他,使妙乎受到了教育。这些符合小动物身上特点的喜剧性的安排,是剧本最吸引人的环节,它符合童话应有的物性,为妙乎的无知自大找到了动人的情节,把喜剧性、启发性和知识性揉在一起了,情节安排得生动可信。对动物知识有一定认识的小朋友,看了会觉得妙乎可笑,从而认识到不学无术、乱吹牛皮是不好的;对动物知识还不太了解的小朋友,看了不仅会增加些知识,还会引起他们的求知欲,启发他们去了解、观察一些动物的特点。

《"妙乎"回春》是童话剧,却也有一定的生活基础,说大话、自以为是、学习不踏实是某些孩子共有的缺点。但作品的拟人化发挥了小动物本身的特性,使情节合理可信。剧中的几个人物,如猫大夫、小猫"妙乎"、小兔、小牛、小鹅都是拟人化了的角色,这些动物身上既具有这些动物原有的特性,又都具有人的性格特点。如妙乎的娇气、自以为是、勇于认错;小兔、小牛的犹豫和胆怯,缺乏主见;小鹅的机智、乐于助人;猫大夫的幽默、老练、责任心强等。

《"妙乎"回春》充分发挥了童话剧这一易于被孩子接受的艺术形式,塑造了妙乎这样生动的形象,让小观众从笑声中受到教育,起到了干巴巴说教所难以起到的作用,既具有思想教育意义,也具有知识教育意义。

微信扫一扫
《马兰花》剧本

第三节　舞台剧《小王子》

法国音乐剧《小王子》

英文名称：The Little Prince

别名：Le Petit Prince—Spectacle Musical au Casino de P

发行时间：2003 年

语言：法语

时长：2 小时 10 分钟

本剧改编自被誉为仅次于《圣经》销量的著名童话《小王子》。《小王子》的原作者安托万·德·圣埃克苏佩里(1900—1944)，是法国著名的小说与童话作家，但是他的职业是飞行员。第二次世界大战期间，他被征召入伍，不幸在 1944 年的一次侦查任务中坠机失踪。《小王子》便是他在逝世前几个月所写的童话。作品透过小王子天真烂漫、直率与无边无际的想象力，对照了成年人的虚妄、自私与想象力枯竭的悲哀，试图重新拾回人类生命中最宝贵的价值与意义。

图 10-1　音乐剧《小王子》片头

图 10-2　"小王子"出场

图 10-3 "小王子"离开

鉴赏拓展

沁心童话，微凉音乐
品味法国音乐剧《小王子》

陈　洁

　　由法国传奇作家圣埃克苏佩里创作的经典童话《小王子》，自 1943 年出版以来，迄今为止，在全世界的销量超过 5 亿册，翻译语种超过 100 种，中文版也超过 30 余个版本。这本写给大人们看的童话书，以其平淡简洁的文字叙述，引申出寓意深刻的哲理：每个大人都曾经是孩子；用纯真的童心来看待身边的事物；爱是需要责任的……

　　音乐剧《小王子》正是改编于这个耐人寻味的故事。由创作音乐剧《巴黎圣母院》的作曲家理查德·科西安蒂（Richard Cocciate）担任音乐制作，爱丽莎·埃奈斯（Elisabeth Annais）作词，来自法国顶尖时尚品牌 Jean-Charles De Castelbajac 首席设计师卡斯特巴杰克设计华丽的演出服装，另外还有亦真亦幻的舞台效果。可以说，二幕法国音乐剧《小王子》是一部带有浓郁法国风味的音乐诗篇。

　　演出开场，一位叙述者唱着告诉观众，这个故事是献给儿童时代的大人，因为"所有的大人曾经都是孩子"。幕后的童声合唱反复唱着，"但是只有很少的大人记得这一点"。接着，一位飞行员因飞机故障迫降在撒哈拉沙漠里，水粮匮乏的他绝望地写着"死亡日记"。他想起他小时候画的第一幅图画作品，那是一条蟒蛇消化一头大象的透视图，可大人们认为这是一顶帽子，并且教育他必须把兴趣放在历史、地理、算术、语法上。这使得他非常沮丧。在大人的世界里，他找不到一个说话投机的人，因为大人们都太讲实际了。他在不知不觉中睡了过去。

　　在睡梦中，他忽然被一个微弱的声音叫醒，"请你为我画一只绵羊"。这个声音正是本剧的主人公小王子发出的。小王子来自 B-612 号小星球，他是那个星球上唯一的居民。在那里,和小王子做伴的有两座活火山和一座死火山,还有不断生长的猴面包树。小王子必须每天清扫他的星球,以免火山的喷发和猴面包树的肆意生长。还有一朵玫瑰花,这朵花是如此美丽、娇媚,但又娇气、自负。小王子告诉飞行员,他和玫瑰花相互爱慕,然而一件小事最终使他们分开了。敏感的小王子因为玫瑰的一次恼怒而对爱生起怀疑。他离开了自己的星球,抛下了玫瑰花,开始了自己孤单的旅行。在小王子抵达地球之前,经历了六个星球的历险。他遇见了国王、爱虚荣的人、酒鬼、商人、点灯人、地理学家、蛇、三枚花瓣的沙漠花、玫瑰园、扳道工、小商贩、狐狸以及飞行员本人。通过交谈,飞行员和小王子在沙漠中建立了极为珍贵的友谊。这并不完全因为小王子能一眼认出飞行员画的蟒蛇透视图。最终,小王子放不下他的玫瑰花,他选择了以蛇的毒液结束自己的生命。尽管他害怕痛苦,但是他认为这样就能抛下自己笨重的身体回去。当小王子的躯体在夜幕中消失,飞行员非常悲伤,他喃喃地唱道:"如果你们看到过一个金黄色头发的男孩,请告诉我,他去了哪里?"——全剧终。

音乐剧《小王子》完全忠于小说原著,无论情节的展开还是人物的对白,包括唱段歌词,几乎一字不动地取自原著,这是舞台剧中不多见的。从某个角度来看,说明原著的深入人心,导演给观众完美再现了小说中那个简单、纯真的小王子。

与《巴黎圣母院》的激情戏剧风格完全不同,理查德·科西安蒂为《小王子》打造了轻盈剔透、恬淡唯美的音乐风格。全剧共 24 首歌曲,其余多为对白。电子音乐手段是目前音乐剧惯用的手法,它为《小王子》的音乐营造了三种音乐氛围:

其一,空旷孤寂。比如,开场音乐、"回声(L'écho)"、小王子消失时的音乐和"忘记朋友是悲伤的(C'est triste d'oublier un ami)"。

其二,梦幻童话。比如"玫瑰花园(Le jardin des roses)""驯养我(apprivoise-moi)""因为这是我的玫瑰(Puisque c'est ma rose)"等唱段。

其三,温情浪漫。比如小王子与玫瑰花告别时的那段"再见,一定要幸福(Adieu, et tâche d'être heureux)",表达了他们之间的浓浓深情,曲调忧伤感人,尽显法国人的极致浪漫。

另外,作曲家为各个特征人物写的唱段也非常生动形象。比如那位只知道数数的商人演唱的"我记录(Je Prends note)",作曲家采用同音反复的手法,快速而又单调,表现出埋头于计算财富的商人忙碌得连抬头的时间也没有;酒鬼的唱段"饮酒忘忧(Je bois pour oublier)",运用了跳进的音级和摇摆的节奏,表现出摇摇晃晃、口齿不清的酒鬼形象;"我,就是我(Moi, je)"是一首刻画爱慕虚荣者的歌曲,高亢大气,以示他的骄傲和清高,但忧伤的小调不免透露出他内心渴望被拥戴的期盼和孤独。

关于人物造型方面,我们可以充分感受到法国人敏锐、前卫的时装设计理念。纯真的小王子一头金发,绿色的衣裤加上橘色围巾,甚是可爱;威严的国王,一身长袍铺满了整个星球;酒鬼几乎埋藏于一大堆酒瓶中,地理学家的身上背着厚厚的书本;点灯人的衣服上,装着自动闪烁的灯泡;小商贩的背上插着一个发条,象征着现代社会过分强调省时而走歪门捷径;娇贵的玫瑰花,可以随时"开花"和"凋零";蛇的扮演者更是叫绝,演员的右手和左腿覆盖着金色的蛇皮，头和身体的其余部分为黑色，利用黑幕和灯光的效果，再加上扮演者柔软的舞蹈身段，惟妙惟肖地表现了一条灵动狡猾的蛇。

该剧的舞美设计极具空间感，舞台机关布景多达300个，平均每分钟就有两个机关布景现身。同时，利用高科技手段，将原著中的沙漠、星空、飞机失事、玫瑰园等场景一一还原：广袤无垠、静谧幽蓝、星光闪烁、电闪雷鸣、花开花谢。小王子乘坐的"大雁飞行器"，循着三条隐藏式轨道，分别造访了六颗星球，每颗通过钢丝悬吊"飞"出的星球上，居住着形形色色的"古怪的大人们（小王子语）"。最后，小王子慢慢消失于夜空，恰似魔术表演一般，让观众在悲伤之余，惊叹多媒体效果的神奇和巧妙。

与重歌舞性和娱乐性的英美音乐剧不同，法国音乐剧《小王子》没有热闹的舞蹈场面，也没有强烈的鼓点震撼，它更注重于艺术性，完美的音乐表达和诗意的舞台布景服务于剧情发展的需要。从美学角度讲，越是简单，越是能够直指人心。音乐剧《小王子》没有肆意铺张音符，有的是对原著精髓的深刻阐释，稚拙朴素的艺术风格使观众更能沉浸于原著的哲学思考。

当沁人心脾的童话故事，遇上微凉清新的法国音乐，就有了音乐剧《小王子》。它使我们重新找回了心中那份遗失已久的童真和美好。

美丽的音画　清新的气息
——观法国音乐剧《小王子》有感

金复载　张　苑

今年的夏季，对于中国音乐剧爱好者和音乐剧从业者来说，无疑是幸福的。在上海这片中国音乐剧的热土上，前所未有地同时引进两部音乐剧，这就是法国音乐剧《小王子》和英国音乐剧《妈妈，咪呀！》。

首先，我们谈谈上海大剧院引进的英国音乐剧《妈妈，咪呀！》。这部音乐剧以地中海为背景，讲述了女儿在结婚之前，想找到她未知的父亲来参加她的婚礼。这些突如其来的意外，使得女孩的母亲措手不及，在经历了再一次爱的洗礼之后，最终母女俩寻找到了幸福的真谛。《妈妈，咪呀！》是一部典型的剧情性音乐剧。与其他传统音乐剧不同的是，该部作品将20世纪70年代组合ABBA的成名曲串在一起，然后再请编剧根据歌曲编写了剧本。《妈妈，咪呀！》里面到处洋溢着欢乐和青春，音乐通俗易唱，节奏明快，剧情也是描写生活中小人物的故事。无论是中学生还是中老年人，都可以轻松接受这部音乐剧，可以不顾夏日炎炎跟着舞台上的演员一起激情舞动。

而法国音乐剧《小王子》，需要我们静下心来慢慢品读。音乐剧《小王子》根据法国作家圣埃克苏佩里（1900—1944）的小说改编而成，是一部献给成人的童话。它讲述了飞行员的飞机发生故障，迫降到撒哈拉大沙漠中，碰巧遇到一名来自外星的小人儿——小王子,通过与小王子八天的交流,飞行员了解到小王子所居住的星球的奇特情况以及他在太空中的奇遇:小王子分别拜访了国王、爱慕虚荣的人、酒鬼、商人、点灯人和地理学家的星球。最后来到巨大的地球上又遇到了蛇、玫瑰花、狐狸、扳道工、商贩等,由此他明白了生活的道理和生命的本质。小王子看似简单的言语中却充满了丰富的哲理,提醒忙碌奔波的大人要保持一颗童心,才能真正发现,原来最美好的事物一直就在身边。

这部音乐剧以音画的方式向大家展示了人们无法想象的画面和哲理。如果说,《妈妈,咪呀!》像一瓶运动饮料,冰爽解渴,那《小王子》则像一杯绿茶,有点苦,却很清新,需要反复地品尝,最后才能品出味道。

《小王子》的这种全新的戏剧形式,打破了传统英美音乐剧的叙事性音乐剧形式。《小王子》是一部哲理性很强的音乐剧,其借景抒情、融情入景、情景交融的诗的意境,注重诗意氛围的营造,把法兰西民族的艺术精神,包括民族戏剧的质素融入其中。编导者将音乐、诗歌直接融入作品之中,以增强其抒情性。追求语言词句美,使之注重词句的节奏美和韵律感更倾向诗化。《小王子》虽没有明朗的戏剧冲突,但绝非没有戏剧冲突。该戏注重于人物内心的冲突,在小王子平静的外表下,他的内心充满了疑惑、未知和欲望。这使得他有张力的内心冲突,大于戏剧本身所带来的冲突。所以,直至最后当小王子离开时,这股内心的冲突,由飞行员彻底爆发出来,形成巨大的震撼力,催人泪下。

从音乐角度来讲,《小王子》全剧音乐风格统一,以法国小调特有的旋律来体现,其音乐节奏和戏剧节奏相互交融,完全统一于剧情、台词和布景的诗化性中,形成一种独特的法式诗化音乐。法国音乐在整个世界音乐史上,占有举足轻重的地位。同时涌现了一大批闻名世界的音乐伟人,有柏辽兹、古诺、圣桑、李斯特、德彪西等等。这些伟大的作曲家,为法国的音乐乃至世界的音乐流派的走向都做出了伟大的贡献。值得注意的是,在法国19世纪70年代,出现了印象主义。法国画家莫奈、德加、雷诺阿等,反对传统的规则,要求自由的韵律节奏,艺术造型重于表情、诗意重于情节。之后的德彪西便紧随诗、画之后,开创了印象派音乐,也开创了现代音乐的新纪元。《小王子》中,我们不难发现其音乐都有的法式音乐中固有的崇尚柔和、抑制,排斥过度激情,追求细腻的感受。全剧音乐充满了对生命的热爱和对美德的憧憬,体现了一种含蓄的暗示多于热情直率的表达,而形成独特的音乐剧音乐语汇。在《小王子》的演唱形式上,我们不难发现全剧几乎没有重唱和合唱。它再一次打破了传统音乐剧演唱形式的传统模式,以单一的独唱形式,塑造了一个个人物鲜明的戏剧个性,以及强调了该戏中的每一个人特有固执的一面,与小王子单纯净化的心灵,都成为该戏反传统的鲜明风格。

在英美国家,剧情音乐剧正在日益消沉,继而带来的是越来越多的概念型音乐剧。人们早已无法满足老套的剧情模式。对于在我国后来乍到的音乐剧,摆在面前可以吸引人眼球的好的剧情已为数不多。而《小王子》的到来,无疑给迷茫的中国音乐剧开启了一盏明灯。告诉国人,音乐剧的形式还有很多种,不要被传统音乐剧的模式束缚了头脑。

第四节 舞台剧《皮皮·长袜子》

中国儿童艺术剧院家庭音乐剧《皮皮·长袜子》，荣获 2011 国家艺术院团优秀剧目展演演出奖。

主创名单——

编　　剧：斯达芬·约特斯坦姆

导　　演：斯达芬·约特斯坦姆

舞美设计：托尔·斯瓦耶

编　　舞：安德斯·伯格伦德

中方导演：焦刚

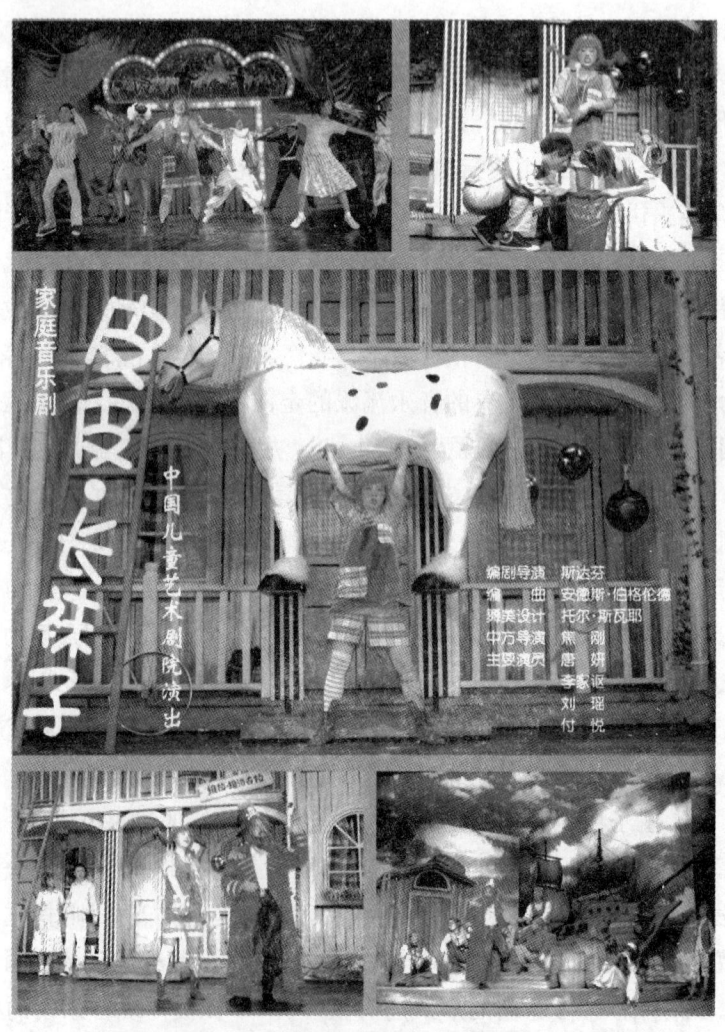

图 10-4　音乐剧《皮皮·长袜子》海报

舞美监督:冯磊

主要演员名单——

皮皮·长袜子:唐妍

杜　米:马云峰

安妮卡:刘　瑶

普鲁斯鲁斯太太:李峥

克　林(警察):刘奇

克　朗(警察):毛尔南

卡尔生(小偷):何吉光

布罗姆(小偷):韩文亮

皮皮的爸爸:李　博

火红的头发、向两边翘起的两根辫子、小土豆鼻子、满脸可爱的雀斑、过人的大力气,九岁的皮皮和她的两个伙伴——尼尔斯先生的猴子和一匹马——生活在一所叫维拉·维洛古拉的房子里。她的爸爸是个海盗,她有着一箱的金币。皮皮的富有和古怪吸引了一群人来到她的身边:杜米、安妮卡、普鲁斯鲁斯太太、两个小偷和两个警察。然而,他们最后都成了皮皮的好朋友,这就是皮皮的魅力。当皮皮最终要跟爸爸离开,杜米和安妮卡的眼中充满了不舍的泪水。

图10-5　《皮皮·长袜子》剧组合照

鉴赏拓展

《皮皮·长袜子》:在嬉戏中体验家庭温情

记者 翟 群

作为 2011 年国家艺术院团优秀剧目展演的参演剧目,9 月 10 日、11 日,由中瑞儿童剧艺术家联手打造的家庭音乐剧《皮皮·长袜子》在北京中国儿童剧场连演 3 场。"皮皮"这一闻名世界、受专利权保护的经典形象再次与观众见面,演出受到观众热烈欢迎。有评论说:"观看家庭音乐剧《皮皮·长袜子》是快乐的,是'无所顾忌'的快乐,是'为所欲为'的快乐,是只有童心才能体会到的真正快乐。"

皮皮一开场便先声夺人。随着"我是长袜子皮皮,长袜子皮皮就是我"的欢快歌声,皮皮倒骑一匹白马,一颠一颠地来到观众眼前。那匹逼真的马,还有"皮皮"独特的外表——火红的头发、向两边翘起的辫子、小土豆鼻子、满脸可爱的雀斑、过人的大力气……一下子便吸引住了观众的眼球。

《皮皮·长袜子》不但有热闹精彩的剧情,还有温情感人的片段,剧中音乐更是几十年来在欧洲传唱的经典歌曲。皮皮在舞台上顽皮至极——她不是学普鲁斯鲁斯太太扭捏地走路,就是把气球放在太太屁股下捉弄她;不是把花做的大帽子戴在头顶,用洒水壶给自己头上浇水,就是钻到木桶里,提着木桶到处乱走;连小白马在皮皮的调教下也会跳起了各种舞蹈,用眨眼睛表示自己的心情。

音乐剧对演员的声音、形体、表演等的要求都很高,皮皮的扮演者唐妍,几乎所有时间都要在舞台上又唱又跳、爬上爬下,然而她出色地完成了任务,被瑞典导演斯达芬认为是他执导过的 8 个版本的《皮皮·长袜子》中最佳的一个"皮皮"!

《皮皮·长袜子》的舞台设计细致巧妙,皮皮的屋子机关重重。皮皮一会儿从左边窗户伸个头出来,一会儿又从阳台上露个脚出来;一会儿从窗户下的箱子里钻出来,一会儿又从大门里蹦出来,让观众目不暇接。

《皮皮·长袜子》戏内戏外都充满了现代时尚元素,且不说舞台上蹿上蹦下的皮皮和她的朋友们,单是精彩的马戏表演就让人震惊不已——舞台上竟真出现了一个马戏团,表演起了精彩的马戏,这让孩子们看马戏的美梦在剧场就变成了现实。

第十章 优秀儿童戏剧及舞台剧鉴赏

一颗冉冉上升的儿童剧新星
——记中国儿童艺术剧院演员唐妍(节选)

杜 薇

中国儿童艺术剧院"2007仲夏夜童话梦"开幕大戏,中瑞合作的儿童音乐剧《皮皮·长袜子》在大小观众的一片叫好声和恋恋不舍中落下了帷幕。剧中的女主角皮皮一跃成为小朋友们新近追捧的舞台新偶像,拥有了大量的粉丝。而这位新偶像的扮演者,就是中国儿童艺术剧院的优秀青年演员——唐妍。

《皮皮·长袜子》拉上了大幕,不舍的不仅仅是观众,也有此剧的导演——瑞典的著名导演斯达芬。唐妍在《皮皮·长袜子》中的出色表演不仅仅达到了导演的苛刻要求,还大大超过了导演的想象。斯达芬先生夸奖唐妍扮演的这个"皮皮"是他导演的八个版本的"皮皮"中最棒的一个。这些扮演者中也包括导演自己的女儿。在临别的酒会上,斯达芬的眼中饱含着泪水,有对和中国儿童艺术剧院成功合作的激动,更有对《皮皮·长袜子》剧组演员的不舍,尤其是对这位中国的"皮皮"的不舍。

当剧场的喧嚣平息下来,唐妍卸下"皮皮"的装扮安静而略带疲惫地出现在我们面前,我们才发现,这个年轻的女孩子是如此漂亮,与满脸雀斑、大龅牙的皮皮大相径庭。不过,很快我们就会发现,她和皮皮有一点是非常相通的,那就是她们都那么灵动。不知道是唐妍天生就带有了皮皮的气质,还是演完皮皮以后,皮皮的气质就注入了她的体内。

唐妍笑着说,我还没有缓过劲儿来,皮皮还在我身上乱蹿呢,演这个戏真的是很辛苦。不过一旦她开始说起《皮皮·长袜子》,说起自己的演艺道路时,她的疲惫便一扫而光了。

··········

今年,唐妍出演了《皮皮·长袜子》中的"皮皮"一角。可以毫不夸张地说,如今的唐妍已经具有儿童剧明星的风范。自她进剧院以来,演了《饼干小子》《走进莎士比亚》《快乐的汉斯》《韶山出了个毛泽东》《皮皮·长袜子》这些戏,她主演的有《饼干小子》和《皮皮·长袜子》。在演《饼干小子》的时候,她还是一个刚刚毕业的大学生,虽然能很好地表演角色,但是不能很好地控制剧场氛围。可是到了《皮皮·长袜子》的时候,唐妍已经游刃有余地控制着剧场的氛围了,自如自在地演出了。从《饼干小子》到《皮皮·长袜子》,唐妍的表演已经翻越了两三个山头,成为一个有魅力的演员,在舞台上大放光彩,得到了观众们的喜爱,老艺术家和外国朋友的赞扬。正如斯达芬导演所说的那样,唐妍不仅仅是中国儿童艺术剧院的明星,她已经具有了世界级儿童剧明星的风采。而这一切,都是唐妍的努力换来的,正如她自己说的那样,只相信那作为演员的百分之七十的勤奋。

当中国儿艺领导将"皮皮"这个角色交给唐妍的那一刻起,她就深知这其中的不易,也做好了充分准备。《皮皮·长袜子》让唐妍最觉得难的有三点,一是体力,二是时间,三就是这个戏到底表达的中心是什么。"皮皮"这个角色对演员各个方面的要求都很大,特别是体力上,两个小时十分钟在舞台上没有一丝休息的时候,还有十几段歌舞要唱跳,况且要在不到一个月的时间里拿下所有的台词、调度、歌舞。唐妍几乎掏空了所有的精力,在这么短的时间里,她还要塑造一个有血有肉的"皮皮",不仅仅是一个顽皮的孩子,这就是她认为《皮皮·长袜子》的演出如何带给中国的孩子们以及家长们一个有特性意义的难点,这也是这个戏最难的地方。因为毕竟它是一个国外的作品,要想既让中国的孩子们喜欢又能让中国的家长们接受,这就需要创造一个不是"坏"孩子的"皮皮"了。当然从最后孩子们以及家长的评价,看来,这个难题是得到解决了。

演完皮皮后的三天,唐妍都认为自己是在做梦,当她回想这一个月的排练历程,甚至想不起来什么具体的细节,只记得自己在不停地唱,不停地跳,不停地和所有的演员们一遍又一遍不厌其烦地走调度。每天早晨起床唱着《皮皮·长袜子》里的歌来到了剧院,晚上看着《皮皮·长袜子》的剧本进入梦乡。在剧院排练完,唐妍回到家里还在继续演,有一次就是在家里排练的时候,太累了,人都恍惚了,结果演着演着就撞到墙上了,脑袋撞出一个大包。

瑞典导演的要求很苛刻,在正式演出前几天里,每天都在连排,这对演员的消耗极大。而正式演出的时候,是每天演两场,这真是对演员极限的一个考验。就在第一周正式演出的最后一场时,唐妍发现自己的嗓子已经哑了,着急不已。好朋友们连忙买了生鸡蛋蜂蜜冲热水,让唐妍喝下去。虽然味道很难喝,但是唐妍一口气喝完,坚持演出,保证了演出的质量。

唐妍在演完这个戏以后,觉得自己在表演上的收获很大,她学会了更多地付出,这也使她深深地懂得:只有不停地钻研,表演上才会得到收获。付出多少辛劳的汗水,才会收获同等甘甜的果实。她很感谢剧院的领导对她的信任,才能有机会在舞台上塑造"皮皮"这个角色,也为没有辜负剧院各级领导的期待而高兴。唐妍激动地认为自己为中国儿童艺术剧院争了光,以后还会更加努力地在表演上钻研,演出更多更好的儿童剧。

参考文献

[1] 孙树军等.小学课本剧社[M].天津:新蕾出版社,1993.

[2] 中国戏剧家协会《剧本》杂志社等.走上小舞台[M].北京:中国戏剧出版社,1993.

[3] BARBARA T SALISBURY.创作性儿童戏剧入门——教室中的表演艺术课程[M].林玫君,编译.台北:心理出版社,1994.

[4] 中央戏剧学院台词教研室.演员艺术语言基本技巧[M].北京:文化艺术出版社,2000.

[5] 孙毅.秘密——小学课本剧[M].上海:少年儿童出版社,2003.

[6] 梁伯龙,李月.戏剧表演基础[M].北京:文化艺术出版社,2004.

[7] 郑碧贤.60个戏剧舞台表演入门实用训练[M].北京:现代出版社,2006.

[8] 鲍黔明.导演学基础教程[M].北京:文化艺术出版社,2007.

[9] 张晓华.表演艺术——120节戏剧活动课[M].长春:吉林出版有限公司,2008.

[10] 刘立滨.戏剧教育的现状与未来[M].亚洲戏剧教育研究中心,2009.

[11] 张晓华创作性戏剧教学原理与实作[M].上海:上海书店出版社,2011.

[12] 林洪桐.表演训练法[M].北京:北京联合出版公司,2017.

[13] 方先义.儿童戏剧创编与表演[M].南京:南京大学出版社,2019.

[14] 郭佳.大学生戏剧越辩越明[N].北京青年报,2005-8-23.

[15] 唐子涵.上海中小学课本剧调研与思考[D].上海戏剧学院,2014.

[16] 宁远.课本剧——方兴未艾的事业:全国课本剧研讨会综述[J].剧本,1990(8).

[17] 康洪兴.大有可为的"课本剧"运动[J].文艺理论与批评,1994(3).

[18] 陈迎宪.课本剧:中国话剧艺术的"希望工程"[J].中国戏剧,1994(5).

[19] 甘国栋.浅议课本剧的功能、形式及其编演[J].四川师范学院学报,2000(7).

[20] 乔能俊.编演课本剧的五大误区[J].教学与管理,2004(5).

［21］雷再荣、胡红萍.开放而诱惑的教学形式——编演课本剧［J］.四川教育学报,2005(4).

［22］周光凡.大学、大学生与大学生戏剧［J］.戏剧艺术,2009(3).

［23］周胜南.从模仿到重述——浅议教育戏剧视野下的课本剧创作［J］.艺术教育,2013(10).

［24］朱文庆.课本剧表演的评价机制初探［J］.教育研究与评论,2015(6).

［25］郭群,刘晓莉.论台湾创作性戏剧对大陆课本剧教学实践的启示［J］.教育评论,2016(08).